«Son pocos los escritores que captan nuestra imaginación con la palabra escrita como Mark Batterson. Sus historias particulares y sus convicciones bíblicas nos llevan a esferas nuevas donde se nos anima a inclinarnos y escuchar la voz de Dios día tras día. Abre tu corazón pero, más que eso, abre tus oídos y descubre otra vez el susurro de un Dios que sigue anhelando hablarle a su pueblo».

—Brian Houston, fundador y pastor principal de Hillsong Church

«Si alguna vez anhelaste oír la voz de Dios, este libro es una guía esencial para ello. Me han bendecido profundamente las palabras personales e instructivas de Mark Batterson en *Susurro*. Con cantidad de pasos útiles y con sabiduría que viene de Dios, *Susurro* es uno de esos libros que uno no puede dejar de leer. Abrirá tus ojos y tus oídos para que veas y oigas a Dios en una manera novedosa».

—Christine Caine, fundadora de Propel Women y autora de *Unashamed*

«Algunas de las preguntas más frecuentes que me hacen como pastor tienen que ver con cómo oír a Dios. En *Susurro,* Mark Batterson despeja la confusión y nos muestra el camino hacia una relación más profunda e íntima con Dios. Una relación que hace que adivinemos menos y discernamos más».

—Steven Furtick, pastor de la congregación Elevation Church, autor de éxitos de venta de la lista del *New York Times*

«No pasa un día en que no pregunte: "Señor, ¿qué debo hacer?" Necesito sus consejos y anhelo que me guíe. Esa es la razón por la que acojo este libro. Que Dios lo use para sintonizar mi corazón con el de Él».

—Max Lucado, pastor y escritor de la Biblia devocional diaria de *Editorial Nivel Uno*

SUSURRO

Cómo escuchar
la voz de Dios

Mark Batterson

www.EditorialNivelUno.com
Para vivir la Palabra

Para vivir la Palabra

MANTÉNGANSE ALERTA;
PERMANEZCAN FIRMES EN LA FE;
SEAN VALIENTES Y FUERTES.
—1 CORINTIOS 16:13 (NVI)

Originalmente publicado en inglés con el título:
Whisper, by Mark Batterson
Copyright © 2017 by Mark Batterson
Publicado por *Multnomah Books*,
un sello de *The Crown Publishing Group*,
una división de Penguin Random House LLC
10807 New Allegiance Drive, Suite 500
Colorado Springs, Colorado 80921 USA
Published in association with the literary agency of The Fedd Agency, Inc.
P.O. Box 341973, Austin, TX 78734

Derechos internacionales contratados a través,
Gospel Literature International P.O. Box 4060, Ontario, California 91761 USA

Esta traducción es publicada por acuerdo con
Multnomah Books, un sello de The Crown Publishing Group,
una división de Penguin Random House LLC

Publicado por:

 Editorial Nivel Uno, Inc.
3838 Crestwood Circle
Weston, Fl 33331
www.editorialniveluno.com

ISBN: 978-1-941538-49-4

Desarrollo editorial: *Grupo Nivel Uno, Inc.*
Diseño interior: *Grupo Nivel Uno, Inc.*
Fotografía de portada: *Thinkstock #531473846, #480657854*

Impreso en USA

17 18 19 20 VP 9 8 7 6 5 4 3 2

Dedicado a Paul McGarvey,
mi mentor en el ministerio.
La oración que hiciste en agosto de 1984,
Dios la respondió el 2 de julio de 2016.

Índice

Prólogo

EL EFECTO TOMATIS

«Habla, Señor, que tu siervo escucha»

—1 Samuel 3:9

Hace más de medio siglo el Dr. Alfred Tomatis se enfrentó al caso más curioso de su carrera de cincuenta años como otorrinolaringólogo. Un afamado cantante de ópera había perdido misteriosamente la capacidad de alcanzar determinadas notas, aunque estaban dentro de su rango vocal. Había ido a consultar a varios especialistas en garganta, nariz y oídos, y todos concluyeron que se trataba de un problema vocal. Pero el doctor Tomatis no creía eso.

Tomatis, con un sonómetro, descubrió que hasta el cantante de ópera promedio produce ondas de sonido de 140 decibeles a un metro de distancia.[1] ¡Apenas un poco más fuerte que el ruido de un jet militar cuando despega de un portaaviones! Y, dentro del cráneo, el sonido es todavía más fuerte. Ese descubrimiento llevó a un diagnóstico: el cantante de ópera se había quedado sordo debido al sonido de su propia voz. La mudez selectiva tenía su origen en la sordera selectiva. Es que si no puedes oír una nota, no puedes cantarla. El Dr. Tomatis expresó: «La voz solo puede reproducir lo que alcanza a oír el oído».[2]

La Academia Francesa de Música lo llamó «El efecto Tomatis».

Supongo que tienes tus problemas, lo mismo que yo. Y que tus técnicas de resolución de conflictos tal vez son tan efectivas como las mías ¡que no lo son demasiado! Es probable que sea debido a que tratamos los síntomas pero ignoramos la raíz, el origen: algo así como un efecto Tomatis espiritual. ¿Será posible que lo que percibimos como problemas relacionales, emocionales y espirituales sean en realidad asuntos de audición, de oídos que han quedado sordos a la voz de Dios? Es probable que esa incapacidad para oír su voz sea la causa de que perdamos nuestra voz, de que perdamos el rumbo.

Permíteme hacer una declaración valiente al principio de este libro: ¡Aprender a oír la voz de Dios es la solución a mil problemas! También es la clave para descubrir tu destino y alcanzar tu potencial.

Su voz es amor.

Su voz es poder.

Su voz es sanidad.

Su voz es sabiduría.

Su voz es gozo.

Si tu vida desafina, tal vez sea porque te ha ensordecido ese monólogo negativo ¡que no deja que Dios logre decir una palabra! O quizá has escuchado la voz de la crítica tanto tiempo que ya no puedes creer nada más sobre ti. O es probable que se trate de la voz condenatoria del enemigo que miente en cuanto a lo que eres en realidad. Si no silencias esas voces competitivas, al fin te ensordecerán y no podrás entonar la canción de Dios porque no tendrás capacidad para oír la voz de Él.

¿Es la voz de Dios la más fuerte que oyes?

Esa es la cuestión.

Si la respuesta es no, ese es el problema.

Vivimos en una cultura en la que todos queremos hacernos oír, aunque tenemos muy poco que decir. Y eso se debe a que no nos dedicamos a escuchar, sobre todo a Dios. La mejor forma de lograr que los demás te escuchen es si escuchas a Dios. ¿Por qué? ¡Porque entonces lo que tengas que decir será digno de oír!

En última instancia, cada uno de nosotros necesita encontrar su propia voz. Y por voz me refiero a ese mensaje único que Dios quiere hablar a través de nuestras vidas. Pero para encontrar nuestra voz ¡primero tenemos que escuchar Su voz! ¿Estarías dispuesto a pronunciar con valentía una oración, ahora mismo, al principio de este libro? Es una oración antigua. Una que puede cambiar la trayectoria de tu vida, como lo hizo en la vida de un profeta llamado Samuel. Antes de que ores quisiera advertirte algo. Si no estás absolutamente dispuesto a escuchar todo lo que Dios tiene que decirte, al final no oirás nada de lo que te diga. Si quieres oír su voz consoladora, tienes que escuchar esa voz suya de convicción. Lo que menos queremos oír, a menudo, es aquello que más necesitamos. Créeme ¡querrás oír lo que Dios tiene que decirte!

¿Estás listo?

Esta es la oración de seis palabras que puede cambiar tu vida.

«Habla, Señor, que tu siervo escucha».[3]

Es una oración más fácil de decir que de hacer, sin duda. Pero si la oraste con disposición y deseo, tu vida está a punto de cambiar, ¡y de mejorar!

Primera parte

EL PODER DE UN SUSURRO

LA ORACIÓN MÁS VALIENTE

Y después del fuego vino un suave murmullo.

—1 REYES 19:12

En la mañana del 27 de agosto de 1883, los granjeros de Alice Springs, Australia, oyeron lo que parecían disparos de arma de fuego.[1] El mismo sonido misterioso se oyó, según los reportes, en cincuenta ubicaciones geográficas que abarcaban la trigésima parte del planeta. Lo que habían oído los australianos era la erupción de un volcán en la remota isla de Krakatoa, Indonesia, ¡a casi 3600 kilómetros de distancia!

Esa erupción volcánica tal vez sea el sonido más fuerte que se haya medido, tan alto que las ondas sonoras de 310 decibeles circunnavegaron el globo al menos cuatro veces. Eso generó olas marinas de casi 1000 metros de altura, arrojando rocas a una distancia de 54 kilómetros, ¡y rajando concreto de 30 centímetros de grosor a 480 kilómetros de distancia![2]

Si fueras a perforar un hoyo pasando directamente por el centro de la tierra, lo que está del otro lado de Krakatoa es Colombia, en América del sur. Si bien el ruido de la erupción no se oyó en Colombia, sí hubo un pico medible en la presión atmosférica puesto que las ondas infrasonoras hicieron presión en el aire. Tal vez no se oyera el ruido, pero sí que se sintió alrededor de todo el mundo.

Maggie Koerth-Bakker, periodista dedicada a las ciencias y columnista del *New York Times*, afirma: «Solo porque no oigas un sonido, no significa que no exista».[3] El sonido es imperceptible en los niveles más bajos. En los niveles más altos es imposible de ignorar. Si el sonido excede los 110 decibeles, nuestra presión sanguínea cambia. A los 141 decibeles sentimos náuseas. A los 145 decibeles nuestra visión se vuelve borrosa, puesto que nuestros globos oculares vibran. A los 195 decibeles corremos el riesgo de que se nos rompan los tímpanos. Y a los 202 decibeles puede ocurrir la muerte por ondas sonoras.[4]

La audición se produce por la detección de vibraciones del tímpano que causan las ondas sonoras, cuya intensidad se mide en decibeles. En un extremo del espectro sonoro está el cachalote, el animal más ruidoso que existe. Los chirridos que usa este animal para ubicarse por ondas de eco pueden llegar a los 200 decibeles. Y lo más impresionante es que el canto de las ballenas puede viajar por el agua ¡hasta 16.000 kilómetros![5] Después del cachalote, lo más ruidoso son las turbinas de un jet (150 dB), las cornetas (129 dB), los truenos (121 dB) y el martillo neumático (100 dB).[6]

¿Y qué hay en el otro extremo del espectro del sonido?

El susurro, que mide tan solo 15 dB.

En términos técnicos, nuestro umbral absoluto de audición es de 0 dB. Eso se corresponde con una onda de sonido que mide .0000002 pascales, lo cual hace que el tímpano vibre tan solo 10-8 milímetros. Es menos que mil millones de veces la presión del aire que nos rodea, ¡y menos que el diámetro de un átomo de hidrógeno![7]

Superpongamos eso a lo siguiente:

Como heraldo del Señor vino un viento recio, tan violento que partió las montañas e hizo añicos las rocas; pero el Señor no estaba en el viento. Después del viento hubo un terremoto, pero el Señor tampoco estaba en el terremoto. Tras el terremoto vino un fuego, pero el Señor tampoco estaba en el fuego. Y después del fuego vino un suave murmullo.[8]

La versión RVR1960 lo llama silbo apacible y delicado. La Biblia de las Américas dice que fue el susurro de una brisa apacible. La Traducción en Lenguaje Actual dice que fue el ruido delicado del silencio.

Solemos descartar los fenómenos naturales que preceden al murmullo o susurro porque Dios no estaba en ellos, pero ¡apuesto a que sí lograron captar la atención de Elías! Dios tiene su propia voz y no teme usarla. Pero cuando quiere que lo oigamos, cuando lo que tiene que decir es demasiado importante como para que nos lo perdamos, Dios suele hablarnos en un murmullo, un susurro, justo por encima del umbral absoluto de la audición.

Por supuesto, la pregunta es: *por qué.*

Cómo.

Cuándo y *dónde.*

Son preguntas que vamos a explorar en las páginas que siguen en busca de respuestas.

El sonido del silencio

En hebreo, *demamah* significa silencio, quietud o calma.[9] En 1964, el éxito de Simon y Garfunkel dio en el clavo: «El sonido del silencio». El mismo término hebreo se usa para describir la forma en que Dios nos libra de nuestras angustias: «Cambió la tempestad en suave brisa: se sosegaron las olas del mar».[10] Ese salmo prefigura la forma en que Jesús acalló la tormenta con solo unas palabras: «¡Silencio! ¡Cálmate!»[11]

Su murmullo es suave, pero no hay nada que lo supere en poder.

El término murmullo o susurro se define en los diccionarios como hablar muy suavemente usando el aliento, sin las cuerdas vocales. El uso del aliento en lugar de las cuerdas vocales no es algo insignificante. ¿No fue así como Dios creó a Adán? Susurró con su aliento en el polvo y lo llamó Adán.

¡Adán empezó como un susurro, un murmullo!

Tú, también.

Y lo mismo, todo lo demás que existe.

En general se susurra o murmura cuando se quiere guardar un secreto. No hay forma más íntima de comunicarse. Y parece que es el método preferido de Dios.[12] La pregunta, una vez más, es: ¿por qué? Ya no te haré buscar la respuesta adivinando.

Si alguien te habla en susurros tendrás que acercarte mucho para oírle. De hecho, tendrás que acercar tu oreja a su boca. Tenemos que acercarnos al susurro y es eso lo que Dios quiere. El objetivo al oír la voz de Dios no es solo que oigamos su voz, sino que tengamos intimidad con el Padre celestial. Por eso es que habla en susurro, en murmullo. Quiere estar tan cerca de ti como sea divinamente posible puesto que te ama, le gusta estar contigo. Tanto así te ama.

Cuando nuestros hijos eran pequeños, solía usar un truquito ocasionalmente. Les hablaba en susurros para que se acercaran más y más, muy cerca. Y entonces ¡los agarraba y los abrazaba! ¡Dios usa el mismo truco con nosotros! Queremos oír lo que Él tiene que decirnos, pero Él quiere que sepamos cuánto nos ama.

Oswald Chambers dijo que «la voz del Espíritu es tan suave como un céfiro, tan apacible que no podrás oírla a menos que estés viviendo en perfecta comunión con Dios».[13] ¿No sientes gratitud porque tenemos un Dios tan amable? El Todopoderoso que podría intimidarnos con su voz, nos arrulla y atrae hacia sí con su murmullo quieto. Ese murmullo que es el aliento de la vida misma.

Oswald Chambers prosigue: «Los avisos del Espíritu llegan en forma extraordinariamente suave y si no eres lo suficientemente sensible como para detectar su voz, la acallarás; y tu vida espiritual se verá impedida. Sus avisos y advertencias llegan como una voz quieta y suave, tan tierna que no la nota nadie más que el que es santo».[14]

Era un murmullo

En estas últimas dos décadas he tenido el privilegio y el gozo de pastorear la congregación National Community Church en Washington, D.C., y no hay lugar ni tarea ni gente con quien preferiría estar. Estoy viviendo un sueño, uno que —una vez— fue un murmullo.

El origen de ese sueño se remonta a un pastizal de ganado en Alexandria, Minnesota, donde oí la quieta y suave voz de Dios. Acababa de terminar mi primer año en la Universidad de Chicago, donde estudiaba PERL (Política, Economía, Retórica y Leyes). Mi plan A era estudiar para ser abogado, pero eso fue antes de que formulara ante Dios la peligrosa pregunta: «¿Qué quieres que haga con mi vida?» Por supuesto que más peligroso es ¡no preguntárselo nunca!

En retrospectiva, digo que ese lapso entre mi primero y mi segundo año de estudios fue mi «verano exploratorio». Por primera vez en mi vida me tomé en serio lo de levantarme temprano por la mañana para orar. Y no se trataba solo de un ritual religioso. Estaba desesperado por oír su voz y creo que fue por eso que finalmente la oí.

Casi al terminar el verano, estábamos de vacaciones con mi familia en el lago Ida, en Alexandria, Minnesota. Decidí dar un largo paseo de oración por unos senderos de tierra. Por alguna razón, caminar me ayuda a hablar. Puedo orar con mejor concentración, escuchar sin distraerme tanto. En un momento salí del camino para cruzar un lugar donde pastaban las vacas. Mientras sorteaba las tortas de estiércol oí lo que yo diría que fue la inaudible, aunque inconfundible, voz de Dios. En ese momento y en ese lugar supe con certeza que Dios me estaba llamando al ministerio a tiempo completo. No fue tanto con palabras sino con algo que sentí, una sensación, el sentido del llamamiento. Fue ese susurro exclusivo lo que me hizo abandonar lo que iba a estudiar en la Universidad de Chicago para transferirme al

Central Bible College, en Springfield, Missouri. Era una movida sin sentido académico en absoluto, por lo que algunos de mis familiares y conocidos tuvieron algo que decir. Pero a menudo esa es la forma en que opera la quieta y apacible voz de Dios.

Para el que no oye la música, el que baila es un loco.

Ese viejo adagio, por cierto, es válido para quienes caminan al son del tambor de Dios. Cuando el Espíritu Santo es el que marca tu camino, harás algunas cosas que para los demás son locura. Bueno, que así sea. Obedece al murmullo y espera a ver qué hace Dios entonces.

Han pasado más de dos décadas de ministerio desde esa caminata de oración por aquel campo en que pastaban las vacas. National Community Church ha crecido y hoy es una congregación con ocho recintos pero, a lo largo de estos veinte años, cada uno de ellos empezó como un susurro. He escrito quince libros en los pasados diez años, pero cada uno de ellos empezó como un murmullo. Cada sermón que predico y cada libro que escribo son ecos de ese susurro que oí en medio de un pastizal de ganado en medio de la nada.

No hay nada que tenga más potencial que el susurro de Dios para transformar tu vida. Nada que determine tu destino más que tu capacidad para oír su quieta y apacible voz.

Así es como discernimos la perfecta, agradable y buena voluntad de Dios.

Así es como logramos ver y aprovechar las oportunidades divinas.

Así es como nacen los sueños del tamaño de Dios.

Así es como suceden los milagros.

La oración más valiente

Hay días de días y también hay los días que cambian todo lo que viene después. En mi caso, el 2 de julio de 2016 es uno de esos días que te cambian la vida. Después del día de mi boda, del día en que nacieron mis hijos y del día en que casi muero no hay otro más sagrado.

Es más, puedo decirte exactamente cuantos días han pasado desde entonces.

Estaba lanzando una serie de sermones titulados «Montañas que se mueven» cuando le presenté a la iglesia el desafío de pronunciar la oración más valiente que pudieran hacer. Con eso me refería a aquella oración que apenas ellos pudieran creer que Dios respondería, porque fuese algo que pareciera imposible. En el caso mío, la oración más valiente era que Dios me curara del asma. Era valiente porque siempre había vivido con asma.

Lo primero que recuerdo de mi infancia es un ataque de asma a media noche, seguido de un desesperado viaje a la sala de emergencias para que me inyectaran epinefrina. Esa rutina se convirtió en un ritual que se repitió más veces de las que pueda recordar. No hay cuarenta días en cuarenta años en que no haya necesitado mi inhalador de albuterol y jamás fui a ninguna parte sin él. ¡Nunca! ¡Jamás! Entonces hice la oración más valiente y, desde ese día hasta hoy, ¡no he necesitado el inhalador ni una sola vez! Es por eso que literalmente cuento los días, porque cada día es más milagroso que el anterior.

A lo largo de cuarenta años debo haber orado cientos de veces pidiendo que Dios me curara el asma. Pero por razones que solo Él conoce, esas oraciones no obtuvieron respuesta.

¿Por qué seguí orando?

La respuesta corta es: un susurro.

Justo antes de empezar en la escuela secundaria, debieron hospitalizarme por un grave ataque de asma que me envió a la unidad de cuidados intensivos. Fue una vez de la docena de hospitalizaciones que sufrí. Cuando una semana más tarde pude salir del hospital, el pastor Paul McGarvey y un equipo de oración de la congregación Calvary Church, de Naperville, Illinois, vinieron a casa, me impusieron las manos y oraron para que Dios me sanara del asma.

Dios respondió esa oración de sanidad, pero no de la forma que yo esperaba.

Cuando desperté a la mañana siguiente todavía tenía asma, pero habían desaparecido misteriosamente todas las verrugas que tenía en los pies. ¡Sin sarcasmo! Al principio me pregunté si Dios había cometido un error. Tal vez hubiera señales mezcladas en algún lugar del trayecto entre donde yo estaba y el cielo. No pude evitarlo, me preguntaba si en algún lugar alguien respiraba perfecto pero seguía con verrugas en los pies. Me sentía un tanto confundido, para ser franco. Pero fue entonces que oí esa voz quieta y suave. No era una voz audible. Fue de Espíritu a espíritu. Pero clara y fuerte. *Mark: ¡Solo quería que supieras que Yo puedo!*

Han pasado décadas, pero eso sigue dándome escalofríos. Yo tenía catorce años y fue la primera vez que oí el susurro de Dios. ¿Me desilusionó que Dios no respondiera mi oración como yo quería? ¡Por supuesto que sí! Pero esas dos palabras siguieron resonando durante décadas: *Yo puedo*. Y no solo puede, porque Dios «puede hacer muchísimo más que todo lo que podamos imaginarnos o pedir, por el poder que obra eficazmente en nosotros».[15]

Ahora, permíteme que conecte los puntos para explicártelo.

Sin esa oración no sé si habría tenido la fe necesaria como para pronunciar la oración más valiente. Y si no hago esa oración ¿cómo la responderá Dios? Después de todo, ¡Dios no responde el cien por ciento de las oraciones que no oramos! Puedes adivinar a qué estoy apuntando ¿verdad? ¡Mi milagro empezó como un susurro! Y eso es válido para todos los milagros. Al reflexionar en mi vida, me doy cuenta de que el origen de cada bendición, de cada avance, es el aliento de Dios. Y todo comenzó como una voz quieta y tierna, pequeña, nada más.

El ejemplo perfecto es la cafetería Ebenezers, de Capitol Hill, que es nuestra y la administramos nosotros mismos. Cuando la gente pasa por Ebenezers lo que ven es una cafetería, pero yo oigo un murmullo. Todo eso empezó hace dos décadas. De hecho, era un edificio cubierto de grafitis, con ladrillos que tapaban las puertas. Pero un día pasé caminando por allí y una idea inspirada por el Espíritu pasó como relámpago por mi mente: *Esta casa de drogas y adictos sería una cafetería genial.* Fuc una idea que vino de la nada, lo que a veces indica algo sobrenatural. Me gusta decir que es una idea de Dios y prefiero una sola idea de Dios que mil otras. Las buenas ideas son buenas, pero las ideas de Dios cambian el curso de la historia.

Esa idea de Dios se convirtió en una oración valiente que, a su vez, llegó a materializarse en la cafetería elegida como la «Número uno en D.C.» más de una vez. Desde que la inauguramos, hace una década, hemos dado más de un millón de dólares de ganancias netas a las causas del reino. Pero cada café que servimos, cada dólar que damos, empezó como un murmullo quieto y suave.

La fuente de ideas del alma

El ecologista especializado en audio, Gordon Hempton —durante los últimos treinta años—, ha compilado lo que da en llamar la «Lista de los últimos grandes lugares de quietud». Consiste de lugares en los que hay, al menos, quince minutos de quietud ininterrumpida en un día iluminado. En su último cálculo, en todos los Estados Unidos ¡quedaban solo doce lugares de quietud![16] ¿Y nos preguntamos por qué sufre el alma? Hempton indica que «la quietud es la fuente de ideas del alma».[17]

Dicho en pocas palabras, la voz de Dios se oye mejor cuando estamos en mayor quietud.

Blas Pascal, el filósofo francés del siglo XVII, observó: «Todas las miserias humanas derivan de que el hombre no es capaz de pasar tiempo a solas y en quietud en una habitación».[18]

Es una declaración importante y no exagera. Si nuestros problemas son de audición —ese efecto Tomatis espiritual—, entonces la solución a los problemas es la indicación más antigua, tan antigua como los Salmos. Es esencial para nuestra vitalidad espiritual y vale la pena meditarla palabra por palabra.

Quédense.

Quédense quietos.

Quédense quietos, reconozcan.

Quédense quietos, reconozcan que yo soy Dios.[19]

¿Alguna vez intentaste hacer silencio en un salón ruidoso? Si intentas gritar por encima del ruido, no funcionará ¿verdad? Es mucho más efectivo que la multitud haga silencio con un «shhhhh». Ese es el método que Dios emplea. Su murmullo nos aquieta, nos calma, nos hace guardar silencio.

El ruido, por definición, es un sonido que contiene todas las frecuencias.[20] Y como contiene todas las frecuencias se hace muy difícil oír cualquier otra frecuencia y, sobre todo, la calma y apacible voz de Dios. El ruido crónico, por tanto, tal vez sea el mayor impedimento para nuestro crecimiento espiritual. Y no solo sufre la espiritualidad.

En un estudio realizado entre alumnos de primero a sexto grado en una escuela de Manhattan, la psicóloga Arlene Bronzaft descubrió que los niños que debían sentarse en aulas que estaban del lado del edificio que daba a las vías del tren llevaban once meses de atraso respecto de los que se sentaban del lado del edificio que era más silencioso. Después que el departamento de tránsito de Nueva York instaló equipos para aislar el ruido de las vías, un estudio posterior no halló diferencias en el avance de los dos grupos.[21]

Cuando hay mucho ruido en nuestras vidas —tanto que llena todas las frecuencias—, perdemos nuestro sentido del ser y corremos el riesgo de convertirnos en hechos humanos más que en seres humanos. Y cuando nuestro programa es muy ajetreado perdemos el equilibrio, lo cual es función del oído interno.

¿Puedo salir de esto?

Tu vida está demasiado llena de ruido.

Tu itinerario está demasiado ocupado.

Esa es la forma, la razón y el momento en que nos olvidamos de que Dios es Dios. ¡Nos distraemos con muy poco! «El ruido de una mosca hace que me olvide de Dios y de sus ángeles», dijo el poeta inglés John Donne.[22] ¿Cuál es la solución? La quietud. O más específicamente, la quieta y apacible voz de Dios.

El silencio no es una espera pasiva. Es escucha proactiva. El notable escritor y profesor Henri Nouwen decía que esto es el acto de guerra contra las voces que compiten dentro de nosotros. Y no es una guerra que se gane con facilidad, porque la batalla es diaria. Pero cada día la voz de Él se va haciendo más y más audible en tu vida, hasta que llega a ser lo único que oyes.

«Cada vez que escuches la voz que te llama Amado, descubrirás dentro de ti el deseo de oírla más tiempo y más profundamente», afirma Nouwen.[23]

Cánticos de liberación

En la última década he grabado una docena de audiolibros, con un brillante ingeniero de sonido llamado Brad Smiley. En nuestra última grabación Brad me habló acerca de un procedimiento común que hacen los que mezclan sonido en la industria de la música y las películas. Antes de entrar en el estudio dejan que sus oídos se relajen y se recalibren, mediante el silencio absoluto. Entonces, y recién entonces, están listos para escuchar de verdad. Los ecologistas especializados en acústica dicen que eso se llama limpieza de oídos.

El salón más silencioso del mundo es la cámara anecoica de los laboratorios Orfield en Minneapolis, Minnesota. Los muros de concreto tienen un grosor de más de treinta centímetros y el recubrimiento acústico de fibra de vidrio en forma de picos es mucho más grueso que eso, casi noventa centímetros. Todo eso absorbe el 99,99% del sonido. El ruido de fondo mide -9.4 decibeles.[24] Lo único que oyes en una cámara anecoica es el sonido de tus latidos cardíacos, de tu sangre circulando y de tus pulmones que respiran. Es el sonido del silencio y nos recuerda que es en Dios que vivimos, nos movemos y somos.[25]

Si quieres oír el corazón de Dios, la clave es el silencio.
Si quieres que te llene el Espíritu de Dios, busca la quietud.

Los salmistas no tenían una cámara anecoica donde refugiarse, por lo que buscaban ese refugio en Dios mismo. Ellos se referían a Dios como su refugio, su fortaleza, su ayuda siempre presente en momentos de necesidad. Hablaban del «abrigo del Altísimo, de la sombra del Todopoderoso.[26] Aunque la descripción que más me gusta es «escondedero» [que se usa en LBLA].

> Tú eres mi escondedero;
>   de la angustia me preservarás;
>   con cánticos de liberación me rodearás.[27]

¿Sabías que Dios está entonando cánticos de liberación todo el tiempo, en todas partes, alrededor de ti? No los oyes porque están fuera de tu rango audible, pero te rodea un escudo sónico. Esos cánticos de liberación son tan potentes como para romper cualquier atadura, para vencer cualquier adicción, para resolver cualquier problema. Esos cánticos son la razón por la que no prosperará ningún arma forjada contra ti.[28]

Recuerda que la voz únicamente puede reproducir lo que el oído logra oír. No sé con certeza cuál es el problema que necesitas resolver ni lo que te perturba, pero mi oración es que aprendas a discernir su voz. Porque cuando lo hagas, ¡sus cánticos de liberación pueden hacerte libre!

Deja de esconderte *de* Dios.

Más bien, escóndete *en* Él.

Un silencio de corchea

Una de las piezas de música clásica que más se han interpretado es la Quinta Sinfonía en do menor, de Beethoven. La reconoces de inmediato por su emblemática apertura, cuatro de las notas más famosas en la música occidental. Pero ¿sabías que en realidad comienza con un silencio, un silencio de corchea justo antes de la primera nota?[29]

La Quinta de Beethoven nos resulta tan familiar que es difícil recrear el pleno efecto que habrá causado en su debut, el 22 de diciembre de 1808, en el Teatro an der Wien de Viena. Y aunque es difícil discernir la intención original de Beethoven, el silencio de corchea sirvió como amortiguador sónico. Cuando un concierto está por empezar, siempre hay ruido en el ambiente: conversaciones entre los asistentes, gente que busca su asiento, incluso el débil ruido del papel de los programas. Por eso, algo de silencio en el inicio de una sinfonía sirve para limpiar los oídos, aun cuando solo se trate de un silencio de corchea. El silencio antecede a la sinfonía. Lo mismo es válido para nuestras vidas.

Nos hacen falta más silencios de corchea, ¿verdad? Sobre todo, si queremos que sean sinfonías de la gracia divina. Así que, recomendaría un silencio de corchea al principio y al final de cada día, solo unos momentos para ordenar tus pensamientos, contar tus bendiciones y hacer tus oraciones. También necesitamos un día de quietud una vez por semana. Esto es tan importante que, en los Diez Mandamientos, Dios nos ordena guardar un reposo semanal. Si puedes tomarte el tiempo, te recomendaría también un retiro de silencio de dos días, una vez al año. En realidad, creo que no podemos darnos el lujo de no hacerlo. Asegúrate de decirle a alguien dónde vas, y cuánto tiempo te tomarás, pero corta toda comunicación por dos días y encuéntrate con Dios a solas, y con su Palabra. Si bien la oración es parte importante del retiro de silencio, ¡escuchamás y habla menos!

¿Recuerdas esas voces que nos ensordecen? Es difícil apagarlas, sobre todo aquellas que tenemos en nuestra cabeza. Sin embargo, es tan grande el beneficio: «Vale más pasar un día en tus atrios que mil fuera de ellos».[30] Si quieres hacer más haciendo menos, ¡entra en la presencia de Dios! Es la forma más eficiente en que podemos usar el tiempo, mil veces mejor que cualquier otra. La clave es la quietud. Es el silencio lo que nos ayuda a oír la voz de Dios y a entonar el cántico de Dios.

La diferencia entre ver y entender está en el silencio.

La diferencia entre la felicidad y el gozo está en el silencio.

La diferencia entre el miedo y la fe está en el silencio.

De acuerdo a la ciencia que estudia las interrupciones, ¡cada tres minutos nos afecta una interrupción![31] El hecho mismo de que tengamos una ciencia que estudia ese tema es evidencia de lo mal que se ha puesto todo. Si quieres encontrar paz y quietud, tienes que establecer algunos límites. Por ejemplo, nada de correos electrónicos antes de las nueve de la mañana o después de las nueve de la noche. Y ya que estás poniendo límites, qué bien te vendría eliminar algunas aplicaciones de tu teléfono, y tomarte un descanso de las redes sociales de tanto en tanto.

Hace unos años escribí un libro titulado *El hacedor de círculos*.[32] Trata acerca del poder de la oración y los miles de testimonios que he oído desde que se publicó son evidencia de ese poder. La oración marca la diferencia entre lo mejor que podemos hacer y lo mejor que puede hacer Dios. Sin embargo, hay algo todavía más importante, más poderoso que hablar con Dios. ¿Qué es eso? Escuchar a Dios. Eso es lo que convierte al monólogo en diálogo, que es justamente lo que Dios quiere.

Tengo una sencilla regla de oro para cuando me reúno con alguien a quien respeto: escucho más de lo que hablo. Cuanto más quiero oír lo que tienen que decir, más callado estoy. Es una buena regla de oro cuando estás con Dios.

Acércate para oír su susurro.

Luego, ¡haz la oración más valiente!

LA VOZ

Y dijo Dios: «¡Que exista la luz!»

—GÉNESIS 1:3

Es probable que en este momento no tengas la sensación de que te estás moviendo, pero eso no es más que una ilusión de proporciones milagrosas. ¿Cuál es la realidad? Que estás en un planeta que rota sobre su eje a una velocidad aproximada de 1.600 kilómetros por hora. ¡Y ni siquiera sientes un poquito de mareo! Además, el planeta Tierra avanza en su órbita por el espacio a unos 108.000 kilómetros por hora. De modo que, en un día cualquiera en que sientas que no has hecho mucho, ¡habrás viajado 2.587.825.152 kilómetros por el espacio!

Ahora, permíteme preguntarte algo: ¿Cuándo fue la última vez que le diste gracias a Dios por mantenernos en órbita? Creo que la respuesta es *jamás*. ¿Por qué? Porque Dios es tan bueno en lo que hace que suponemos que lo debe hacer. Ni siquiera una vez me he arrodillado para orar: *Señor, no estaba seguro de que completáramos el ciclo rotatorio de hoy, pero lo hiciste otra vez.*

Hay personas, tal vez te cuentes entre ellas, que dirán que nunca en su vida han experimentado un milagro. Me reservo el derecho a disentir, con el debido respeto. Vivimos un milagro de dimensiones astronómicas todos y cada uno de los días. Lo irónico es que confiamos en Dios en cuanto a los grandes milagros, como el de mantenernos en órbita. Sin embargo, la estrategia es confiar en Él respecto a los milagros pequeños, es decir, todo lo demás.

Para poder apreciar por completo el poder de la voz de Dios tenemos que volver atrás, al principio. Él articula la existencia del universo con solo cuatro palabras, cuéntalas:

Y dijo Dios: «¡Que exista la luz!»[1]

Lo diré en forma de paráfrasis:

«Que exista la radiación electromagnética con ondas de longitud variables que viajen a 299.791,819 kilómetros por segundo. Que existan las ondas radiales, las microondas y los rayos X. Que existan la fotosíntesis y la fibra óptica. Que existan la cirugía LASIK, la comunicación satelital y el bronceado de la piel. Ah… y que existan los arco iris después de las tormentas y la lluvia».

«Que exista la luz».

Son las primeras palabras de Dios de las que tenemos registro.

Este es el primer milagro de Dios que conocemos.

La luz es la fuente de la *visión*; sin luz no podemos ver nada. La luz es clave para la *tecnología*. Es lo que nos permite hablar con alguien que está del otro lado del mundo sin siquiera un segundo de demora, porque la luz puede darle la vuelta al planeta siete veces y media por segundo.[2] La luz es el primer eslabón en la *cadena alimentaria*. Sin fotosíntesis no habría alimentos. La luz es la base de la *salud*; la falta de luz causa todo tipo de problemas, desde la deficiencia de vitamina D hasta depresión. La luz es el origen de la *energía*; en la ecuación de Einstein, $E = MC^2$, la energía (E) se define como masa (M) multiplicada por la velocidad de la luz (C) al cuadrado. La velocidad de la luz es la constante. Y la luz sirve de vara de medición para el *espacio-tiempo*. El metro se define como la distancia que la luz recorre en el vacío durante un intervalo de tiempo de 1/299.792.458 de segundo. La luz es el alfa y la omega de todo, incluido tú.[3] ¿Sabías que hace poco los embriólogos han captado el instante de la concepción a través de la fluorescencia microscópica? Lo que descubrieron es que en el momento exacto en que un espermatozoide penetra en el óvulo, este libera miles de millones de átomos de zinc que emiten luz.[4] ¡Vuelan chispas, literalmente! Ese milagro de la concepción es un microcosmos que refleja esas primeras cuatro palabras de Dios.

Cuatro palabras

El 1 de enero de 1925, Edwin Hubble ofreció una presentación ante la Sociedad Americana de Astronomía que daría como resultado un cambio de paradigma en la cosmología.[5] Hasta ese momento la opinión que prevalecía era que la galaxia de la Vía Láctea podía ser la suma total del cosmos. Pero Hubble, pionero en la astronomía extragaláctica, sostenía lo contrario. La pieza clave de evidencia para refrendar su opinión era el grado de corrimiento al rojo observado en la luz proveniente de estrellas distantes, que aumentaba en proporción a su distancia del planeta Tierra. En solo un instante el tamaño del universo conocido creció cien mil veces. Y lo más impactante aun fue que surgía un dato, simple y claro: el universo sigue expandiéndose. Casi un siglo después el telescopio Hubble logró apenas un vistazo de lo que se calcula que son doscientos mil millones de galaxias, en tanto que las investigaciones más recientes indican que este cálculo tal vez se haya quedado corto y esa cantidad sea diez veces mayor.[6]

Lo importante y significativo de ese descubrimiento es que las cuatro palabras que Dios pronunció en el principio siguen creando galaxias en los alrededores del universo. ¡Cuatro palabras! Y el resultado es un universo que sigue expandiéndose todo el tiempo, y que mide al menos noventa y tres mil millones de años luz de diámetro.[7]

Si Dios puede hacer eso con cuatro palabras, ¿de qué nos preocupamos?

La primera forma en que Dios se reveló fue como Creador. Y debido a que su creación inspira tal maravilla, resulta fácil soslayar *de qué manera* hizo Dios todo eso. Ahora, en mi opinión, el mecanismo creativo es igual de maravilloso que la grandiosidad de la creación misma. ¿Cómo fue que Dios creó? ¡Con su voz! El universo es su forma de decir: «Miren lo que puedo hacer con cuatro palabras». La voz que al hablar hizo que el universo existiera es la misma que hizo que el Mar Rojo se abriera y que el sol detuviera su curso. Esa voz puede sanar una mano seca o marchitar a una higuera que no da fruto. Su voz puede convertir el agua en vino, instalar conexiones sinápticas entre el nervio óptico y la corteza visual del cerebro de un ciego, y resucitar a un hombre que lleva muerto cuatro días.[8]

No hay nada que la voz de Dios no pueda decir ni que no pueda hacer. Además, francamente ¡Puede hacerlo como a Él le plazca! Puede hablar en medio de zarzas ardientes, a través de asnos como el de Balán, o de la estrella de Belén. Su voz puede escribir sobre los muros de los palacios, o cerrar las fauces de los leones. Puede apagar las llamas de un horno encendido o detener una tormenta en el mar de Galilea.[9]

La voz de Dios es todopoderosa, pero eso es solo la mitad de la historia. Su voz es también todo-amorosa. En las páginas que siguen exploraremos siete lenguajes o idiomas de Dios. El primero es la Escritura, que será nuestra piedra de Rosetta. A los otros seis los veremos como lenguajes secundarios: los deseos, las puertas, los sueños, las invitaciones sutiles, las personas y el dolor. Sin embargo, todos son lenguajes de amor. ¿Por qué? Porque «Dios es amor».[10]

La dulzura

Una de las razones por las que nos hacemos los sordos con Dios es porque tememos lo que va a decirnos, pero es porque no conocemos lo que siente su corazón por nosotros. Necesitamos oír lo que Dios tiene que decirnos. Créeme. Cantar de los cantares dice: «Su paladar es la dulzura misma».[11]

Según la tradición rabínica, cuando Dios les habló a los israelitas en el Monte Sinaí se asustaron tanto que les pareció que se les salía el alma del cuerpo.[12] ¡Eso es lo que sucede cuando Dios usa su voz audible! ¿Qué hizo Dios entonces? Endulzó sus palabras y las suavizó hasta que les volvió el alma al cuerpo.[13] Tal vez no sea más que una leyenda rabínica, pero es una buena imagen del carácter de Dios. Cuando Él quiere que nos arrepintamos ¿qué hace? No nos amenaza, ni nos regaña ni nos grita. Nos muestra su bondad.[14] ¿Y si eso no funciona? Entonces nos muestra más bondad todavía.

Durante dieciocho meses Zac Jury asistió a National Community Church mientras trabajaba en la sede central del FBI. Zac es el agente prototipo. Es un tipo rudo, inteligente. Pero todos tenemos un punto débil y allí es donde a menudo Dios nos habla.

«Jamás había entendido en realidad ni aceptado de veras que Dios me ama por mí, por lo que soy, tal como soy», afirmó Zac. «Pero eso cambió el día en que estuve en el fondo del Teatro Lincoln durante un servicio de la congregación National Community Church, en la fila J asiento 111. Fue allí que oí esa voz silenciosa que repetía, una y otra vez: *Te amo, te amo, te amo, te amo, te amo, te amo.* Debe haberme susurrado esas palabras al menos unas cien veces. Con las lágrimas surcando mis mejillas, sentí su amor en la forma más intensa que jamás he vivido. El Teatro Lincoln es un lugar profundamente especial para mí. Y por siempre será el lugar en donde oí, realmente oí y creí, que el Señor me ama».

Creo que si escuchas con atención, también tú oirás lo mismo.

Sé que a muchas personas les cuesta creer que Dios es amoroso, y suele ser así porque alguien les ha presentado a Dios de una manera *errada*. Pero te aseguro que el Padre celestial está pronunciando sobre nosotros lo mismo que expresó sobre Jesús en su bautismo: «Este es mi Hijo amado; estoy muy complacido con él».[15] Tú eres su amado, Dios te ama de manera especial. Solo tienes que dejar que Él te ame.

¿No es esa voz la que desearías oír?

En nuestro noviazgo, Lora y yo asistimos a universidades diferentes durante un semestre. Y como mencioné antes, me transferí de la Universidad de Chicago a Central Bible College. Pero no fue solo porque sentí el llamado al ministerio. Mi otra razón era que las llamadas telefónicas iban a superar en costo a mis estudios. Era mucho más económico cambiar de universidad.

¿Por qué pasábamos horas y horas al teléfono en esa época en que nos separaba la larga distancia? Porque cuando amas a alguien, amas el sonido de su voz. Y anhelas oírla. Lo mismo pasa cuando tienes una relación con Dios.

Y Dios cantó

El afamado compositor y director de orquesta Leonard Bernstein creía que «la mejor traducción del hebreo en el capítulo 1 de Génesis no es "y Dios dijo" sino "y Dios cantó"».[16] Aunque es posible que hubiera aquí cierto prejuicio musical, me gusta su interpretación. La creación es la sinfonía de Dios y la ciencia brinda cantidad de evidencia que lo corrobora.

¿Sabías que la capa electrónica de un átomo de carbono produce la misma escala armónica que el cántico gregoriano?[17] Te hace acompañar su sonido con un *hmmmm*.

Según la ciencia de la bioacústica hay millones de canciones que suenan al mismo tiempo, todo el tiempo. Por supuesto que la vasta mayoría de esas canciones son infrasónicas y ultrasónicas. «Si nuestros oídos pudieran oír todo eso», afirmó el físico e investigador Lewis Thomas, «y pudiéramos discernir los discantos de las aves marinas, los timbales rítmicos de los cardúmenes de moluscos o incluso la distante armonía de los insectos que sobrevuelan los campos bajo la luz del sol, ese sonido combinado nos enamoraría, nos elevaría a lo más alto».[18]

Ahora vamos a aplicar eso a lo siguiente.

Y oí a cuanta criatura hay en el cielo, y en la tierra, y debajo
de la tierra y en el mar, a todos en la creación, que cantaban:

«¡Al que está sentado en el trono y al Cordero,
sean la alabanza y la honra, la gloria y el poder,
por los siglos de los siglos!»[19]

No se trata de una profecía con los verbos conjugados en tiempo
futuro. Es una realidad expresada en tiempo presente.

Cuando crucemos ese punto espacio temporal y entremos en esa
otra dimensión que la Biblia llama cielo, recibiremos un cuerpo glo-
rificado. Espero con ansias un par de partes nuevas en mi cuerpo,
como por ejemplo, ¡unos abdominales glorificados! Pero lo que más
me entusiasma es la idea de que tengamos sentidos glorificados. Por
fin tendremos capacidad para oír las octavas de los ángeles y sus coros
nos harán sentir plenos de amor en el cielo. Hasta entonces, nos conformamos con Bach, Bono o Bieber.

Una cosa más. ¿Recuerdas al doctor Alfred Tomatis? Él dijo que
«el oído tiene una pobre respuesta fisiológica a los sonidos puros». Es
decir que más bien: «Ama la complejidad». ¿Qué clase de complejidad? «Para que el oído responda de manera tangible, tienen que estar
en juego simultáneamente tres frecuencias como mínimo».[20]

¿Tres frecuencias? ¡Qué coincidencia! O quizá, ¡qué providencia!
La creación es armonía multiplicada por tres: Padre, Hijo y Espíritu Santo. Y así como la Trinidad cantó haciendo que existiera cada
átomo, cada átomo se hace eco de su nota única y exclusiva resonando de regreso a Dios. La creación es llamada y respuesta. Cuando las
Escrituras hablan de que los montes cantarán y los árboles batirán
palmas no se trata solo de una metáfora.[21] Si nuestro rango de audición fuera apenas un poco mejor oiríamos la voz de Dios en cada gota
de agua, cada brizna de hierba, cada grano de arena.

El rango de audición

Cuando vemos la palabra *dijo* pensamos en la fonética pero, en realidad, debiéramos meditar en la física, en especial si es Dios quien está hablando. Después de todo el sonido es, antes que nada, una forma de energía. La voz humana sirve bastante bien a un propósito: la comunicación verbal. Por eso solemos pensar en la voz de Dios siguiendo la misma pauta. Pero su voz es mucho más que palabras audibles comunicadas en lenguaje humano. Dios usa su voz para hablar, pero también la emplea para sanar y revelar, para dar convicción y crear, para guiar y otorgar gracia. Para poder apreciar del todo su voz hay que compararla y contrastarla con la voz humana.

En términos científicos, la voz humana se compone de ondas sonoras que viajan por el espacio a 343 metros por segundo. El varón promedio habla a una frecuencia de 100 hercios, en tanto que la voz femenina es más aguda, con una frecuencia de unos 150 hercios. Aunque existan los Barry White y las Céline Dion que traspasan los límites vocales, nuestro rango vocal está entre los 55 y los 880 hertzios. También tenemos un rango de audición que se limita a las ondas sonoras de entre 20 y 20.000 hercios. Todo lo que esté por debajo de 20 hercios es infrasónico. Y todo lo que esté por encima de los 20.000 hertzios es ultrasónico.[57] Es entonces, cuando salimos de nuestro rango de audición, que se revela en verdad el milagro del sonido.

Por debajo de nuestro rango auditivo el infrasonido tiene la capacidad de producir dolores de cabeza y terremotos. Según los zoólogos el uso del infrasonido es el método que usan los elefantes para predecir cambios en el clima. Además es lo que ayuda a las aves a orientarse cuando migran. El infrasonido se puede usar también para encontrar petróleo subterráneo o para predecir erupciones volcánicas.

Por encima de nuestro rango auditivo, el ultrasonido tiene la capacidad de matar insectos, rastrear submarinos, romper cristales, realizar cirugías no invasivas, derribar edificios, limpiar joyas, catalizar reacciones químicas, sanar tejidos dañados, pasteurizar leche, romper cálculos renales, perforar acero y permitir que eches un vistazo a tu bebé cuando todavía está en el útero gracias a la ecografía. ¿Habla Dios de manera audible? ¡Claro que sí! Pero eso es solo la fracción más pequeña de su rango vocal. Su capacidad para hablar sobrepasa en mucho a la nuestra para oír lo audible. Así como hay personas que afirman que jamás han experimentado un milagro, hay otras que argumentan que nunca han oído la voz de Dios. Yo argumentaría lo contrario. Tal vez eso valga en términos de su voz audible, dentro de nuestro pequeño rango de audición. Pero todo lo que vemos fue estructurado por sus oscilaciones acústicas.

Lo que hoy vemos, son sus palabras.

Su voz nos rodea por todas partes, ¡en todo momento!

Más que grande

Si hay algo que la creación nos revela, es que Dios es más que grande. La palabra teológica es *trascendencia* y la evidencia es el tamaño del universo.

La Tierra es más grande que Marte, Mercurio y la luna. Pero es significativamente más pequeña que Urano, Neptuno, Saturno y Júpiter. Júpiter es 1.321 veces más grande que la Tierra en términos de volumen, pero diez veces más pequeño que el sol. Y el sol es una amarillenta estrella enana relativamente chica. Arturo, una gigante anaranjada, es 26 veces más grande que el sol y produce 200 veces más energía. Antares, una estrella roja súper gigante, es 10.000 veces más brillante que el sol. ¡Y ni siquiera hemos salido de la galaxia de la Vía Láctea!

A nosotros la Tierra nos parece enorme. Pero no lo es tanto.

No se trata solo de recordar lo increíblemente pequeños que somos. De lo que se trata es de recordar lo extraordinariamente grande que es Dios. Él no se limita a las dimensiones espaciotemporales que creó, así que deja ya de ponerle límites que solo tienen que ver con las cuatro dimensiones. «Para el Señor un día es como mil años, y mil años como un día».[22] Eso que dijo el apóstol Pedro no tiene sentido si existes en una dimensión temporal, pero si existes fuera del tiempo... ¡es lógica pura!

Me cuesta mucho pensar en Dios en otra forma que no sean las cuatro dimensiones, porque eso es lo que conocemos. Tratamos de crear a Dios a nuestra imagen en vez de permitir que Él nos cree a la suya. Terminamos con un dios, así con minúscula, que camina y habla muy parecido a nosotros.

«¡Cuánto más felices seríamos, cuánto más de ti habría, si el martillo de un Dios altísimo pudiera hacer añicos tu reducido cosmos!», dijo G. K. Chesterton.[23]

Dios es más grande que lo grande, pero eso resulta un poco intimidante si se lo ve así, separado de todo lo demás. ¿Cuál es la buena noticia? Que hay un equilibrio teológico para toda esa grandeza. Se llama la inmanencia de Dios: Dios también está más cerca que lo más cercano.

> El amor de Dios es meteórico,
> Su lealtad es astronómica,
> Su propósito, titánico,
> Sus veredictos oceánicos.
> Sin embargo, en su enormidad
> Nada se pierde jamás.[24]

Dios es grandioso no solo porque no haya nada que pueda ser demasiado grande. Dios es grandioso porque no hay nada que pueda ser demasiado pequeño. Dios no solo te conoce por tu nombre sino que tiene un nombre único, exclusivo para ti.[25] Y habla en un lenguaje, un idioma único, exclusivo para ti.

Hecho a la medida

El salmo veintinueve es una imagen poderosa, aunque poética, de la voz audible de Dios. Muchas veces reflexiono en ese salmo durante las tormentas eléctricas porque allí se describe la voz del Señor como el rugido de truenos y el fulgor del relámpago. Luego hay una declaración que casi parece redundante: «La voz del Señor resuena potente».[26] Hay una traducción al inglés que dice lo siguiente: «La voz del Señor se ajusta a la fuerza».[27] En otras palabras, está hecha a la medida de la fuerza. De la fuerza de cada persona. Yo lo traduzco como: ¡Dios habla en tu idioma!

En la teoría del desarrollo organizacional que se conoce como indagación apreciativa, la que suscribo como líder y padre, se propone que en vez de enfocarte exclusivamente en lo que está mal para tratar de arreglarlo, identifiques lo que está bien e intentes reproducirlo. La indagación apreciativa enfatiza los puntos fuertes de las personas. Atraparlas con las manos en la masa cuando están haciendo las cosas bien. Celebrar aquello que más ves. Alardear de otro cuando no te oye.

Por cierto, no es que esté sugiriendo que Dios no nos condene por nuestro pecado; claro que nos condena. Si quieres llámalo «indagación pecaminosa». Pero Dios también hace que salga fuera ese potencial que llevamos dentro mediante la indagación apreciativa. ¿Por qué lo hará? Porque Él es, justamente, el que nos lo dio. ¿Y cómo lo hace? Hablándole a nuestros puntos fuertes.

En la segunda parte de este libro vamos a explorar siete de los divinos lenguajes de amor. Pero no se trata de la lista completa, en absoluto. Ni siquiera incluyo el lenguaje de la naturaleza, lo cual es casi un pecado de omisión. ¿Cuál es la realidad? Que Dios habla miles de millones de dialectos, incluido el tuyo.

Hace poco conocí a una pediatra india que asiste a nuestra iglesia y que proviene de una familia hindú. Me dijo que decidió poner su fe en Jesucristo mientras leía un libro titulado *Am I a Hindu?* [¿Soy hindú?][28] No sé si existe otra persona en este planeta que haya encontrado a Jesús de la forma en que lo hizo esa mujer. Pero eso da testimonio del Dios que habla en nuestro lenguaje particular.

Lo que se pierde en la comunicación

En su brillante libro *A Natural History of the Senses* [Historia natural de los sentidos], la escritora Diane Ackerman cuenta con humor un incidente que revela lo difícil que puede llegar a ser entendernos unos a otros, aunque hablemos el mismo idioma. Diane, que es originaria de Waukegan, Illinois, estaba de visita en Fayetteville, Arkansas, cuando le preguntó a su anfitrión si había un *spa* en la ciudad. Ackerman sabía de las famosas aguas termales y pensó que podría pasar la tarde disfrutándolas. Enseguida se dio cuenta, por la mirada confundida de su anfitrión, que algo se había enredado, perdido en la comunicación. «¿Un espa?», le preguntó con su duro acento de Arkansas. «¿Se refiere a un espía ruso?»[29]

No siempre oímos lo que en realidad nos están diciendo. ¿Por qué sucede eso? Porque todo lo oímos pasándolo por el filtro de nuestras propias historias, personalidades, etnias y teologías. ¿Sabías que los ciudadanos de los distintos países de hecho oyen de manera distinta? Es lo que se conoce como banda de frecuencia básica. El oído francés, por ejemplo, oye mejor entre los 1.000 y los 2.000 hercios. El ancho de banda de los británicos es mucho mayor, entre 2.000 y 12.000 hercios. Y el oído estadounidense oye entre los 750 y los 3.000 hercios.[30]

De modo que si vamos a lo real existe un oído francés, un oído británico y un oído estadounidense. Podría sugerir también que hay un oído católico y un oído protestante, un oído republicano y otro demócrata y un oído masculino y otro femenino. El hecho de que hablemos un mismo idioma no significa que nos oigamos los unos a los otros. Hablamos dialectos que son muy distintos, tan distintos como lo es *spa* de *espía*.

Y lo que vale para la lingüística también es válido para lo espiritual. Yo creo totalmente en la verdad absoluta, pero mi entendimiento de esa verdad no es omnisciente. Ni siquiera es objetivo. Tenemos que dar gracias porque existe un Dios tan grande como para hablar en un lenguaje que cada uno de nosotros pueda entender.

Lo suficientemente grande

En su libro *A Mile Wide* [Una milla de ancho] Brandon Hatmaker relata la historia de su primer viaje a Etiopía, cuando fue a trabajar con su amigo Steve Fitch, fundador de los Proyectos Eden. La deforestación ha dejado partes de Etiopía devastadas, con generaciones enteras que talaron árboles y han dejado estéril la tierra. Eden es un esfuerzo de reforestación que tiene la visión de plantar cien millones de árboles.

A la hora de abordar el avión, Brandon dudaba acerca del viaje. Le daba miedo volar, estaba dejando a su familia y se preguntaba si su presencia en ese lugar tendría algún provecho. Brandon se sentía mal por la actitud que estaba adoptando, por lo que cerró los ojos y oró: «Dios, lo siento. Lo estoy intentando, pero no puedo entenderlo. No quiero estar en este avión. Siento que estoy desperdiciando tiempo y dinero. Si esto es importante para ti, ¿podrías, por favor, superar mi ignorancia, mi duda y mi ceguera? ¿Podrías trazar la línea que une los puntos para mostrarme qué es lo que no estoy viendo? Amén».[31]

Apenas Brandon abrió los ojos, el etíope de treinta y tantos años que estaba sentado a su lado le preguntó por qué iba a Etiopía. Brandon podría haberle respondido cantidad de cosas, desde un desarrollo comunitario hasta un ministerio. Pero por alguna razón dijo simplemente que iba para plantar árboles. Entonces la señora mayor que estaba junto al hombre etíope le preguntó algo en amhárico. Cuando este le contestó, también en amhárico, la mujer se echó a llorar. De hecho, se puso de pie y empezó a agitar las manos en el aire como indicando que le resultaba muy importante.

—¿Qué pasa? —preguntó Brandon.

—Es que mi madre me preguntó por qué viajaba usted a Etiopía —contestó el hombre.

—¿Y qué le respondió usted? —reaccionó Brandon.

—Le dije que usted iba a plantar árboles.

—¿Qué está diciendo ella? —quiso saber Brandon.

Fue entonces que su compañero de asiento reveló que su madre había estado orando durante treinta y ocho años pidiéndole a Dios que perdonara a su pueblo por deforestar su tierra. También le había estado pidiendo a Dios que enviara a alguien que plantara árboles. Antes de que Brandon supiera qué estaba pasando, la mujer ya tenía sus manos impuestas sobre su cabeza y oraba por él con lágrimas de gozo.

¿Puedo recordarte una verdad muy simple? Eres la respuesta a la oración de alguien más. En este caso se trataba de la oración que había estado orando esta mujer durante más años de los que había vivido Brandon. Y me permito añadir ¡que era una oración valiente!

No resulta extraño entonces que Brandon sintiera que su propósito se había renovado. Esa experiencia le dejó una nueva enseñanza: «Mi evangelio era demasiado pequeño».[32] Tal vez no se trate de que nuestro evangelio sea demasiado pequeño. Puede ser también que no estemos entendiendo la voz de Dios.

Hay algo de lo que estoy convencido, con toda firmeza: Dios es suficientemente grande. Es lo suficientemente grande como para mantener en órbita a los planetas. Es lo suficientemente grande como para revelarse a sí mismo ante astrólogos babilonios que vivían a mil quinientos kilómetros de Belén. Es lo suficientemente grande como para revelarse a sí mismo ante pediatras hindúes y abuelas etíopes. Y en mi caso personal, Él es lo suficientemente grande como para revelarse a sí mismo ante un niño de cinco años llamado Mark Batterson, por medio de una película de Billy Graham llamada *El refugio secreto*.[33]

Dios es lo suficientemente grande.

Es lo suficientemente grande como para hablar a través de puertas, sueños y personas.

Dios está lo suficientemente cerca como para hablar a través de deseos, invitaciones sutiles y del dolor.

Más que cerca

Mucho antes de que el Espíritu Santo llenara, moviera, diera dones o convicción, sellara, revelara o hiciera recordar algo, lo encontramos allí en el aire sobre la superficie de las profundidades.[34] Y hoy sigue allí en el aire sobre nuestras vidas, del mismo modo en que lo estaba sobre la creación.

Sigue produciendo luz con sus palabras en la oscuridad.

Sigue trayendo orden al caos.

Sigue creando belleza a partir de las cenizas.

El término hebreo que se usa para describir la proximidad de Dios es *paniym* y es multidimensional. En términos temporales, *paniym* hace referencia a la fracción de segundo antes, y la fracción de segundo después, al paréntesis en el tiempo. Y en términos de espacio, *paniym* hace referencia al lugar que está justo delante y justo detrás, del paréntesis en el espacio.

Él es Dios *con* nosotros en el pleno sentido de la palabra.

¡Él es el amigo que está *más cerca* que un hermano!

A. W. Tozer pintó lo que significa *paniym* de la siguiente manera: «Dios está por encima, pero nada lo presiona. Está por debajo, pero nada lo aplasta. Está afuera, pero nada lo excluye. Está dentro, pero nada lo encierra. Dios está por encima de todas las cosas, presidiendo. Y debajo de todas las cosas, sosteniendo. Está fuera de todas las cosas abrazándolas y dentro de todas las cosas, llenándolas».[35]

El Espíritu Santo está encima. El Espíritu Santo susurra. El Espíritu Santo sopla su aliento en ti, el mismo aliento que sopló en el puñado de polvo llamado Adán.

¿Recuerdas la oración más valiente que hice? En las primeras semanas no estaba seguro si había sanado del asma o no. Entonces le pedí a Dios que lo confirmara de alguna forma, de cualquiera. Más específicamente le pedí una palabra de su Palabra y me dio exactamente eso. Lo que yo no esperaba, sin embargo, es que fuera *una* palabra y en arameo para colmo: «*¡Ephaphata!*»[36] Significa: «¡Ábrete!», y es la palabra que usó Jesús para sanar a un hombre con impedimento en el habla. Las Escrituras dicen que cuando se abrieron los oídos del hombre, se le desató la lengua y pudo hablar con claridad. Observa cuál fue la secuencia.

¿Es posible que Jesús supiera que las dificultades del habla eran problemas de oído mucho antes de que apareciera el doctor Alfred Tomatis? Bueno, el mismo doctor Tomatis citó ese milagro de Jesús como confirmación de su conclusión de que la boca solo puede hablar lo que el oído puede oír.[37]

Este capítulo se ha centrado en el poder de la voz de Dios. ¡Dios creó galaxias con cuatro palabras! Y es evidente que puede abrir los oídos sordos con una palabra. Así como abrió los oídos de ese hombre con una palabra, Jesús también abrió mis pulmones. Y esa palabra se ha convertido en una de mis favoritas.

Además de pedirle a Dios una confirmación de que había sanado empecé a investigar todo lo que podía con respecto a la respiración. No estoy seguro de la forma en que esta teoría permaneció oculta ante mí a lo largo de tres años de estudio en el seminario, pero ha cambiado para siempre la forma en que pienso sobre las veintitrés mil veces que respiramos cada día.[38] Hay algunos estudiosos del hebreo que creen que el nombre de Dios, Yahvé —o sin las vocales: YHWH o JHWH— es sinónimo del sonido de la respiración. Por un lado el nombre es demasiado sagrado como para pronunciarlo; por otra parte, lo susurramos cada vez que inhalamos o exhalamos. Es nuestra primera palabra, nuestra última palabra y cada una de las palabras de en medio.

Dios está tan cerca como el aliento que respiramos.

El sacerdote católico Desiderio Erasmo acuñó la frase en latín *vocatus atque non vocatus, Deus aderit*. Su traducción es: «Lo invoques o no, Dios está aquí». El psiquiatra suizo Carl Jung hizo grabar esas palabras sobre la puerta de su casa.[39] No es muy diferente si lo comparas con la costumbre judía de grabar las palabras de la Shema sobre los umbrales de las casas. Esa simple declaración hacía las veces de constante recordatorio de la presencia de Dios: su omnipresencia. Las Escrituras pintan la imagen de un Dios que existe fuera del tiempo: el que era, que es y que será. Pintan la imagen de un Dios que existe fuera del espacio: el que está aquí, allí y en todas partes. Sin embargo, hay un lugar en el que Dios se encuentra por fuera, mirando hacia adentro. Ese lugar es la puerta de tu corazón. Si quieres oír su voz, tienes que responder al que llama a tu puerta.

Solo por invitación

En 1853, el artista inglés William Holman Hunt pintó un retrato de Jesús de pie ante una puerta, llamando. Eligió como título de su obra *La Luz del mundo*, y es la representación visual de Apocalipsis 3:20: «Mira que estoy a la puerta y llamo. Si alguno oye mi voz y abre la puerta, entraré, y cenaré con él, y él conmigo».

Cincuenta años después Hunt dijo que era algo más que una pintura. Era una sutil invitación, una orden divina.[40] Una de las fascinantes características de la pintura es que la puerta no tiene picaporte del lado de afuera, lo cual fue una omisión intencional. ¿Por qué? Porque la puerta del corazón solamente puede abrirse desde dentro. Dios entra solamente si lo invitamos. Y eso vale no solo para Jesús sino también para el Espíritu Santo.

Hace poco hablé en una conferencia de pastores en Inglaterra. Era la primera vez que hablaba ante nuestros compatriotas del otro lado del charco, por lo que no estaba del todo seguro en cuanto a qué podría esperar. Creo que subliminalmente estaba bajo la influencia de la serie *Downton Abbey*, pensando que todo sería bastante formal, algo ascético. Pero lo que encontré fue algo tan vivo, que contagiaba tal vitalidad, que deseé que hubiera una forma de embotellar esa experiencia para descorchar la botella en la iglesia en la que soy pastor.

Hubo una práctica simple que dejó en mí una impresión que no se borrará y que es algo habitual en la tradición anglicana. Es la recitación de la oración más sencilla de todas: *Ven, Espíritu Santo*. La frase en latín *Veni Creator Spiritus* tal vez haya tenido su origen en un himno del siglo nueve escrito por un monje benedictino, Rabano Mauro. Desde la Reforma inglesa en el siglo dieciséis se han hecho más de cincuenta traducciones. Pero la traducción de la versión revisada del *Libro Común de Oración* en 1662 es esta:

Ven, Espíritu Santo, inspira a nuestras almas,
Y alumbra con fuego celestial.
Eres el Espíritu de unción,
Que imparte tus siete dones.

Es la oración que se pronunció en la coronación del rey Carlos I, en 1625, y desde entonces se pronuncia en la coronación de cada monarca inglés. El coro de la coronación entona esas palabras después de cantar el Credo, mientras el rey o la reina ocupan su lugar en el Trono de Coronación, justo antes de la unción.[41]

No necesitas decirle al Espíritu cuándo, dónde o cómo venir. Pero sí debes invitarlo. La oración no es como el «abracadabra».

El peligro con las oraciones repetidas es que pueden convertirse en encantamientos vacuos. Pero si oras y realmente dices las cosas con sentido ¡no te sorprendas si aparece el Espíritu Santo y hace sus maravillas de maneras misteriosas, extrañas!

Recuerda que no será que Dios hable más fuerte de lo que lo hace ahora. Será que tú aguzaste el oído para escuchar, un poco mejor, un poco más cerca.

¿Podría ser esta tu oración más valiente?

EL PUNTO DE SUSURRO

Así es también la palabra que sale de mi boca…

—Isaías 55:11

En marzo de 1792, Thomas Jefferson —Ministro de Relaciones Exteriores— anunció una competencia con un premio de quinientos dólares y un lote de terreno en la ciudad a quien presentara «el mejor plan» para el Capitolio de los Estados Unidos. De los diecisiete proyectos, no hubo ni uno que se aceptara y cuando el concurso ya estaba cerrado un médico que había estudiado en Escocia y que vivía en las Indias Occidentales Británicas pidió permiso para presentar su propuesta. Era el Dr. William Thornton, y el suyo fue el plan que finalmente se aceptó. Ese arquitecto aficionado se hizo conocido como el «primer arquitecto» y una década después fue el primer superintendente de la Oficina de Patentes de los Estados Unidos.[1]

Pasado un año ya desde que Thornton presentara su plan para el Capitolio, el presidente George Washington encabezó un desfile de personas que se dirigían a la Colina Jenkins, hoy llamada Capitol Hill. Resonaban los tambores y la música, los colores matizaban el cielo y los espectadores celebraban mientras se colocaba la piedra fundacional del Capitolio el 18 de septiembre de 1793. Se consagró el lugar con maíz, vino y aceite; los festejos terminaron con una fastuosa comida: un buey de doscientos cincuenta kilogramos, que dio inicio a uno de los rituales más sagrados de los estadounidenses: ¡la barbacoa![2]

Con su historia de doscientos veinticinco años el Capitolio tal vez sea la estructura con más historias en los Estados Unidos. Dentro de esos salones imponentes las decisiones que se tomaron, las acciones que se decidieron, las conversaciones que se mantuvieron, han alterado el rumbo de la historia en muchas oportunidades y si esos muros hablaran podrían contarnos de audiencias públicas y conversaciones privadas, de debates y votaciones de comisiones que han forjado a esta nación.

Fue allí que el 24 de mayo de 1844 Samuel Morse transmitió el primer mensaje de telégrafo a larga distancia: «¡Lo que Dios ha hecho!» El prototipo de Morse ya había enviado mensajes entre las alas del Capitolio ocupadas por los representantes del pueblo y el Senado, pero en esa ocasión esos guiones y puntos viajaron más de sesenta kilómetros hasta un depósito ferroviario ubicado en Baltimore, Maryland, revolucionando las comunicaciones de manera impensada. No hubo avance mayor hasta que se inventó el teléfono, y luego el correo electrónico e Internet.[3]

También fue allí que el 3 de marzo de 1865 Abraham Lincoln se enteró de que el Sur deseaba rendirse mientras firmaba la legislación del fin de sesiones en la sala del presidente. Al día siguiente Lincoln dio su segundo discurso de asunción «sin malicia para ninguno y con caridad para todos» desde el Pórtico Oriental.[4] Seis semanas después, se velaba al decimosexto presidente de Estados Unidos en la rotonda del Capitolio, víctima de la bala calibre 44 de John Wilkes Booth.

Allí, el 8 de diciembre de 1941, Franklin Delano Roosevelt convocó a una nación afligida el día siguiente de «la fecha que perdurará en la infamia».[5] Después de dar ese discurso en la sesión conjunta del Congreso reunido, los Estados Unidos declararon la guerra a Japón por el ataque gratuito a Pearl Harbor, y la nación entró en la Segunda Guerra Mundial.

Durante los últimos veinte años he vivido precisamente a un kilómetro y medio del Capitolio. Desde nuestro hogar puedo ver la Estatua de la Libertad sobre la cúpula de hierro forjado. En el verano hacemos picnics en el Capitolio y en el invierno usamos el trineo allí. Pero a pesar del hecho de que casi todos los días paso por allí, en auto o trotando, el lugar no envejece nunca. De hecho es probable que la gente piense que soy un turista cuando parto o arribo al Aeropuerto Nacional Reagan, porque sigo tomando fotografías. Es tan bello como el primer día en que mis ojos lo vieron.

A lo largo de los años fui encontrando algunos de mis lugares favoritos en el Capitolio. La vista desde la oficina del capellán del Senado es espectacular, con el National Mall y sus monumentos, y todo se ve desde la ventana que se parece a la de la cabina del Falcon Millennium. De pie, y rodeado por las ocho enormes pinturas que rodean a la rotonda del Capitolio, la sensación es de absoluto respeto y maravilla. Vale la pena destacar que las obras de arte representan un estudio de la Biblia a bordo del Mayflower, el bautismo de Pocahontas y, tal vez, la primera reunión de oración en el Nuevo Mundo.[6]

Sin embargo, lo que para mí es el lugar más inspirador de todas las 540 habitaciones que se extienden a lo largo y a lo ancho de más de una hectárea y media es el Salón de las Estatuas. Es un salón semicircular de dos plantas en la parte antigua, donde se celebró por primera vez la reunión de la Casa de los Representantes de la nación el 17 de noviembre de 1800. Sobre la entrada hay una escultura de mármol, el *Carro de la Historia* que representa a Clío, musa de la historia con un libro en el que registra los sucesos a medida que ocurren.[7]

En 1864 el Congreso invitó a cada estado a designar a dos ciudadanos prominentes para que sus imágenes se exhibieran de manera permanente en el Capitolio. Treinta y ocho de las ahora cien estatuas montan guardia en el Salón de las Estatuas. Incluyen a Philo T. Farnsworth de Utah, inventor de la televisión; a Thomas Edison de Ohio, responsable de 1.093 patentes en la Unión Americana; a Rosa

Parks y Helen Keller de Alabama, que rompieron las barreras raciales y de la discapacidad; a Jacques Marquette de Wisconsin, el misionero jesuita que trazó el mapa del río Mississippi; y a Sacagawea de Dakota del norte, la heroína del pueblo de los Shoshone que ayudó a Lewis y a Clark a explorar la compra de Luisiana.

Cuando entras en el Salón de las Estatuas es como si estuvieras en medio del «Quién es quién» en la historia estadounidense, rodeado por una enorme nube de testigos. Pero quiero contarte cuál es mi lugar favorito en mi salón preferido: el punto de susurro.

Ondas del susurro

Cuando visité por primera vez el Capitolio, hace más de dos décadas, nuestro guía nos reveló un secreto que en realidad no lo era: el punto de susurro. Se ubicó a un lado del Salón de las Estatuas mientras nuestro grupo de visitantes permanecía del otro lado. Entonces susurro algo cuando, de manera misteriosa y milagrosa, pudimos oír el eco de su voz desde el otro lado del salón, como si estuviera a centímetros de nosotros.

Se han contado varias leyendas a lo largo de los años, como la que dice que John Quincy Adams fingía estar dormido ante su escritorio mientras, en realidad, escuchaba lo que decían sus opositores políticos. Son historias que no pueden corroborarse, pero la física sí puede hacerlo. Los muros circulares y la cúpula del techo del Salón de las Estatuas permiten que las ondas del susurro recorran la circunferencia de la sala, del modo más inesperado.

No sé si el doctor William Thornton tenía la intención de lograr ese efecto acústico y, debido a que se alteró la configuración de la sala, los ecos hoy se oyen en lugares diferentes a los de la época en que ahí funcionaba la Cámara de Representantes. Sin embargo, hay una realidad: si te ubicas en el punto justo, puedes oír un susurro suave que recorre la sala, incluso aunque haya ruido. Eso ocurre también en el mes de mayo, cuando pareciera que todos los alumnos del octavo grado de todas las escuelas de Estados Unidos visitan la capital de la nación en sus viajes escolares.

Cuando recorro la Biblia encuentro puntos de susurro en todas partes.

En el caso de Abraham fue el roble de Mamre.[8]

En el caso de Isaac fue el pozo en las afueras de Najor.[9]

En el caso de Jacob, fue Betel.[10]

En el caso de Moisés fue la zarza ardiente.[11]

En el caso de Josué fue Guilgal.[12]

En el caso de Gedeón fue la encina de Ofra.[13]

En el caso de Samuel fue el tabernáculo de Siló.[14]

En el caso de David fue la cueva de Adulán.[15]

En el caso de Elías fue el monte Carmelo.[16]

En el caso de Mardoqueo fue la puerta del rey en la ciudadela de Susa.[17]

En el caso de Ezequiel fue el río Quebar.[18]

En el caso de Daniel fue una ventana de la planta superior que abría en dirección a Jerusalén.[19]

En el caso de Jonás fue el vientre de la ballena.[20]

Quiero aclarar una cosa antes de seguir adelante: Dios puede presentarse donde sea, cuando sea, del modo que sea. Y, en efecto, ese puede ser el motivo por el que Dios se presentó ante Moisés como lo hizo. Si yo hubiera escrito el guión probablemente habría usado las pirámides como telón de fondo, pero Dios escogió un arbusto en llamas, en medio de la nada del desierto. ¿Por qué? Según la enseñanza rabínica, fue para mostrar que no hay lugar donde no esté la presencia de Dios.

Así es, la presencia de Dios se manifestaba de manera única entre las alas de los querubines sobre el arca de la alianza en el Lugar Santísimo el Día de la Propiciación. Pero si piensas que está limitado a un día cronológicamente determinado o a un lugar geográfico, entonces es que pones a Dios en una caja, aunque sea la caja del arca de la alianza. Por tanto, no uses la Biblia para encerrar a Dios en una caja.

Sé que hay quienes creen que Dios habla únicamente a través de las Escrituras. Es un error sin mala intención que a menudo cometen los que tienen las Escrituras en alta estima, como las tengo yo también. Por cierto, claro que creo que la Biblia conforma una categoría en sí misma como Palabra inspirada de Dios y que el canon está cerrado. Pero, en verdad, disminuimos la autoridad de las Escrituras si desacreditamos la capacidad de Dios para hablarnos hoy de las mismas maneras en que lo hizo en las páginas de la Biblia.

Cuando leo las Escrituras veo a Dios presentándose en lugares extraños, en momentos inesperados y de las formas más raras. Y no pienso que haya cambiado nada. Claro que Dios no se contradice a sí mismo, ¡pero sigue siendo prediciblemente impredecible!

Sigue convirtiendo encuentros normales en encuentros divinos y sigue dándonos deseos, abriendo puertas e inspirando sueños. Sigue hablándonos a través de sutiles invitaciones, a través de otras personas, a través del dolor. Y así como lo hizo con Moisés, puede convertir un pedazo de tierra en suelo santo.

Rodillas que dejaron marca

En 1940, el doctor J. Edwin Orr llevó a un grupo de estudiantes de la Universidad de Wheaton a Inglaterra para que estudiaran allí. En el camino, una de las escalas que hicieron fue la rectoría de Epworth. Hoy dicha rectoría sirve como museo metodista, pero era el hogar de Juan Wesley, fundador del movimiento metodista.

En uno de los dormitorios hay dos marcas en el piso, donde se cree que se arrodillaba a orar Juan Wesley. Cuando los estudiantes regresaban al autobús, el doctor Orr notó que faltaba un alumno, por lo que volvió a la planta alta. Allí encontró al joven Billy Graham arrodillado sobre esas marcas de rodillas, orando: «Oh Señor, ¡hazlo otra vez!».[21]

Me rijo por una máxima sencilla: si hacemos lo que hacían en la Biblia, Dios hará lo que hacía entonces. Él sigue hablando. Sigue sanando. Sigue liberando. Sigue susurrando. Y no hay cosa que Dios quiera más que «hacerlo otra vez». Y otra vez, y otra y otra. Por supuesto que tenemos que adoptar la postura de Juan Wesley, la que Billy Graham adoptó. Pronto hablaremos del lenguaje de los deseos, pero no quiero adelantarme demasiado. ¿Recuerdas de qué modo llegó Juan Wesley a la fe en Cristo? Él dijo que un «extraño calor» llenó su corazón en un lugar llamado Aldersgate.[22] Parece algo demasiado subjetivo, ¿verdad? Sin embargo, ese sentimiento de inspiración divina es testamento de ese Dios que nos habla al nivel de las emociones, de lo cual hay antecedente bíblico.

¿Recuerdas a los discípulos que iban caminando de Jerusalén a Emaús después de la crucifixión y resurrección de Jesús? El Maestro estaba caminando con ellos, hablando con ellos, pero no lo reconocieron. Puede resultar difícil imaginarlo, pero para ellos la resurrección no era una categoría conocida. Además, iban «cabizbajos».[23] Cuando estamos en un enredo emocional, muchas veces pasamos por alto lo que tenemos delante de las narices. No fue sino hasta que Jesús hizo lo que le habían visto hacer antes —tomar el pan, dar gracias y partirlo— que su identidad les fue revelada.

¿Recuerdas lo que hablaron entre ellos después?

¿No ardía nuestro corazón mientras conversaba con nosotros en el camino y nos explicaba las Escrituras?[24]

Solo porque algo no esté en la Biblia no indica que sea antibíblico. O que sea contrario a lo que enseñan las Escrituras. Hay otra categoría —la de lo abíblico— con una connotación muy diferente. Significa, simplemente, que no hay precedente en las Escrituras.

¿Implica eso que tiene que ser contrario a la Biblia? No necesariamente. No hay antecedentes de que existieran púlpitos, himnarios o devocionales. Siempre y cuando la metodología no contradiga a la teología ortodoxa, estaremos pisando sobre seguro. Hasta, tal vez, estemos pisando suelo santo.

No tenemos que tomar decisiones basándonos solo en las emociones, pero tampoco debiéramos ignorarlas. Es más, una de las mejores formas de poder discernir la voluntad de Dios es entendiendo si la paz de Cristo es la que gobierna tu corazón o no.[25] Para ello hace falta inteligencia emocional. Dios incluso habla a través de emociones que ni siquiera podemos expresar con palabras, como la paz que sobrepasa todo entendimiento y el gozo indecible.[26]

La oreja perforada

«Quien tiene oídos que oiga».[27] Seis veces en el evangelio y ocho en el libro de Apocalipsis, Jesús repite estas cinco palabras. Es la más simple de las declaraciones, pero sus implicaciones son enormes. Es una exhortación urgente y, en mi opinión, nuestro destino depende de ella.

Cuando Jesús declaraba: «Quien tiene oídos que oiga», el oído judío oía ecos del Salmo 40:6: «Has abierto mis oídos para oírte». En hebreo, «abrir» es un término arqueológico que significa «excavar» o «cavar en material denso». Creo que la forma en que hacemos eso es escuchando con el oído interior. Sin embargo, la palabra hebrea «oír» también puede traducirse como «perforar», lo que ha llevado a muchos eruditos de la Biblia a creer que David honraba así un antiguo ritual que se nos presenta en el Monte Sinaí.

Tras servir al amo durante seis años, el siervo hebreo quedaba libre al séptimo año.[28] Pero el siervo que amaba a su amo tanto como para no querer la libertad, tenía la opción de prometerle fidelidad toda la vida. ¿Cómo se hacía eso? Con un ritual sagrado en que se perforaba la oreja: «el amo lo hará comparecer ante los jueces, luego lo llevará a una puerta, o al marco de una puerta, y allí le horadará la oreja con un punzón. Así el esclavo se quedará de por vida con su amo».[29]

¿Tienes tu oído espiritual perforado?

¿Está consagrado a Cristo tu oído interior?

Esa quieta voz, ¿es la que más resuena en tu vida?

En latín, obedecer es *obedire*, que significa «prestar oído».[30] La obediencia comienza con la oreja perforada. Es sintonizar la frecuencia de Dios y aumentar el volumen. Es obedecer a sus susurros, aunque haya mil personas que griten algo distinto. José Ortega y Gasset, el filósofo español, dijo: «Dime a qué le prestas atención y te diré quién eres».[31] A fin de cuentas, te formarás a la imagen de la voz que suena más fuerte en tu vida, la que más escuchas. Escuchar de verdad es, en última instancia, un acto de sujeción. Si te has casado y tuviste una «discusión indómita» con tu cónyuge, ya sabes a qué me refiero. La reacción natural es alzar la voz, ¿verdad? Pero con eso rara vez se soluciona el problema. En realidad, no lo soluciona nunca. La solución está en cerrar la boca y abrir los oídos. La forma en que nos sujetamos los unos a los otros es escuchando, de veras, con atención, con paciencia, en serio. La relación con Dios no difiere de esto.

El oído interior

Cuesta imaginar que la solución a nuestros problemas esté en escuchar. Pero lo cierto es que escuchar conforma la prueba máxima. Para poder apreciar la importancia de ello, hace falta conocer un poco la anatomía del oído.

Las ondas sonoras se mueven en nuestros oídos como las olas del mar en la playa. Viajan por un laberinto que la escritora Diane Ackerman compara con «un campo de minigolf para locos», con «curvas, ramales, rotondas, relés, palancas, hidráulica y vueltas de retorno».[31]

El oído externo funciona como un embudo que atrapa el sonido. Después de viajar por el canal auditivo y golpear el tímpano, las vibraciones dan contra tres de los huesos más pequeños del cuerpo: el martillo, el yunque y el estribo. Desde el oído medio, las vibraciones pasan por un tubo en forma de caracol, como espiral, llamado cóclea y que contiene miles de microscópicas células ciliadas en forma de pelos que amplifican el sonido a medida que pasa. Desde allí el octavo nervio craneal transmite impulsos al estilo del código Morse hacia la corteza auditiva en donde el tono, el volumen, los agudos, los graves, la distancia, la dirección y el sentido se traducen en información sobre la cual podemos actuar.

Lo repito: no me digas que jamás has vivido un milagro. Lo vives cada vez que un sonido hace su misterioso viaje por tu oído externo, medio e interno.

Una de las misteriosas capacidades del oído humano es la de sintonizar determinados sonidos al tiempo que descarta otros. Cuando estaba en la universidad y jugaba baloncesto, aunque hubiera muchísima gente gritando o haciendo ruido, yo podía distinguir la voz de mi padre en medio del barullo. Esa capacidad, destaca Ackerman «es posible porque en verdad oímos las cosas dos veces».[32]

En términos audiológicos, hay una mínima demora entre el momento en que las ondas sonoras golpean nuestro oído externo y el instante en que llegan al oído interno. Así que hay cosas que escuchamos una sola vez y otras que escuchamos dos veces. Cuando Jesús dice: «Quien tiene oídos que oiga» creo que nos exhorta a escuchar dos veces, no solamente una. Es en esa mínima demora entre la primera y la segunda vez que oímos, que podemos distinguir las sutiles invitaciones del Espíritu Santo.

Así que no escuches a Dios con el oído externo solamente. Esa es la forma en que las cosas entran por un oído y salen por el otro. Dale esa segunda vez a Dios, la de oír con el oído interno. Así es como la verdad pasa de tu mente a tu corazón. Y entonces quizá, solo quizá, sea esa la forma de pasar del patio exterior al interior, al Lugar Santísimo ¡donde Dios manifiesta su presencia!

Ley cuadrática inversa

El punto de susurro en el Capitolio de los Estados Unidos tal vez sea la más famosa de las galerías en su tipo. Pero no es el único lugar donde ocurre. El efecto susurro se descubrió en la Catedral de San Pablo, en Londres, en 1878. Y lo hizo Lord Rayleigh, ganador en 1904 del Premio Nobel por haber descubierto el elemento químico argón de número atómico 18. Sin embargo, su verdadera pasión, lo que le fascinó toda la vida, era el sonido. Es más, hay una onda sonora de baja frecuencia que lleva el nombre de Lord Rayleigh. La onda Rayleigh es inaudible para el oído humano pero es la frecuencia infrasónica que usan los pájaros, los insectos y otros animales para comunicarse.

Lord Rayleigh era un anglicano consagrado y explicó el misterio de los susurros ambulantes de la Catedral de San Pablo por medio de experimentos de sonido que diseñó de manera brillante para demostrar que un único susurro produce cuatro, cinco y hasta seis ecos. Según la ley cuadrática inversa, el sonido debería disminuir en intensidad proporcionalmente a la inversa de la distancia de donde deriva.[33] A medida que el sonido viaja se irá dispersando, así que hipotéticamente nuestras palabras debieran tener la mitad de la energía cuando la distancia se duplica. Los puntos de susurro son una excepción única a esta regla. Los susurros en San Pablo pueden oírse bien claro a grandes distancias debido a la curvatura de los cielorrasos y los muros.

Ya adivinas a qué apunto, ¿verdad?

Así como hay puntos de susurro en el plano físico, los hay en el espiritual. Por eso quiero ayudarte a que descubras tu punto de susurro, el lugar al que vas para oír el susurro de Dios. Ese lugar en el que su voz tiene el eco más fuerte y duradero, el lugar en el que Él habla a través de la sanidad y la revelación, la convicción y la creación.

La voz de Dios no está sujeta a la ley cuadrática inversa, ni a ninguna otra ley —a ese respecto— de la naturaleza. Su voz no se esfuma en el espacio y el tiempo. El Dios que definió las leyes de la física en el principio tiene poder para desafiar esas leyes. El Dios que creó el sol puede hacer que este se quede quieto. Por supuesto, la gran ironía está en que cuando Dios rompe las leyes de la física nosotros a eso lo llamamos milagro. Y lo es. Pero en realidad es el segundo milagro en la secuencia. Hacer que el sol se detenga es milagroso, pero también lo es mantener en órbita a la Tierra. Celebra el segundo milagro, pero no des por hecho el primero. Porque es un milagro doble.

Todo esto es para decir lo siguiente: el sonido de la voz de Dios no se dispersa con la distancia.

El profeta Isaías lo dijo así:

Así es también la palabra que sale de mi boca:
No volverá a mí vacía,
sino que hará lo que yo deseo
y cumplirá con mis propósitos.[34]

Recuerda que las primeras cuatro palabras de Dios siguen haciendo eco en las orillas del universo ¡creando galaxias dondequiera que resuenen! Lo que es válido para esas primeras cuatro palabras también lo es para cada susurro. Al hacer el inventario de mi vida veo que todas las bendiciones, todos los avances, en realidad, son ecos de los susurros de Dios. También aprendí que hay determinados lugares y posturas que me ayudan a oír la voz de Dios con mayor claridad.

La tienda de reunión

Cuando estaba en la universidad, hubo un versículo que me afectó más que cualquier otro. Quizá parezca un tanto extraño al principio, pero fue lo que inspiró mi primer punto de susurro. Se trata de la historia de la tienda de reunión que levantó Moisés junto al campamento de Israel mientras los israelitas erraban por el desierto. Lo que entiendo es que la levantó fuera del campamento para no oírlos. Estaba cansado de las constantes quejas, murmuraciones y protestas de los israelitas; y necesitaba desesperadamente un lugar de silencio, un punto de susurro.

Moisés es el protagonista de esta historia pero hay una escena extra en el final.

Cuando Moisés regresaba al campamento, su joven ayudante Josué, hijo de Nun, no se apartaba de la tienda.[35]

¿Alguna vez te preguntaste por qué escogió Dios a Josué para que sucediera a Moisés? Para empezar, era uno de los dos espías que volvió con un informe positivo cuando los israelitas fueron a explorar Canaán por primera vez.[36] Los otros diez espías, que tenían voces muy fuertes, volvieron con informes negativos. ¡El pueblo escuchó las voces equivocadas y les costó cuarenta años! Sin embargo, hay una segunda razón por la que Dios eligió a Josué para que sucediera a Moisés. Dios confía más en aquellos que mejor lo conocen y quienes mejor lo conocen son aquellos que han pasado la mayor cantidad de tiempo con Él. Como Josué jamás dejaba la tienda de reunión, era obvio que se trataba del mejor candidato.

Cuando iba a la universidad yo quería ser como Josué. Cada vez que se hacía el llamado al altar, yo respondía. ¿Sabes por qué? Porque no quería perderme ningún don que Dios quisiera darme en el altar. Era un costo de oportunidad que no estaba dispuesto a pagar. También creé una «tienda de reunión» que se convirtió en mi primer punto de susurro.

Casi todos los días, después del almuerzo, solía escurrirme para ir a la capilla. Las luces estaban apagadas y la capilla estaba vacía, a excepción de algunas veces en que el encargado de mantenimiento estuviera revisando algo. Yo subía las escaleras hasta el balcón, donde caminaba y oraba. En esa época no teníamos contadores de pasos en los teléfonos, pero apuesto a que recorrí ciento cincuenta kilómetros orando allí, en mi último año. Fue en ese lugar donde aprendí a distinguir la voz de Dios y ese aviso en mi espíritu que me guardaba de cosas que pudieran acabar en malas situaciones (de lo que hablaré más en detalle cuando veamos el lenguaje de las puertas).

En el seminario mi punto de susurro era el apartamentito de treinta y siete metros cuadrados que alquilábamos mi esposa y yo en el recinto de Trinity International University en Deerfield, Illinois. Lora trabajaba mientras yo asistía a clases, así que casi siempre pasaba el día solo. Allí Dios me levantó y me sacudió el polvo después de que fracasara la iglesia que habíamos plantado.

Uno de mis puntos de susurros de mayor duración fue un pilar de mármol frente a Union Station de Washington, D.C., donde se reunió la congregación National Community Church durante trece años. Solía sentarme sobre ese pilar los sábados por la noche, para hablar con Dios y escucharlo.

Mi punto de susurro actual, y es el que más me gusta de todos, es la azotea de la Cafetería Ebenezers. ¡Allí arriba tengo una excelente recepción! Es que cuando oras encima de un milagro que Dios ya obró resulta difícil no tener fe. Esa cafetería fue un susurro en su momento y Dios sigue hablándome en susurros allí.

Cuando empecé a orar en el balcón de la capilla, o en la azotea de Ebenezers, solo se trataba de lugares. Pero, con el tiempo, se convirtieron en puntos de susurro. Los puntos de susurro no tienen por qué ser exóticos. Por el contrario. A menudo son tan comunes como el clóset que conviertes en cuarto de oración. La clave no está en la geografía, sino en la congruencia.

Si te apareces por allí ¡Dios también se aparecerá!

Punto de escucha

En 1956, el ambientalista Sigurd Olson construyó una pequeña cabaña a orillas del lago Burntside, al norte de Minnesota. Es usual ponerles nombres a las casas junto a los lagos, sobre todo en la tierra de los diez mil lagos. Casi todos los nombres son predecibles, pero Olson fue un poco más allá, con su intención. Su objetivo al construir la cabaña era «oír todo lo que valiera la pena escuchar»[37] y por eso la llamó «Punto de Escucha».

Escuchar no es algo que hagamos por defecto. Es algo que sucede por designio. Tienes que salir del campamento y levantar una tienda de reunión. Tienes que buscar la soledad, buscar el silencio. Tienes que ser implacable para eliminar las distracciones. Y tienes que bajarles el volumen a algunas voces o apagarlas del todo. Puede tratarse de algo tan inocente como una radio o algo tan inocuo como las redes sociales. ¿Por qué no apagas la radio y hablas con Dios mientras vas y vienes del trabajo? ¿O por qué no haces ayuno de redes sociales durante un tiempo? ¿Qué tal un retiro de silencio?

No quiero exagerar con lo espiritual y la importancia del punto de susurro, pero tampoco quiero dejar de destacar que sí tiene importancia. Incluso si quitas la espiritualidad de la ecuación, necesitas un espacio o un lugar donde tengas algo de paz y silencio. Si vives en una ciudad, como yo, no resulta sencillo. Y si tienes hijos pequeños, tal vez sean solo diez minutos mientras duermes una siesta. No importa dónde ni cómo, tienes que encontrar un momento y un lugar con determinación.

Susanna Wesley crió a diecisiete niños en una casa muy pequeña, así que era muy difícil encontrar un lugar de soledad. Su punto de susurro era una mecedora ubicada en medio de la sala. Cuando se cubría con una manta, la convertía en su tienda de reunión.[38]

Es posible que eso inspirara a su hijo Juan a arrodillarse junto a su cama.

Thomas Edison tenía una «silla para pensar».[39]

Alexander Graham Bell tenía un «lugar para soñar» con vista al Río Grande.[40]

Henry David Thoreau se entretenía en el estanque Walden.

Estaba también Ludwig van Beethoven, que comenzaba su día al amanecer con una taza de café que preparaba con mucha atención, contando sesenta granos por taza.[41] Permanecía sentado ante su escritorio hasta pasado el mediodía y luego daba una caminata para revigorizar su mente. Llevaba consigo un lápiz y unas hojas con pentagrama en el bolsillo, con el fin de poder anotar los pensamientos musicales que surgieran.[42]

Tu punto de susurro será tan único como lo seas tú. Pero eres tú quien necesita encontrar el momento y el lugar.

¿Puedo preguntar algo que parecerá tonto? ¿Alguna vez intentaste hacer una cita con alguien sin fijar la hora y el lugar? Imagínate que alguien quiere reunirse con otra persona y le dice: «Cuando sea», o si se le pregunta dónde es la reunión, dirá: «Donde sea». ¡Buena suerte con esa reunión! Aprecio la flexibilidad, pero esa es una reunión que no sucederá nunca, excepto por accidente.

Una decisión que define

La soledad es una clave para oír la voz de Dios, sin duda, pero hace falta un contrapeso. Oír la voz de Dios no es un deporte individual, sino de equipo. Una de las mejores formas de oír su voz es andar con gente que sí lo oye. ¿Tienes a alguien que parece oír a Dios con mayor frecuencia que tú, con mayor claridad? Entonces quédate cerca de esa persona todo lo que puedas. Podrías oír —incluso de oídas— la voz de Dios.

Dick Eastman es una de esas personas en lo que a mí respecta. Jamás olvidaré el día en que estábamos sentados en mi oficina y me contó sobre un momento de definición en su vida.[43]

Alguien le había dado una cinta grabada de «The Holy Hour!» [La hora santa], del arzobispo Fulton J. Sheen, en la que este les hablaba a un grupo de monjas. La calidad de la grabación era tan mala que Dick apenas podía oír lo que se decía, aunque oyó la voz de Dios, clara y fuerte. Esa cinta grabada cambió el rumbo de su vida debido a una decisión definitoria que tomó tras escucharla.

El arzobispo de ochenta años les revelaba a las monjas el secreto de su éxito como quizá el católico más influyente de los Estados Unidos en su época, con excepción del papa. Podría entenderse que estaba siendo condescendiente, si no tomas en cuenta el contexto, pero cuando te haces mayor tienes derecho a ser bien directo con lo que digas, porque ya no hay tiempo para andar con vueltas. Lo que decía Sheen era: «Ustedes las monjas son mucho más inteligentes que yo. Así que, ¿por qué les estoy hablando?... Les diré por qué». Y luego respondía su propia pregunta: «Porque mis palabras tienen poder». Pero, ¿por qué creía que sus palabras tenían poder? «Mis palabras tienen poder porque durante cincuenta y cinco años, los 365 del año, he pasado una hora en la presencia de Dios».

Cuando Dick escuchó esa cinta mal grabada, su convicción se intensificó. Y cuando me contó la historia, ya habían pasado más de cuarenta años de ese momento; pero hablaba con lágrimas en los ojos. Me dijo: «Mark, ¡yo no podía decir lo mismo siquiera con respecto a siete días!» Algo en el espíritu de Dick se quebró ese día. Tomó la decisión determinante de pasar una hora al día, todos los días, en presencia de Dios. Hoy Dick lleva practicando ese ritual diario durante casi el mismo tiempo que el arzobispo.

Dick Eastman ha servido como presidente internacional de Every Home for Christ [Cada hogar para Cristo] durante casi todo su ministerio. Se trata de una organización que ha llevado a unas 191.000.000 personas a una decisión de fe, y que dio inicio a más de 325.000 comunidades en distintas iglesias. Las comunidades se llaman Grupos de Cristo. ¿Habrá alguna duda de por qué? ¿Habrá algún secreto de cómo sucedió? Dios quiere hacerlo otra vez, a través de ti.

Encontrar un punto de susurro lleva tiempo y paciencia.

Encontrar un punto de susurro requiere de esfuerzo, de intención.

Dicho esto, no somos siempre nosotros los que decidimos cuándo, dónde o cómo sucederá. A veces encontramos nuestros puntos de susurro. Pero otras veces los puntos de susurro nos encuentran a nosotros.

En ocasiones sucede debido a una crisis que nos pone de rodillas, como ocurrió con Pablo y Silas cuando los encarcelaron.[44] En mi experiencia los lugares más difíciles a menudo se convierten en puntos de susurro. He oído a Dios en lugares bastante exóticos, incluyendo el Gran Cañón y la cordillera de los Andes, pero no con la misma claridad como cuando lo oí tras recuperar la consciencia en la unidad de cuidados intensivos del Hospital Central de Washington después de estar dos días conectado a un respirador. Esa sala hospitalaria fue un punto de susurro en las horas de la madrugada.

A veces se trata de una celebración, como cuando el rey David danzó ante el Señor al llevarle de regreso el arca a Jerusalén.[45] ¿Cuándo fue la última vez que perdiste toda inhibición y adoraste a Dios con todo tu ser, como lo hizo David?

Un momento de definición

Unos años después de que decidiera darle a Dios una hora al día, Dick Eastman se sintió dirigido a pasar un día entero sin hacer nada más que adorarlo. No estaba del todo seguro en cuanto a cómo lo haría, pero decidió hacer la prueba durante un viaje a Washington, D.C., porque habría un día en que su agenda estaba libre de compromisos.

Dick empezó a adorar a Dios en su habitación del hotel, apenas despertó. Siguió adorándole al salir y tomar el desayuno. Decidió luego encontrar un parque fuera del Beltway donde pudiera dar una larga caminata por los bosques y adorar sin que nada le distrajera. Al fin, llegó a un claro en una arboleda, y sintió que quería adorar a Dios de una forma en que nunca lo había hecho. Había leído sobre la danza de David ante el Señor, pero admitió: «Mark ¡fui criado en una iglesia donde uno no baila! Y no sabía bailar. No sabía qué hacer, pero sentí que tenía que intentarlo».

Tras asegurarse de que nadie lo estaba viendo, Dick empezó a danzar en medio de aquel claro. Bailaba tan mal que hasta se echó a reír, con solo verse a sí mismo. Cuando terminó, se preguntaba si algo de lo que había hecho tendría posibilidad alguna de haber agradado al Señor. Con toda humildad, dijo: «Señor ¿estuvo bien?» Y el Señor contestó en un susurro: ¡No tienes idea del gozo que me has dado!

Vivo según la máxima de Oswald Chambers: «Deja que Dios sea tan original con los demás como lo es contigo».[46] Así que no te estoy sugiriendo que encuentres el claro más cercano en alguna arboleda para que dances ante el Señor. Es más, fuimos con nuestra familia a un restaurante la noche en que conté esa historia en un sermón y, sin razón alguna, de repente di unos pasos de baile. Mi hijo menor, Josiah, lo captó enseguida: «Papá ¡no estamos en un claro del bosque!» No se trata de que salgas y hagas lo que hizo Dick Eastman o tu héroe espiritual. Eso sería una imitación espiritual. Y la espiritualidad copiada tiene corta vida. Aprende a escuchar la voz de Dios y luego haz lo que te diga. Tal vez se trate de algo diferente. O quizá se trate de hacer exactamente lo que ya estás haciendo, pero con una actitud distinta. Sea como sea, deja ya de poner a Dios dentro de tu molde.

Tengo una pequeña fórmula que revelé en otros libros, así que no voy a dar detalles aquí. Pero vale la pena repetirla: cambia el ritmo + cambia el lugar = cambia la perspectiva. En ocasiones, un mínimo cambio en la escena es una gran ayuda para que podamos oír a Dios de forma novedosa. Lo mismo sucede cuando haces algo que nunca antes hiciste.

Si quieres que Dios haga algo nuevo, no puedes seguir haciendo siempre lo mismo. Tienes que atreverte a ser diferente, lo que incluye escuchar de manera diferente. De eso se trata aprender estos siete lenguajes de Dios.

¡Que empiece la fiesta!

Segunda parte

LOS SIETE LENGUAJES DE AMOR

LENGUAJE DE SEÑAS

Dios, que muchas veces y de varias maneras habló
a nuestros antepasados...

—HEBREOS 1:1

El 10 de agosto de 1874 Alexander Graham Bell, que entonces tenía veintisiete años, se sentó sobre una manta cerca de un acantilado con vista al Río Grande de Ontario, Canadá. Él decía que era su lugar de ensueño. Había pasado la mañana armando un fonoautógrafo, un aparato que imitaba el funcionamiento del oído humano. Le apasionaba la educación de los sordos pero, por su despierto ingenio, empezó a preguntarse si podrían crearse corrientes eléctricas para simular las ondas sonoras y transmitir las voces por medio de la electricidad.[1]

«Pronto llegará el día en que se tenderán cables de telégrafo por las casas, como sucede con el agua o el gas y se podrá conversar con los amigos sin salir de casa», le escribió Bell a su padre en una carta.[2]

Una visión intrépida para un valeroso nuevo mundo.

En la noche del 10 de marzo de 1876, Bell y su ayudante Thomas Watson se quedaron trabajando hasta muy tarde tratando de perfeccionar la claridad de la transmisión del sonido. Fue entonces que Watson oyó unas palabras que se volvieron inmortales: «Señor Watson, venga acá. Quiero verle». Lo irónico fue que Bell lo dijo con urgencia porque acababa de salpicarse con ácido de batería, por lo que podríamos considerar que esa fue la primera llamada al teléfono de emergencias 911».[3]

Ese mismo año, un poco después, la ciudad de Filadelfia fue sede de la Feria Mundial. Entre los 22.742 objetos en exhibición había máquinas de coser, comida enlatada, bananas y cerveza sin alcohol. La exposición se inauguró con un discurso del presidente Ulises S. Grant, que tenía un invitado distinguido: Pedro II, emperador de Brasil. Dos semanas antes, el emperador había visitado Boston *por casualidad* y *por casualidad* conoció a Alexander Graham Bell. Ese encuentro sería algo providencial.

El 25 de junio de ese año la Comisión de Premios Eléctricos debía juzgar a los concursantes de la Feria Mundial en esta categoría. ¿Y quién era el jurado invitado? Nadie más que Pedro II. El sol ardía tanto que se estuvo a punto de interrumpir el concurso pero, en ese momento, el emperador vio a Bell. Los jurados, algunos de los cuales se quedaron en camiseta a causa del calor, querían postergar la premiación pero Pedro insistió en que había que examinar la muestra de Bell. Así que apoyó el auricular del teléfono en su oreja mientras Bell hablaba por la boquilla a cierta distancia. La expresión del emperador fue de asombro y completamente atónito exclamó: «¡Esta cosa habla!».[4]

El Dr. Joseph Henry, primer secretario del Instituto Smithsoniano y parte del jurado de ese día, dijo que era «la mayor maravilla hasta el momento, posible gracias al telégrafo».[5] El *New York Herald* lo calificó de «casi sobrenatural».[6]

Casi no hace falta mencionar que Bell ganó la medalla de oro por su equipo eléctrico. El resto es historia, gracias a Pedro II, emperador de Brasil.

Diversas maneras

Si existe tal cosa como la redundancia bíblica, diría que esta lo es: «Dios, que muchas veces y de varias maneras habló a nuestros antepasados...».[7] La capacidad de Dios para hablar de maneras extrañas y misteriosas nos asombra y maravilla. Le habló a Moisés a través de la zarza ardiente. Le habló al faraón a través de señales y portentos. Le habló a Ezequías a través de la enfermedad. Les habló a los astrólogos babilonios con las estrellas. Le habló a Belsasar a través de una mano que escribió: «Mene, Mene, Téquel, Parsin»[8] sobre el muro del palacio. Y mi favorita: ¡Dios le habló a Balaán a través de una burra! Apuesto a que la expresión de Balán fue parecida a la del emperador Pedro. No me sorprendería que Balan hubiera dicho lo mismo: «¡Esta cosa habla!». ¿Cuál es la implicación de esto? Que si Dios puede hablar a través de la burra de Balán,[9] ¡puede hacerlo a través de cualquier cosa!

Quiero ser absolutamente claro respecto de algo: tras destacar las diversas maneras en las que habla Dios, el autor de Hebreos se centra en la más grande revelación divina: Jesucristo. Él es la plena y definitiva revelación de Dios. Es el Hijo del Hombre y el Hijo de Dios. Es el Creador de todas las cosas y el heredero de todas las cosas. Él es «el camino, la verdad y la vida».[10] Y ante su nombre se doblará toda rodilla y toda lengua confesará.[11]

¿Sigue hablando Dios hoy en «diversas maneras»? Sí, creo que lo hace. Creo que Dios habla ahora de las mismas formas en que lo hizo entonces, pero ahora tenemos una ventaja mayor, las Escrituras como caja de resonancia.

Si creemos que Dios habla únicamente a través de la Biblia, estamos atando al Dios de la Biblia que esta misma nos revela. Sí, las Escrituras nos brindan pruebas y equilibrio. Dios jamás dirá algo que sea contrario a su buena, perfecta y agradable voluntad, como se nos revela en las Escrituras. Dios sí que sigue hablando de diversas maneras, y exploraremos siete de esos lenguajes o idiomas en las páginas que siguen.

Ocho clases de inteligencia

Hace más de tres décadas un profesor de Harvard llamado Howard Gardner escribió un libro revolucionario titulado *Frames of mind*

[Estructuras de la mente]. El Dr. Gardner popularizó la teoría de las inteligencias múltiples. Expresada en pocas palabras, esta es la teoría: que las personas tienen inteligencias diferentes. Sus categorías originales incluían ocho tipos de inteligencia: inteligencia lingüística, inteligencia lógico-matemática, inteligencia visual espacial, inteligencia musical, inteligencia corporal cenestésica, inteligencia naturalista, inteligencia interpersonal e inteligencia intrapersonal.[12]

Permíteme mencionar algunos ejemplos.

Cuando Wolfgang Amadeo Mozart era pequeño visitó la Capilla Sixtina en Roma, donde quedó encantado con una pieza musical de Gregorio Allegri. Mozart pidió una copia de la música pero la Capilla Sixtina había decretado que *Miserere* solo podía reproducirse dentro de la Capilla Sixtina y bajo ninguna circunstancia podían hacerse copias. Mozart asistió a una función más y luego utilizó su memoria fonográfica para escribir ¡toda la pieza musical de memoria! No tengo idea de que Mozart tuviera inteligencia corporal o lógico-matemática. Lo que sí sé definitivamente es que tenía inteligencia musical.[13]

Cien años antes de que se inventaran las calculadoras, Johann Martin Zacharias Dase calculó el número Pi correctamente hasta los doscientos dígitos en menos de dos meses. Podía multiplicar dos números de ocho dígitos en cincuenta y cuatro segundos, dos números de cuarenta dígitos en cuarenta minutos, y dos números de cien dígitos en ocho horas y tres cuartos. Dase podía hacer cálculos durante semanas sin parar. Se detenía a la hora de ir a dormir, almacenaba todo en su memoria y a la mañana siguiente reiniciaba justo donde había interrumpido. ¡Hasta podía contar cuántas ovejas había en un rebaño con solo echar un vistazo! No tengo idea de que Dase tuviera inteligencia musical o interpersonal, pero puedo afirmar que tenía inteligencia lógico-matemática.[14]

Bart Conner, cuando era niño, demostró que tenía un talento inusual: podía caminar con las manos casi tan bien como con los pies. En las fiestas ese era su espectáculo exclusivo. Hasta podía subir y bajar escaleras pisando con las manos. Caminar con las manos no es precisamente una destreza que puedas comerciar, a menos que seas gimnasta por supuesto. No tengo idea de que el gimnasta estadounidense más premiado tenga inteligencia visual o natural, pero definitivamente tiene inteligencia corporal.[15]

Somos inteligentes en distintas maneras, lo cual es testimonio del Dios que nos creó. También nos relacionamos con Dios de diversas formas y eso es testamento de un Dios tan grande como para que pueda oírle cualquiera, todos, donde sea que estemos y en todas partes. Exploraremos el modo en que la espiritualidad se filtra a través de la personalidad cuando lleguemos al lenguaje de los deseos, pero el hecho es que los pensadores y los emocionales se relacionan con Dios de diferente manera. También, los introvertidos y los extrovertidos. Eso vale para los dieciséis tipos de personalidad del indicador Myers-Brigg, para los nueve tipos del Eneagrama y para los cuatro perfiles DISC.

¿Qué tiene que ver eso con oír la voz de Dios? Primero, que todos le oímos un poquito diferente.

Y ante todo, es por eso que tenemos que ser humildes. ¿Podremos admitir cierta medida de subjetividad basándonos en la personalidad y el prejuicio? Entretanto, preguntemos si podemos admitir que asumimos cosas que no son y que no siempre nuestros motivos son sinceros. Por lo general, oímos lo que *queremos* oír y hacemos oídos sordos a todo lo demás. ¿Recuerdas aquello de la compra en paquete? Si no escuchamos todo lo que Dios tiene que decir, al fin no oiremos *nada* de lo que Él quiera decirnos. Y probablemente necesitemos oír *mucho más* aquellas cosas que *menos* queremos. Sé algo y lo tengo por cierto: su tono de voz siempre es amoroso. A veces es un amor más rudo, en forma de una reprimenda; porque nos disciplina, pero sigue siendo amoroso. De hecho, eso es amar aun más.[16]

En segundo lugar, Dios habla en lenguajes e idiomas diferentes.

Dios, a las distintas personalidades, les habla de modo diferente. La forma en que Jesús se relacionaba con sus discípulos variaba tanto como las diferencias que había entre la forma de ser de Pedro, de Santiago, de Juan. Dios es lo suficientemente grande como para hablar tantos lenguajes e idiomas como tantas somos las personas que habitamos el mundo. En esta sección nos enfocaremos en siete lenguajes o idiomas de amor. Empezaremos por las Escrituras, la primera y última Palabra. Luego vamos a explorar seis lenguajes secundarios: los deseos, las puertas, los sueños, las personas, las sutiles invitaciones y el dolor.

Mensajes silenciosos

Helen Keller, a los diecinueve meses de edad, perdió la vista y el oído puesto que contrajo meningitis. Como no podía oír, perdió también la capacidad de hablar. Quedó ciega, sorda y muda. De las tres cosas, a Keller le parecía que su mayor discapacidad era la sordera. «Los problemas de sordera son más profundos y más complejos», decía Keller. «Porque representa la pérdida del estímulo más vital, el sonido de la voz que conlleva el lenguaje, que despierta el pensamiento y nos mantiene en compañía intelectual con los demás».[17]

Helen Keller también es famosa porque dijo: «Lo único peor que la ceguera es tener vista, pero no visión». Tal vez podríamos decir lo mismo de quienes pueden oír pero, en realidad, no escuchan.

Helen Keller podría haberse rendido, aislándose del mundo por completo. Pero, al contrario, aprendió a escuchar de manera diferente. Aprendió a «escuchar» música apoyando las manos sobre la radio. Su sentido del tacto se afinó tanto que podía oír la diferencia entre las cuerdas y los instrumentos de viento con las puntas de sus dedos.[18] También aprendió a escuchar sintiendo los labios, el rostro y la laringe de las personas, lo que incluía los labios de la segunda persona más influyente en su vida después de Anne Sullivan: Alexander Graham Bell.

No escuchamos solamente con los oídos.

Escuchamos con los ojos, con el corazón.

Es así como podemos percibir a las personas, al dolor y las sutiles invitacioncs.

No solo leemos las Escrituras.

Leemos deseos, puertas y sueños.

Para pensar en estos seis lenguajes secundarios podríamos recurrir a este relato:

En 1971, el psicólogo Albert Mehrabian publicó *Silent Messages* [Mensajes silenciosos], obra que incluía su investigación pionera en la comunicación no verbal. En cuanto se refiere a credibilidad, Mehrabian descubrió que le asignamos un cincuenta y cinco por ciento del peso al lenguaje corporal, un treinta y ocho por ciento al tono y un siete por ciento a las palabras que nos dicen.[19]

Lo que conforma las Escrituras son las palabras, que por cierto representan mucho más del siete por ciento de la revelación de Dios. La Escritura es «útil para enseñar, para reprender, para corregir y para instruir en la justicia».[20] Sin embargo, Dios también nos habla mediante el lenguaje corporal: Su cuerpo es la Iglesia. Yo lo llamo el lenguaje de las personas. Dios también habla con diferentes tonos de voz, que incluyen el lenguaje de los deseos y el lenguaje del dolor.

Pero cuando se trata de interpretar el lenguaje corporal y el tono, necesitamos con especial urgencia el don del discernimiento.

Hace falta discernimiento para detectar las puertas abiertas y las que están cerradas.

Hace falta discernimiento para reconocer los sueños que Dios nos da.

Hace falta discernimiento para saber qué deseos vienen de Dios.

Hace falta discernimiento para obedecer a las sutiles invitaciones de Dios.

Hace falta discernimiento para poder poner en perspectiva el dolor.

Hace falta discernimiento para poder leer a las personas.

Quien no tiene el Espíritu no aceptará las cosas que vengan del Espíritu de Dios y las considerará locura. Y no podrá entenderlas porque es solamente a través del Espíritu que podemos discernirlas.[21]

La palabra *discernir* proviene del término griego *epignosis* que significa «conocimiento obtenido de primera mano». O sea, por experiencia. Es decir, no se trata tanto de los libros como de lo que se vive en la calle. Captar con destreza requiere tiempo. ¿Sabes cuál es la forma más rápida de aprender un nuevo idioma? No es en un aula, ni leyendo un libro. Es por inmersión total. Tienes que ponerte en una situación en la que eso sea todo lo que oyes, todo lo que puedas hablar.

Lo mismo sucede con estos siete lenguajes o idiomas. Tienes que zambullirte en la parte profunda y empezar a nadar.

Verificar

Nuestro recinto de Capitol Hill está ubicado a unas pocas manzanas de la Universidad Gallaudet, que es la primera escuela para sordos en el mundo. Como estamos cerca, desde el primer día han asistido a National Community Church muchos miembros de la comunidad de sordos, y aprecio a nuestros intérpretes que predican mi mensaje usando la comunicación manual mientras yo empleo la verbal.

¿Puede Dios hablar de manera audible? ¡Claro que sí! Pero con muchísima frecuencia nos habla en «lenguaje de señas». Sé que para los que tratan de vivir «según la letra de la ley» es un tanto incómodo y puedo entender por qué. Las señas pueden ser subjetivas. Preferiríamos depender de la *sola Scriptura*. Pero el problema con esa limitación es que, en las Escrituras, Dios habla con lenguaje de señas y allí tenemos nuestro antecedente. Eso forma parte de vivir una vida guiada por el Espíritu.

Si ignoramos las señas o señales que Dios nos envía, nos perdemos el milagro. O peor todavía, como Pilato —que ignoró la señal que Dios le dio a su esposa en un sueño—,[22] nos convertimos sin darnos cuenta en cómplices de los planes del enemigo. La capacidad de Dios para hablar en señas o señales no tiene límites. Puede tratarse de algo tan obvio como un arbusto en llamas, algo tan extraño como la burra de Balán, o algo tan sutil como su susurro. Pero, en general, Dios habla a través de encuentros divinos y momentos designados por Él. Me gusta decir que son sincronías sobrenaturales y, aunque no resulta fácil distinguir la diferencia entre coincidencia y providencia, no me disculpo por creer que Dios se ocupa de ubicarnos estratégicamente en el lugar indicado en el momento justo, con la gente que corresponde. Yo espero sus promesas providenciales y sobre ellas me mantengo firme.

Dios está preparando cosas buenas de antemano.[23]

Dios está ordenando nuestros pasos.[24]

Dios está obrando todas las cosas para bien de quienes lo aman.[25]

Es tan fácil interpretar las señales como lo es malinterpretarlas, así que aquí va una regla de extrema importancia: verifica siempre tu interpretación con las Escrituras. Conozco a un montón de personas que excusan su conducta pecaminosa con la soberanía de Dios, puesto que confunden la tentación con la oportunidad. Solo porque el pecado llama a la puerta de entrada eso no significa que Dios te esté dando luz verde. No es una «oportunidad» si pones en riesgo tu integridad.

Si José, el hijo de Jacob, hubiera usado esa lógica errónea habría dormido con la esposa de Potifar.[26] Sí, claro que habría evitado la sentencia de prisión que se basaba en acusaciones falsas, pero dos naciones habrían sido borradas de la faz de la tierra por la hambruna. Porque José se habría perdido el encuentro divinamente designado con el compañero de prisión que a su vez lo llevó al encuentro divinamente designado con el faraón. ¿Qué estoy diciendo con esto? Que la soberanía de Dios está mucho más allá de lo que nosotros podemos comprender. En vez de usar toda nuestra energía tratando de ver el futuro, lo que tenemos que hacer es centrarnos en hacer lo correcto, aquí y ahora mismo.

Dios jamás nos llevará a hacer algo que esté en contra de su voluntad agradable, buena y perfecta, tal como la revelan las Escrituras. Dicho esto, las Escrituras no nos revelan la logística. Porque esa tarea le corresponde al Espíritu Santo. Las Escrituras no nos revelan si debiéramos ir *aquí o allá*. No insinúa si debiéramos hacer *esto, aquello o lo que está más allá*. Y aunque su verdad es atemporal, no nos revela si es *ahora o después*. Las Escrituras nos dan lineamientos, pero nuestro Guía es el Espíritu Santo.

Un nuevo lenguaje

¿Recuerdas al Dr. Alfred Tomatis, el otorrinolaringólogo que trató al cantante de ópera que no podía cantar la nota que no oía? Pues, se encontró con un caso muy parecido que tenía que ver con cantantes de la ópera veneciana, incapaces de pronunciar la letra *erre* con la punta de la lengua.[27] Entiendo bien el problema porque incluso después de cuatro años de estudiar español yo tampoco podía hacer sonar fuerte la *erre*. ¡Es por eso que la palabra *perro* nos resulta tan difícil!

El problema para esos cantantes de la ópera veneciana era especialmente engorroso porque los libretos italianos están llenos del fonema *erre*. Pero en vez de pronunciarla como *erre* la reemplazaban por el sonido de la *ele*, y todo sonaba tonto, tanto como cuando trato de hablar español y lo mezclo con el inglés. ¿Por qué no podían cantar el sonido de la *erre*? Porque no formaba parte de su dialecto veneciano. No podían cantarlo porque no estaban acostumbrados a oírlo.

Para remediar la situación, el Dr. Tomatis hizo lo que haría cualquier buen maestro: usó la vieja y conocida repetición. Con práctica y paciencia los cantantes de ópera aprendieron la *erre*, de modo que al oírla pudieron cantarla.

Los lingüistas que siguen la tradición del filósofo Noam Chomsky ven al lenguaje, no como un instinto antiguo sino como «don especial».[28] Concuerdo con ellos. Los perros ladran, las vacas mugen y los ruiseñores cantan. Pero nuestra capacidad para aprender, escuchando y hablando, es única en toda la creación de Dios. Creo que es una de las dimensiones de la imagen de Dios. Así que para poder crecer a imagen de Dios necesitamos administrar mejor el lenguaje, tanto en términos del habla como para escuchar. Claro que lo primero es escuchar, y podría ser el doble de importante porque Dios nos dio dos orejas y una sola laringe.

Estos siete lenguajes de amor son lenguajes espirituales, pero *lenguajes* al fin. ¿Qué es lo que hace que pensemos que podremos aprenderlos más fácil y más rápido que si quisiéramos hablar árabe o inglés? Roma no se construyó en un día ni aprendes italiano de la noche a la mañana.

Los bebés tienen que oír a sus padres repitiendo sonidos miles de veces antes de que puedan enunciar esos mismos sonidos. Les lleva entre nueve y doce meses poder pronunciar la primera palabra inteligible. En promedio, el vocabulario de un niño que cumple un año es de solo cinco palabras.[29] Pero entonces empieza la explosión del lenguaje y cuando ya tiene seis años, el niño promedio ha sumado ¡catorce mil palabras![30]

Aprender un nuevo idioma puede resultar un tanto frustrante al principio y hace falta estar dispuestos a lucir un poco tonto también. Pero si mantienes la constancia de escuchar, la explosión de lenguaje al fin sucederá.

No puedo asegurar que el proceso sea fácil, aunque espero que disfrutes del trayecto. La clave para aprender está en el amor por aprender. Lo mismo vale cuando se trata de oír la voz de Dios. Se empieza por el anhelo de oír, de que te encante escuchar.

En algún momento, la mayoría de las personas se conforman con la espiritualidad de segunda mano. Aunque escuchar a quienes escuchan a Dios no es sustituto válido de tu búsqueda personal. Depender de los demás para tu inspiración se conoce como codependencia espiritual.

Dios quiere hablarte *a ti*.

¡Sí! ¡A ti!

Una última exhortación

Habrá algunos lenguajes de esos siete, dependiendo de tus antecedentes espirituales, que te parecerán extraños. Eso significa que quizá te lleve un poco más de tiempo aprenderlos, pero a menudo es entonces cuando harás los descubrimientos más grandes. Fui criado en una iglesia que no reconocía la Cuaresma. Y, en efecto, me las arreglé para llegar a mi segundo año en el seminario sin tener idea alguna de lo que era el miércoles de cenizas. No lo descubrí en clase tampoco. Lo descubrí cuando fui parte del público en el estudio televisivo del *Show de Oprah Winfrey*. Es que el productor apareció para darnos instrucciones a los del público antes de que empezara el programa, y cuando lo vi me dirigí hacia Lora y le dije al oído: «Tiene la frente sucia». Me costó no lanzar una carcajada porque no me cabía en la mente la idea de que un productor de televisión no se diera cuenta de que tenía la frente sucia. Era como el tema de la banda Queen: «Tienes barro en la cara, qué vergüenza», o algo así.[31] Pero en realidad, el que no se dio cuenta fui yo, el estudiante del seminario que no conocía el miércoles de cenizas.

Tenía poco más de treinta años antes de que empezara a observar la Cuaresma en su pleno sentido. A lo largo de los años se ha convertido en un catalizador de mi ritmo espiritual anual, pero durante mi infancia y mi juventud no formaba parte de mi dialecto. Necesitaba aprender el vocabulario, hoy es un gusto adquirido.

Mi oración por ti es esta. Que en las páginas que siguen puedas aprender a discernir la voz de Dios en formas novedosas.

Dios habla a través de su Palabra. Ese es nuestro punto de partida. Nos habla en susurros a través de puertas, sueños y deseos. Conversa con nosotros a través de sutiles invitaciones, de dolor y de otras personas. Parte de estos lenguajes podrán resultarte más naturales que otros, pero apuesto a que hay formas en que podrás ampliar tu vocabulario hasta que domines los siete lenguajes o idiomas con mayor fluidez.

LA CLAVE DE LAS CLAVES

EL PRIMER LENGUAJE: LAS ESCRITURAS

Toda la Escritura es inspirada por Dios.

—2 TIMOTEO 3:16

El 14 de abril de 1755, el general Edward Braddock navegó aguas arriba por el río Potomac hacia Georgetown, un somnoliento pueblito ubicado a las orillas del río. El ejército inglés ancló allí el tiempo suficiente como para recoger a un nuevo recluta llamado George Washington, originario de una plantación de Virginia y a la sazón solo un joven de veintitrés años. Washington sirvió como ayudante de campo de Braddock durante la malograda batalla del Monongahela, y sobrevivió de milagro. Dos veces debió cambiar de caballo porque fueron tiroteados, y su chaqueta fue atravesada por cuatro perdigones de mosquete. Washington ni siquiera oyó los perdigones que pasaban silbando por su cabeza. Oyó en cambio la quieta y suave voz que susurraba. «La muerte derribaba a mis compañeros a uno y otro lado», le escribió Washington a su hermano en una carta. «Pero las todopoderosas dispensaciones de la Providencia me protegieron».[1]

Volvamos ahora al lugar en donde Braddock ancló su barco. En una ciudad que luego llevaría el nombre de Washington, justo después del lugar en donde la avenida Constitution pasa a convertirse en el puente Theodore Roosevelt, hay una piedra casi ignota con un pequeño hito histórico junto a ella. Allí hay una tapa de alcantarilla y una escalerilla, y a casi cinco metros de profundidad está la roca de Braddock. Es la que marca el lugar donde desembarcó el general Braddock, y constituye el hito histórico más antiguo de la capital de la nación.

Según la leyenda, parte de esa roca se usó como piedra fundacional para la Casa Blanca y el Capitolio. Sin embargo, la verdadera importancia de esa roca es que sirvió como punto de partida para los primeros estudios que se hicieron de lo que sería Washington, D.C. En los mapas antiguos está marcada como «La clave de las claves». Fue el nombre que se le dio a la roca de Braddock porque estableció el sistema de coordenadas para toda la ciudad. Toda la grilla de líneas verticales y horizontales parte de ese punto inicial.

Todos tenemos una clave de claves, lo sepamos o no.

La epistemología es la rama de la filosofía que se ocupa de la naturaleza del conocimiento. Su pregunta es: «¿Cómo sabemos que sabemos?» Ya sea que lo construyamos de manera consciente o no, todos tenemos un punto de partida epistemológico desde donde se origina nuestra visión de toda la vida. Eso establece nuestras bases morales, los valores que indican lo que está bien y lo que está mal. En algunos casos es fluctuante, tanto como puede serlo la moda. Pero en otros casos es tan fijo como un método científico. En mi caso, es tan probado y verdadero como la Biblia. Y no necesito explicarme ni disculparme. Porque la Biblia es no solo mi punto de partida sino la autoridad definitiva cuando se trata de la fe y la doctrina. Creo que la Biblia es la Palabra inspirada por Dios, la Verdad, con mayúscula.

El desafío es que vivimos en una cultura en la que la tolerancia se ha elevado por encima de la verdad. Se considera mal decir que algo es malo, lo cual pienso que está mal. Por cierto, quiero que me conozcan más por las cosas que defiendo que por aquello a lo que me opongo. La verdad no debiera usarse como arma. Pero pensar que todo el mundo tiene razón y que nadie está equivocado es tan tonto como fingir que todo el mundo gana y nadie pierde. Vamos, sabes que los jugadores llevan cuenta de sus puntos. Y aunque no la llevaran durante una temporada en las ligas menores, en el mundo real las cosas no funcionan así. Si sacrificas la verdad en el altar de la tolerancia, puede que parezca que todos ganan pero —en realidad—, todos pierden. Dios nos llama a un parámetro más elevado que la tolerancia. Ese parámetro se llama verdad. Y siempre va aparejado con la gracia.[2]

Gracia significa: *Te amo, no importa qué suceda.*

Verdad significa: *Seré sincero contigo, no importa qué suceda.*

Ese es mi meridiano principal.

Y ahora, permíteme ver las cosas un poquito más lejos.

Posesión preciada

Tengo una adicción desde hace veinticinco años que comenzó con las ochocientas páginas de la biografía de Albert Einstein que leí en la universidad.[3] Me enamoré de los libros y empecé a leer todo lo que cayera en mis manos. Una parte de ese amor por aprender surgió de la exhortación de Einstein de que en todo libro: «Jamás hay que perder la santa curiosidad».[4] Y la otra parte fue por pura necesidad.

Cuando empecé como pastor en National Community Church me faltaba experiencia en el ministerio y también en la vida. Mi currículo incluía una pasantía de verano y el fracasado intento de plantar una iglesia. Nada más. Mi experiencia consistía solo veinticinco vueltas alrededor del sol y, para el caso, mi existencia había sido bastante resguardada. Necesitaba tomar prestada toda la experiencia que pudiera, lo que hice a través de los libros.

Más o menos en esa época me enteré de que el escritor promedio invierte aproximadamente dos años de experiencia vital en cada libro que escribe, por lo que calculé que ganaba dos años de experiencia con cada libro que leyera. Entre mis veinte y treinta años leí un promedio de más de doscientos libros cada año, así que estaba ganando cuatrocientos años de experiencia de vida por año. Hasta hoy, he leído al menos tres mil quinientos libros; de modo que en años-libro tengo unos siete mil años de edad.

En pocas palabras: me encantan los libros. Pero hay uno que conforma una categoría en sí mismo, y es la Biblia. Hay al menos dos cosas que hacen de la Biblia un libro absolutamente único. Ante todo es «viva y poderosa».[5] No es que nosotros leamos la Biblia, sino que la Biblia nos lee a nosotros. El Espíritu que inspiró a los escritores en la antigüedad mientras escribían, es el mismo que inspira al lector de hoy a medida que avanza en la lectura. El Espíritu Santo está a ambos lados de la ecuación. El apóstol Pablo describió las Escrituras como «inspiradas por Dios» con su aliento.[6] Por tanto, al leer las Escrituras estamos inhalando lo que el Espíritu Santo exhaló hace miles de años. Así que oímos el susurro de Dios en forma de respiración.

En segundo lugar, jamás llegamos al fondo de la Biblia. Según la tradición rabínica, cada palabra de las Escrituras tiene setenta rostros y seiscientos mil significados.[7] O sea que es un caleidoscopio. No importa cuántas veces leas la Biblia, jamás envejecerá. Porque es atemporal. Y siempre es oportuna.

Más de cuarenta escritores compusieron la Biblia a lo largo de quince siglos, en tres idiomas, desde tres continentes. Esos autores incluían agricultores, pescadores, reyes, poetas, profetas y prisioneros de guerra. La Biblia cubre casi todos los temas y asuntos que haya bajo el sol: ley, historia, poesía, profecía, cosmología y teología. Y a pesar del hecho de que toca cientos de temas controversiales, no se contradice nunca.[8] De hecho, se lee como un solo libro, de principio a fin. Y eso se debe a que tiene un solo Autor: el Espíritu de Dios.

Contamos con la Biblia, pero pienso que es porque podemos conseguirla en decenas de traducciones diferentes, con todo tipo de cubiertas en los colores que más nos gusten. Sin embargo, no olvidemos que hubo escribas en la antigüedad que dedicaron su vida entera a hacer *una sola copia* del texto sagrado, y que hubo traductores como John Wycliffe y William Tyndale que dieron sus vidas para que hoy tengamos sus traducciones.

Mi posesión más preciada en la tierra es una Biblia ajada y ya muy desgastada que perteneció a mi abuelo Elmer Johnson. Las páginas de la tercera edición mejorada de la Biblia Thompson con referencias encadenadas de 1934 ya están delgadas por el uso, al punto que mi abuelo tuvo que pegarlas con cinta adhesiva. Me encanta leer los versículos que subrayó y las notas que anotaba en los márgenes. Podrá parecer misticismo, pero esa Biblia me conecta con mi abuelo de una forma que no puedo describir con palabras. Su Biblia desgastada es testimonio de su vida bien vivida. Me recuerda a algo que dijo Charles Spurgeon: «Una Biblia que está hecha pedazos, usualmente pertenece a alguien que no lo está».[9]

Bibliolatría

Leer la Biblia de principio a fin constituye una de las mejores prácticas espirituales y no hay mejor forma para aprender a distinguir la voz de Dios. El teólogo J. I. Packer incluso llegó a decir que: «Todo cristiano que se precie de tal debiera leer la Biblia de principio a fin una vez al año».[10] Si bien la mayoría de nosotros no cumplimos con ese parámetro, resulta difícil argumentar en contra de ese dicho ¿verdad? Sin embargo, el objetivo no es cubrir la Biblia de una sola lectura, sino dejar que la Biblia cubra toda nuestra vida.

Hay una forma de idolatría que es muy sutil, se llama bibliolatría. Consiste en tratar la Biblia como fin en sí mismo, no como el medio para llegar a un fin. El objetivo del conocimiento de la Biblia no es solo conocerla porque después de todo «el conocimiento puede llevar a perdición».[11] El objetivo es aprender a reconocer la voz de tu Padre celestial y responder a ella para que tu relación con Él sea cada vez más íntima.

No te equivoques: la Biblia puede usarse mal y abusarse de su uso. Solo mira al diablo, que intentó usar las Escrituras para tentar a Jesús: «Si eres el Hijo de Dios, ordena a estas piedras que se conviertan en pan».[12] Fue un golpe bajo, tomando en cuenta que Jesús había estado ayunando por cuarenta días. Sin embargo, hacemos justamente eso cuando usamos la verdad para provocar a otros. Sí, la Biblia es nuestra espada. Es nuestra mejor ofensiva y nuestra mejor defensa. Pero cuando malinterpretamos la verdad estamos abusando de la Biblia. ¿Recuerdas cómo respondió Jesús? Interpretando la Palabra correctamente: «No solo de pan vive el hombre».[13]

Necesitamos prestar atención a la exhortación de Pablo: «Esfuérzate por presentarte a Dios aprobado, como obrero que no tiene de qué avergonzarse y que interpreta rectamente la palabra de verdad».[14] Es que si no interpretamos rectamente la Palabra de Dios, dividiremos al cuerpo de Cristo. Eso sería lo contrario a la santidad, que significa «totalidad», no división.

Tengo una pequeña fórmula que a menudo brindo a los demás: Espíritu Santo + cafeína = maravilloso. Lo digo como pastor de una iglesia que tiene una cafetería, en serio. ¡Mi oficina está encima de la cafetería! Pero tengo otra ecuación más seria: Santas Escrituras – Espíritu Santo = bibliolatría. Es que si sacamos de la ecuación al Espíritu Santo, nos queda solo la letra de la ley. Y la letra de la ley no da vida. Acabas con reglas y leyes como los fariseos, y con una religión sin vida llamada legalismo.

Dar vida es una de las tareas del Espíritu Santo, allí está la diferencia entre información y transformación. Es irónico que se utilice también el término para describir la resurrección física.[15] Casi podríamos decir que el Espíritu Santo desfibrilara nuestros espíritus con su Palabra para que cada vez que leamos la Palabra de Dios experimentemos un poquito de la resurrección.

Él hace que los sueños vuelvan a la vida.

Devuelve la vida a la fe, la esperanza y el amor.

Cumple promesas que ya creíamos perdidas.

Propiedad transitiva

En la mañana del 16 de agosto de 1996, había leído solo tres versículos del libro de Josué cuando Dios le dio vida a una promesa que saltó de la página directo a mi espíritu.

Tal como le prometí a Moisés, yo les entregaré a ustedes todo lugar que toquen sus pies.[16]

Cuando leí esa promesa sentí que debía orar alrededor de Capitol Hill, como pastor en el lugar al que Dios nos había llamado. De inmediato me embarqué en una caminata de oración de siete kilómetros y medio, que detallo en *El hacedor de círculos*. Al pronunciar esa oración no pensé siquiera que llegaríamos a poseer un terreno, no fue esa la intención original. Pero Dios tiene motivos que a menudo van más allá de la razón humana y dos décadas después tenemos media docena de propiedades de más de cincuenta millones de dólares sobre ese círculo de oración. ¿Coincidencia? No lo creo.

Una de esas propiedades milagrosas es un castillo de ciento veinticinco años de antigüedad que está en una manzana de la ciudad y que compramos por veintinueve millones de dólares. Lo primero y principal es que yo no calificaba para esa clase de precio hace veinte años. Y sigo igual. Pero no es por casualidad que firmáramos el contrato por ese castillo el día en que se cumplían exactamente dieciocho años desde que orara en ese círculo. ¿Qué estoy diciendo? Que cada una de esas propiedades empezó como un susurro. Es que ese toque de vida tenía un valor neto de al menos cincuenta millones de dólares y sigue dando intereses.

Conozco a algunos que dirán que la promesa era para Josué, no para mí. Yo no creo en sacar promesas de Dios de la galera como si fueran conejos para reclamarlas para mí, fuera de contexto. Voy a ponerlo un poco en perspectiva. Esa promesa ni siquiera era para Josué, para empezar. Era para Moisés. Así que hay allí una propiedad transitiva en operación. Así como Dios le transfirió esa promesa de Moisés a Josué, Dios me transfirió esa promesa de Josué. Y si te parece que hablo locuras, recuerda lo que dice 2 Corintios 1:20: «Todas las promesas que ha hecho Dios son "sí" en Cristo». Si estás en Cristo todas las promesas de Dios te pertenecen. Cada una de ellas lleva tu nombre y el Espíritu les dará vida a en distintos momentos. Esa es una de las formas en que Dios susurra.

Cuando Cristo vuelva, el Espíritu de Dios les dará vida a nuestros cuerpos terrenales. Surgirán de la tierra los cuerpos que están sepultados a dos metros de profundidad y los que han sido cremados volverán a materializarse. Sin embargo, Dios da vida en más de una forma. A veces es un pensamiento que se te cruza por la mente. O podrá ser una sutil invitación a dar el paso —a entrar o a salir de algo— en fe. En ocasiones será diciendo la palabra correcta en el momento indicado. O podrá ser un versículo de las Escrituras que salta de la página directo a tu espíritu.

El salmista dijo: «dame vida conforme a tu palabra».[17] En ese salmo, el 119, se repite muchas veces el término que se traduce como «dar vida». Cuando la Biblia dice algo más de una vez, tenemos que escucharlo al menos dos veces.

Puede parecerte un tanto ridículo, pero quiero presentarte la imagen de manera que tal vez no la olvides. Hace poco estaba cambiando de canales en la televisión cuando vi que estaban transmitiendo una vez más *Misión Imposible 3,* con Tom Cruise, que interpreta al agente Ethan Hunt de la Fuerza de Misiones Imposibles. Era justo el momento en que le inyectaban un dispositivo microexplosivo en la nariz para implantarlo en su cerebro. Lo siento… esa era la parte ridícula. Este es un ejemplo un tanto tosco pero lo que quiero decir es que cuando el Espíritu Santo da vida, es como si la verdad se te implantara como una bomba en la mente, el corazón y el espíritu. Si guardas su Palabra en tu corazón, jamás sabrás en qué momento el Espíritu Santo la hará estallar. ¡Y eso es algo bueno! Quiero contarte lo que sucede en mi caso. Suelo abrir mi Biblia donde dejé de leerla siguiendo mi plan de lectura. Empiezo a leer y continúo hasta llegar a un versículo que me detenga para hacer una pausa. En ocasiones, el texto me resulta confuso; por lo que busco mayor información. Otras veces el texto me da convicción, lo que me lleva a la confesión. Y en ocasiones, el texto enciende la chispa de una sutil invitación, entonces oro en cuanto a esa invitación.

Quiero advertirte algo. Hay gente que abre la Biblia al azar: apunta cualquier página y ya. Eso me recuerda a un individuo que buscaba algo de inspiración y abrió la Biblia en una página cualquiera y señaló con su dedo precisamente el versículo que dice: «Entonces Judas… salió de allí. Luego fue y se ahorcó».[18] Pero como ese pasaje no era algo inspirador, volvió a intentarlo. Y el versículo que señaló con el dedo fue: «Anda entonces y haz tú lo mismo».[19]

Mi recomendación es que sigas un plan más metódico para leer la Biblia. ¿Por qué no bajas el plan de lectura de YouVersion y lo lees de principio a fin? Incluso te recomiendo leer una traducción distinta cada tantos años, para que la Palabra siempre te resulte nueva. Ya sea de una forma o de otra, entra en la Palabra de Dios para que entre en ti. El Espíritu Santo puede darle vida cuando quiera, donde quiera y como quiera.

Más profundo que la corteza

Con solo veintiocho años Denny McNabb sufrió una arritmia cardíaca. Le practicaron resucitación, pero los diez minutos que pasó sin oxígeno causaron daño cerebral irreparable. El director adjunto de East Central Illinois Campus Life perdió la memoria y con ello, su historia y su personalidad. Denny salió del coma treinta días después, pero no reconocía ni a su familia ni a sus amigos. Repetía la misma pregunta una y otra vez. Y su cerebro parecía de Teflón: nada le quedaba pegado.

Mi amigo y padre espiritual, Dick Foth, tenía una cita fijada con Denny el día de su ataque cardíaco. La cita se convirtió en meses de visitas al hospital y en angustiosas preguntas, entre las cuales la principal era: ¿cómo permitió Dios que sucediera esto? Un día Dick descargó su frustración contra un ascensor del hospital y casi se rompe la mano. Fue entonces que oyó el suave susurro de Dios: *Dick, puedo con cualquier pregunta que me hagas. Pero tu marco de referencia no es lo suficientemente grande como para que entiendas la respuesta.*

Buscamos indagar, ir más profundo con esas preguntas difíciles cuando exploramos el lenguaje del dolor, pero vale la pena citar algo que dijo C. S. Lewis: «¿Puede un mortal formular preguntas para las que Dios no tenga respuestas? Supongo que sí, sin problemas pienso yo. Todas las preguntas insensatas carecen de respuesta. ¿Cuántas horas hay en un kilómetro? El amarillo, ¿es cuadrado o redondo? Tal vez la mitad de lo que preguntemos —la mitad de nuestros grandes problemas teológicos y metafísicos— sea de ese tipo».[20]

Creo que lo que Lewis quiso decir es que nuestras preguntas muchas veces son erróneas porque se basan en un marco de referencia muy pequeño. Ni tú ni yo tenemos la inteligencia suficiente como para formular las preguntas correctas puesto que nuestro pensamiento está dentro de las categorías finitas.

Unos seis meses después del ataque cardíaco, Dick estaba visitando a Denny en el hospital. Y de repente, tal vez movido por el Espíritu, le dijo:

—Denny, ¿recuerdas esto: «Porque tanto amó Dios al mundo que dio a su Hijo unigénito…?» —y allí se detuvo.

Denny, que no podía recordar nada, quedó con la mirada fija en la lejanía y luego completó la oración:

—…para que si creo en Él, no muera».[21]

Dick casi no podía creer lo que oía. Y le dijo:

—¿Recuerdas esto?

Y empezó a cantar: «Cristo me ama bien lo sé, su Palabra…»[22] Y Denny siguió cantando sin desafinar, hasta el final. Dick empezó a llorar en aquella habitación hospitalaria. El Señor le estaba enseñando una verdad sencilla pero profunda: el espíritu del ser humano es más profundo que la corteza cerebral. Y aunque la corteza cerebral esté dañada, el Espíritu de Dios igual puede estar en comunión con nosotros. Tal vez por eso dijera el autor de Hebreos: «más cortante que cualquier espada de dos filos. Penetra hasta lo más profundo del alma y del espíritu, hasta la médula de los huesos».[23]

Hace casi dos décadas Dick estaba contando esta historia durante un servicio en la capilla del Seminario Teológico Gordon Conwell. Cuando terminó el servicio un joven seminarista se le acercó corriendo y le dijo: «Soy pasante en una iglesia local y esta semana me enviaron a un hogar de ancianos a ver a una tal señora Fredericks». La señora Fredericks tenía más de noventa años y sufría de demencia grave. Permanecía acostada en la cama, mirando la pared durante horas y horas, balbuceando sílabas sin sentido.

Así la encontró el seminarista cuando fue a visitarla. Por mucho que intentó conversar con ella, nada parecía hacer que recobrara la consciencia; por lo que el seminarista le dijo que oraría y luego se iría. Pero entonces la señora Fredericks se volteó y dijo: «Jovencito, antes de que se vaya quiero decirle algo». Y empezó a citar el Salmo 119, el más largo de la Biblia. El joven enseguida lo buscó en su Biblia para seguirla. La señora Fredericks dijo los 176 versículos, palabra por palabra. Y luego volvió a echarse de un lado para seguir balbuceando.

No entiendo del todo por qué Denny sufrió un ataque al corazón con poco más de veinte años o por qué la señora Fredericks sufría de demencia con más de noventa, y no vamos a evitar aquí el lenguaje del dolor. Es un lenguaje difícil de discernir, pero Jesús conocía el lenguaje de los corazones quebrantados. Volveremos al tema del dolor, pero en este momento quiero centrarme en esto: aunque jamás lleguemos a lo más profundo de la Biblia, la Biblia sí llega a lo más hondo de nosotros. Penetra el alma y el espíritu. Penetra hasta la médula de los huesos. Y como si fuera una ecografía espiritual, revela los pensamientos y actitudes del corazón.

La Palabra de Dios es más extensa que la memoria más eficaz y es más fuerte que la imaginación más dinámica. También es más profunda que la corteza del cerebro. Tenemos que hacer lo mismo que el salmista: «En mi corazón atesoro tus dichos para no pecar contra ti».[24]

Un nuevo marco

En *La travesía del viajero del alba*[25] hay una fantástica escena en la que, literalmente, una pintura de un barco en alta mar cobra vida. Un chico muy molesto llamado Eustace Scrubb, está burlándose de sus primos Lucy y Edmund, y les dice que son tontos porque creen en un lugar llamado Narnia. Entonces el agua del cuadro empieza a inundar la habitación.

En vez de entrar a Narnia a través de un ropero como lo habían hecho antes, los chicos entran por el cuadro. Es su portal a una realidad muy diferente, a un mundo llamado Narnia, donde mora un león llamado Aslan. El marco del cuadro pone un nuevo marco a lo posible. El marco del cuadro pone un nuevo marco a lo que son: chicos y chicas que se convierten en reyes y reinas.

La Biblia es nuestro marco. Redefine lo que es posible: «Todo lo puedo en Cristo que me fortalece».[26] Y reenmarca la realidad: «Ningún ojo ha visto, ningún oído ha escuchado, ninguna mente humana ha concebido lo que Dios ha preparado para quienes lo aman. Ahora bien, Dios nos ha revelado esto por medio de su Espíritu».[27] Además nos recuerda quiénes somos en realidad: «Mas a cuantos lo recibieron, a los que creen en su nombre, les dio el derecho de ser hijos de Dios».[28]

Me temo que para algunos la Biblia es como un cuadro colgado en la pared. De vez en cuando le echan una mirada, pero no es más que un lindo cuadro, agradable a la vista. Tan estático como el *statu quo*. ¿Por qué? Porque lo único que hacemos es leerla. No la *vivimos*. La Biblia solo puede estar viva si la obedecemos activamente. La Palabra de Dios es tan potente como las cuatro palabras «que exista la luz»,[29] que siguen creando galaxias. La Palabra de Dios es tan poderosa como esa sola palabra, *Ephphatha*, que abre oídos sordos y pulmones asmáticos. El profeta Isaías dijo que la Palabra de Dios no vuelve vacía.[30] El profeta Jeremías dijo que Dios está alerta para que se cumpla su Palabra.[31] Así que no nos limitemos a leerla. Que sea nuestro fundamento. Y, mejor todavía, que sea nuestra vida activa.

La forma más segura de estar en presencia de Dios es entrando en su Palabra. Porque cambia la forma en que pensamos, la forma en que sentimos, la forma en que vivimos y la forma en la que hablamos.

«Si permanecen en mí y mis palabras permanecen en ustedes, pidan lo que quieran, y se les concederá».[32] ¿Lo que queramos? Sí. Lo que queramos. Pero hay algo que tienes que saber: si la Palabra de Dios de veras habita en ti, no querrás nada que no esté dentro de la voluntad buena, agradable y perfecta de Dios. Vamos a ver más de cerca esa idea cuando hablemos del lenguaje de los deseos. Por ahora nos basta con decir que la Palabra de Dios santifica nuestros deseos al punto que lo único que queremos es la voluntad de Dios.

Dios no es un genio encerrado en una botella ni nuestros deseos son órdenes para Él. Más bien, es lo contrario. A medida que crecemos en gracia, sus mandamientos son lo único que queremos.

La palabra *permanecer* se repite varias veces en el capítulo 15 del Evangelio de Juan. Es un verbo que nos indica una acción continua. Es también una de esas palabras bíblicas que tiene setenta rostros. Significa «estar» y es una de las maneras en que el Espíritu de Dios habita nuestros espíritus. Significa «quedarse quieto», plantar nuestros pies en las promesas de Dios y negarnos a abandonarlas. Significa también «mantenerse». ¿Hace cuánto no te mantienes despierto toda la noche adorando, orando, en la Palabra? Y significa «habitar». No solo es que Dios quiere habitar en nosotros. Quiere pasar con nosotros toda la eternidad.

Oír la voz de Dios comienza con el don de vida. Si quieres oír la quieta y suave voz de Dios, la clave es permanecer y la clave final para oír es el hacer. Oír sin hacer es, en el mejor de los casos, vivir de oídas. Y, en el peor de los casos, es hipocresía. Podemos hacer más que eso. Tenemos que hacer más que eso.

Lectio Divina

La mente produce una amplia variedad de ondas cerebrales. Las más comunes son las ondas beta, que oscilan entre los catorce y los treinta ciclos por segundo.[33] Las ondas beta se asocian con la conciencia normal del estado de vigilia, que incluye los pensamientos de ansiedad y la concentración activa. Si desaceleramos la mente entramos en un estado de alerta relajado que produce ondas alfa, de entre ocho y trece ciclos por segundo. Esas ondas alfa se amplifican si cerramos los ojos, lo cual podría constituir un argumento fisiológico para orar y meditar de esa manera.[34]

El ritmo con que leemos las Escrituras no carece de importancia. Con toda sinceridad, suelo leer más rápido cuando llego a los versículos que me producen convicción o que me confunden. Pero es entonces precisamente que tengo que ir más lento y escuchar con más atención. Hay verdades que solo pueden comprenderse mediante la contemplación. Literalmente necesitas estar en la frecuencia de onda adecuada. Si sientes que estás leyendo demasiado rápido, ve más despacio.

Leer la Biblia para cubrir más se conoce como *lectio continua*.

Leer la Biblia para llegar más profundo se conoce como *lectio divina*.

La lectio divina es una antigua práctica benedictina, y es una de las formas en que podemos distinguir la voz de Dios. Incluye cuatro pasos o etapas: lectura, meditación, oración y contemplación. Se ha comparado la lectio divina con una comida, metáfora que me gusta. La lectura sería el primer bocado. Por desdicha, es allí donde se detiene la mayoría de las personas. El segundo paso, la meditación, es masticar las palabras y las frases. En vez de diseccionar la Palabra, permitimos que ella nos diseccione. El tercer paso, la oración, es saborear la Palabra. ¿Cuándo fue que leíste la Biblia solo por disfrutarla? La oración es la que convierte la disciplina en deseo: el «tienes que» se convierte en el «quiero». Y el cuarto paso, la contemplación, es digerir la Palabra y absorber sus nutrientes. Es así como la Palabra pasa de nuestra cabeza a nuestro corazón.

Me gustaría que oír la voz de Dios fuera tan fácil como leer. Pero no es así. Hace falta meditar, orar y contemplar. Lo irónico es que solo cuando vamos más lento es que el Espíritu Santo puede avivarnos. Pero en este rompecabezas hay una pieza más.

G. K. Chesterton dijo: «No es que muchos hayan probado el cristianismo para hallar que no les satisface. Lo que sucede es que muchos lo encuentran difícil y por eso ni siquiera lo prueban».[35] No puedes limitarte a leer la Palabra, meditar en ella, orar con ella y contemplarla. Tienes que *vivirla*. Hasta tanto no la hayas obedecido, solo habrás obtenido instrucción que sobrepasa tu nivel de obediencia.

«Me pregunto qué pasaría si todos acordáramos leer uno de los evangelios hasta llegar a un punto en que nos dijera que hiciéramos algo *y entonces lo hiciéramos* y solo después de haberlo hecho siguiéramos leyendo», dijo Peter Marshall.[36] Te diré exactamente lo que pasaría: ¡vendría el reino de Dios y se haría su voluntad! Eso es lo que sucede cuando los que oyen la Palabra se convierten en hacedores de la Palabra.

Solo hazlo.

Luego, ¡ve lo que Dios hace!

LA VOZ DE LA ALEGRÍA

EL SEGUNDO LENGUAJE: LOS DESEOS

Deléitate en el Señor, y él te concederá los deseos de tu corazón.

—SALMO 37:4

El día de Año Nuevo de 2014, una bailarina clásica de Gran Bretaña llamada Gillian Lynne recibió el nombramiento de Dama Comandante de la Orden del Imperio Británico. Yo no tenía ni idea de lo que eso significaba, pero era muy impresionante y por eso lo investigué. Es uno de los más altos honores que pueda otorgarse a un civil por algún aporte que haya hecho al Reino Unido como no combatiente. Deduzco que el ballet califica como actividad no combatiente.

En su cumpleaños número veinte, Gillian fue parte del elenco como solista de *La Bella Durmiente,* del Royal Ballet. Y ese fue solo el comienzo. El ballet fue para ella la piedra fundacional de una carrera como coreógrafa, que ha producido obras como *Cats* y *El fantasma de la Ópera.* El currículo de Gillian como bailarina y coreógrafa tal vez no tenga paralelo, pero como sucede con todas las historias de éxito, todo comenzó como nada más que un deseo, una única célula.

Cuando Gillian iba a la escuela en la década de 1930, a los maestros les preocupaba que pudiera tener algún desorden de aprendizaje puesto que no podía quedarse quieta. Hoy, tal vez a una chica tan inquieta, la diagnosticarían como con trastorno por déficit de atención e hiperactividad, pero en aquella época eso no entraba en consideración. Así que la llevaron a un especialista que escuchó a la preocupada madre de Gillian mientras le contaba los problemas de su hija de ocho años. Pasados veinte minutos de conversación el médico le pidió a la mamá de Gillian un momento para charlar en privado. Cuando salieron de la sala de consejería, el hombre encendió la radio y le dijo a la señora Lynne que observara. Gillian de inmediato se levantó y empezó a moverse al son de la música. El médico, con buen discernimiento, declaró: «Señora Lynne: Gillian no tiene una enfermedad. Es bailarina. Llévela a una escuela de danza».[1] Eso fue lo que hizo la madre de la pequeña.

«No puedo siquiera describir lo maravilloso que fue eso. Entramos en un salón que estaba lleno de personas como yo. De gente que no podía quedarse sentada ni quieta. De gente que para pensar necesitaba moverse», dijo Gillian.[2] Fue casi como si Gillian naciera de nuevo. Y aunque ya han pasado ocho décadas desde entonces, el deseo de bailar sigue siendo la fuerza que la motiva en su vida.

Tras contar la historia de Gillian en la charla TED más vista de la historia: «¿Mata la escuela la creatividad?», el experto en educación Sir Ken Robinson destacó lo brillante que había sido el especialista: «Tal vez otro profesional le habría dado medicación, diciéndole que se calmara».[3]

Quiero ahora dejar asentado que estoy eternamente agradecido por los médicos y la medicina. Ambos han salvado mi vida muchísimas veces. No se trata de presentar un argumento en contra de que los médicos prescriban medicinas. Simplemente es un argumento a favor de que vayamos tras los deseos que Dios designa para nosotros.

El psicólogo estadounidense Abraham Maslow tal vez sea quien mejor lo haya expresado: «El músico tiene que hacer música, el constructor tiene que construir, el artista tiene que pintar, el poeta tiene que escribir, para poder estar en paz consigo mismos».[4] Yo diría que no solo «estar en paz» sino «ser libres». ¿Qué tiene de bueno tratar de ser lo que no eres? Si alcanzas el éxito serás lo que no eres de todos modos y, en realidad, serás menos que esa persona que Dios quiso que fueses, menos que lo que Él tiene destinado para ti. Por tanto, eso no es éxito, sino fracaso. En mi opinión, prefiero fracasar en algo que me encanta que tener éxito en algo que no me gusta. Todo eso comienza cuando logras descifrar tus deseos, ese segundo lenguaje de Dios.

Deléitate en el Señor, y él te concederá los deseos de tu corazón.[5]

Solemos pensar en los deseos con cierto sesgo negativo, pero C. S. Lewis opinaba lo contrario: «Somos criaturas conformistas, que perdemos el tiempo con la bebida y el sexo o ambicionando algo cuando, en verdad, se nos ofrece el gozo infinito».[6] Según Lewis, «Nuestro Señor encuentra que nuestros deseos son demasiado débiles, no demasiado potentes».[7] Claro que algunos deseos son pecaminosos, sin duda. A esos deseos hay que crucificarlos. Pero Dios también quiere resucitarlos, santificarlos, intensificarlos y fortalecerlos para que se cumplan los propósitos de Él.

Puro deleite

Mi sobrina Ella Schmidgall ansiaba tener un perro más que otra cosa en el mundo. ¡Tal vez más que cualquier otra niña en la historia! Durante cinco años rogó, solicitó y siguió pidiéndoles un perro a sus padres. Es una niña increíblemente dulce, así que para mí es un misterio que sus padres pudieran resistirse durante tanto tiempo. Finalmente, en su décimo cumpleaños le dieron a Ella la sorpresa de su vida. Su mamá le dijo que cerrara los ojos y entonces su padre le entregó un cachorrito maltipoo, de poco más de un kilo y medio llamado Reece. Ella no pudo contener las lágrimas. Lo sé porque su mamá filmó el momento para que toda la familia pudiera verlo. ¡No sé si alguna vez habré visto a alguien más embargado por un gozo indecible! La reacción de Ella es lo que defino como deleite.

En el libro de Génesis, Dios se aparta un paso del lienzo de su creación siete veces, admirando su obra y considerándola buena.[8] Esa es la primera reacción del Todopoderoso ante su creación. Es la primera emoción que Dios expresa y de la que tenemos registro. *Bueno* viene del término hebreo *tob*.[9] Y significa gozo indecible. Deleite puro.

Esa primera emoción es la que marca el tono, la que establece el parámetro. Dios se deleita en lo que hace y quiere eso mismo con nosotros. Quiere que nos deleitemos en su creación. Que nos deleitemos los unos en los otros. Y, por sobre todas las cosas, quiere que nos deleitemos en Él.

El primer principio del Catequismo Abreviado de Westminster dice: «El fin principal del hombre es glorificar a Dios y gozar de Él para siempre».[10] La primera mitad es algo a lo que todos suscribimos, pero no estoy seguro de que lleguemos a apreciar del todo lo que significa la segunda parte. ¿Disfrutas a Dios? ¿Cuánto? ¿Disfrutas de su Palabra? ¿De su presencia? Claro que las disciplinas espirituales por lo general comienzan como disciplinas pero, tarde o temprano, se convierten en deseos si te deleitas en el Señor.

Dime cuánto disfrutas de Dios y te diré cuán maduro eres espiritualmente. Lo último que querría Dios es que veas su Palabra como una rutina. ¿Disfrutas al leerla? Si no es así, la estás leyendo mal. A veces su Palabra nos da convicción de pecado, lo cual hace que sintamos un pellizco de culpa dentro de nosotros. Pero eso constituye el primer paso para pedir perdón y encontrar su gracia. A la vez, eso siempre lleva a un gozo mayor. Obedecer a Dios es nuestro mayor gozo y ¡nuestro más elevado privilegio! Amar a Dios con todas nuestras fuerzas por cierto, requiere de trabajo y esfuerzo; pero tiene que ser un esfuerzo con amor.

Busca primero

Cuando estuve en el seminario hubo un momento bien definido en que me sentí llamado a escribir. Estaba orando en la capilla, cuando esa quieta y callada voz susurró: *Mark, te he llamado a ser una voz para tu generación.* Lo irónico es que acababa de tomar una evaluación para el fin de grado y el resultado fue que tenía pocas aptitudes para la escritura.

La escritura no era un don natural pero Dios lo compensó dándome un fuerte deseo de escribir. Y créeme cuando te digo que hace falta una tonelada de deseo cuando tienes que cumplir plazos de entrega. A veces tus deseos armonizan con tus talentos, ¡y es entonces que te vuelves dos veces más peligroso para el enemigo! Pero Dios también nos llama a hacer cosas que están fuera de nuestro conjunto de destrezas, que requieren de una enorme dependencia de su ayuda.

Al principio mi deseo de escribir se expresó como un voraz apetito por leer. Como dije antes, leía muy pocos libros antes de mi último año en la universidad. Pero cuando sentí el llamamiento a escribir supe que necesitaba leer. Y pasaba cada minuto libre, y gastaba cada dólar que pudiera para eso. Leí trescientos libros antes que escribiera el primero.

No tengo dudas de que fue Dios quien concibió dentro de mí ese deseo. Y escribo por una razón: he sido llamado a escribir. Cuando me siento ante mi computadora me quito los zapatos porque estoy en suelo santo. No solo escribo con el teclado sino que adoro a Dios con cada una de las letras del alfabeto. En estos últimos diez años he escrito quince libros. Cada uno es eco de ese primer susurro.

En el Sermón del Monte Jesús reveló una secuencia sobrenatural que es inviolable. Dijo: «Más bien, busquen primeramente el reino de Dios y su justicia, y todas estas cosas les serán añadidas».[11] Me temo que muchos leemos esto de atrás hacia adelante. Queremos todo lo que el mundo nos ofrece y, recién entonces, buscamos a Dios. Sin embargo, no es esa la forma en que funciona. No puedes buscar a Dios en segundo, tercero o décimo lugar y esperar que te otorgue los deseos de tu corazón.

Buscar a Dios primero es deleitarse en el Señor.

Buscar a Dios primero es darle a Él la primera palabra y la última.

Buscar a Dios primero es asegurarte de que su voz es la que suena más fuerte en tu vida.

Como dijo el apóstol Pablo: «Es más, todo lo considero pérdida por razón del incomparable valor de conocer a Cristo Jesús, mi Señor».[12] Es entonces, y solo entonces, que Dios nos hablará en el lenguaje de los deseos. Cambiará nuestros deseos, los intensificará y hará surgir nuevos deseos dentro de nosotros. Esos deseos, en realidad, se convierten en brújulas espirituales con las que navegamos en la voluntad de Dios.

La voz de la alegría

En la mañana del 11 de julio de 1924, Eric Liddell se preparaba para correr los cuatrocientos metros de las Olimpíadas de París. Pero se retiró de la carrera de cien metros aunque habría podido ganarla, porque se negaba a correr un día domingo. Mientras se preparaba para los cuatrocientos metros, el evento más duro, le entregaron un papel con una paráfrasis de 1 Samuel 2:30: «A quienes me honran les honraré». A pesar de ir por la pista externa el «escocés volador» rompió los récords olímpicos y mundiales con sus 47.6 segundos y ganó la medalla de oro.[13]

En 1981, la película *Carrozas de fuego* ganó el Oscar, pero allí vemos que la hermana de Eric no entiende su devoción a las pistas de carrera y trata de convencerlo para que deje de correr y se mude a China. Al fin lo hizo y allí sirvió como misionero durante dieciocho años.[14] Sin embargo también creía que Dios era el que le había dado el deseo de correr. «[Dios] me hizo veloz, y cuando corro siento su agrado», explicaba Eric.[15]

Recuerda eso dentro de un rato.

Hace algunos siglos había una prueba máxima en la iglesia para determinar si algo era pecado o no: «¿Te dio placer eso?» Si te complacía era pecado. Una prueba terrible. Dios mismo habría fracasado en esa prueba en el primer capítulo de Génesis. Y el salmista incluso llegó a decir: «Me llenarás de alegría en tu presencia, y de dicha eterna a tu derecha».[16] No suena a aguafiestas cósmico, ¿verdad? Más bien diría que es como hedonismo cristiano.[17] John Piper dijo: «Glorificamos más a Dios en nosotros cuanto más satisfechos estamos en Él».[18]

El placer no es algo malo. Es un regalo de Dios. ¿Cuándo fue que empezamos a creer que Dios quiere enviarnos a lugares a los que no queremos ir para hacer cosas que no queremos hacer? Claro está que tomar nuestra cruz implica sacrificio. Pero cuando nos deleitamos en el Señor, Dios nos da el deseo de hacer lo que Él nos llame a hacer, por difícil que sea.

He conversado muchas veces con gente que fundó iglesias a lo largo de los años. Una de las cuestiones que más dificultades les presenta es el lugar, dónde plantar la iglesia. Muchos han hecho estudios demográficos, con la debida diligencia. Pero yo siempre pregunto acerca del deseo: «¿Dónde te gustaría vivir más que en cualquier otro lugar?» A menudo me miran como confundidos, entonces repito: «¿Dónde *quieres* criar a tus hijos? ¿En la ciudad, en los suburbios o en el campo? ¿Quieres vivir en familia o prefieres alejarte todo lo posible? ¿Te gustan las montañas o los lagos? ¿La costa oeste? ¿La costa este? ¿No te gusta la costa?». Pregunto esas cosas porque creo que el que planta una iglesia tendrá más éxito si lo hace en el lugar en donde realmente quiere vivir. Suena simple, ¿no es así? Aunque lo que lo torna difícil es que solemos regirnos más por las expectativas ajenas que por los propios deseos.

Algunos no tenemos idea de lo que queremos porque sacrifica-
mos nuestros deseos en el altar de las expectativas ajenas y nos conformamos con el «debería». Nos conformamos con el «debo» en vez
de buscar el «deseo». Y luego nos preguntamos por qué no sentimos
el gozo del Señor. Es porque estamos oyendo las voces equivocadas.
Frederick Buechner destaca el gran desafío de elegir la voz correcta para escuchar en su libro *Wishful Thinking* [Pensamiento deseoso]
y enumera tres parámetros por defecto: la sociedad, el superego y el
propio interés. Si no los apagamos o le bajamos el volumen se convierten en las voces más fuertes en nuestras vidas. La sociedad nos
bombardea con sus mensajes todos los días, día tras día, con carteles,
comerciales, con avisos y las redes sociales como la punta del *iceberg*.
El superego tiene la voz más fuerte de todas. Y el propio interés es
difícil de desatender. Si les prestas oído a esas voces, te harás conforme al patrón del mundo que te rodea.[19]

Buechner repasó entonces el guión y reveló una prueba máxima
que me encanta: «La voz que más tenemos que escuchar cuando ele-
gimos una vocación es esa que pensamos que tendríamos que desoír,
y es la voz de lo que nos da alegría. ¿Qué es lo que podríamos hacer,
que más alegría nos dará? Creo que si es algo que nos llena de alegría
genuina, entonces será algo bueno, y es lo nuestro».[20]

Yo incluso añadiría: es lo de Dios.

Si hay algo que aprender de la vida de Eric Liddell probablemente sea el mismo principio que propone Frederick Buechner: escucha
la voz de lo que te llena de alegría. Al hacerlo, el camino a recorrer se
convierte incluso en un campo misionero en China. El espacio de en
medio podrás llenarlo con lo que te sientas llamado a hacer.

Punto sensible

¿Talento o pasión? ¿Qué importa más cuando se trata del éxito profesional? Nos sentimos tentados a pensar que es el talento, pero el
estudio del Dr. Daniel Heller a lo largo de once años sostiene lo

contrario. En ese estudio entre 450 eximios estudiantes de música, el Dr. Heller encontró que con el tiempo la pasión vence al talento. Fue la pasión de los estudiantes por la música lo que les inspiró a correr los más grandes riesgos, lo que les dio la motivación intrínseca para persistir ante la adversidad. En última instancia es la pasión la que gana.[21] La vida es demasiado corta como para hacer lo que no te gusta, así que haz lo que te encanta hacer. La clave está en encontrar ese lugar en el que se superponen los dones con los deseos. Los dones que Dios nos ha dado son aquellas cosas que mejor sabemos hacer. Y los deseos divinamente otorgados son esas cosas por las que sentimos pasión. El punto en donde se cruzan esos dones y esos deseos será el punto sensible.

Tenemos dones diferentes, según la gracia que se nos ha dado. Si el don de alguien es el de profecía, que lo use en proporción con su fe; si es el de prestar un servicio, que lo preste; si es el de enseñar, que enseñe; si es el de animar a otros, que los anime; si es el de socorrer a los necesitados, que dé con generosidad; si es el de dirigir, que dirija con esmero; si es el de mostrar compasión, que lo haga con alegría.[22]

El apóstol Pablo nos exhorta a usar los dones que Dios nos ha dado para ir tras los deseos que Dios inspira en nosotros. Identificó tres características que deberían definirnos como seguidores de Cristo: la generosidad, la diligencia (o esmero) y la alegría. No importa qué sea lo que hagas, son tres adjetivos que deben calificarte.

Generosidad proviene del término griego *haplotes,*[23] que significa ir más allá del llamado al deber. Es la milla extra. *Con alegría* proviene de *hilarotes,*[24] que significa silbar mientras trabajas. Es la actitud del ganador. Y *diligencia* viene del griego *spoude*[25] que es mantener la mirada atenta al detalle, a la excelencia, mostrando atención y conciencia en todo lo que hagamos. Ello apunta a la mejora continua.

Sin embargo, hay algo que está insinuado allí pero solemos pasar por alto: la diligencia implica que nos deleita lo que hacemos. Y cuando sucede eso, todo lo que hacemos se transforma en un acto de adoración.

Martín Lutero observó: «El zapatero cristiano cumple su deber cristiano, no al poner una pequeña cruz en cada zapato, sino al hacer buenos zapatos, porque a Dios le gusta el trabajo bien hecho».[26] Amén a eso. Y hablando de trabajo bien hecho, la ensayista Dorothy Sayers señaló: «Del taller del carpintero de Nazaret, puedo afirmar con certeza que no salen mesas con patas torcidas ni cajones que cierren mal».[27]

Ser diligente es hacer lo que haces con una medida extra de excelencia.

Ser diligente es hacer lo que haces con una medida extra de amor.

Hace muchos años fui parte de un equipo misionero que ayudó a construir un centro de rehabilitación Teen Challenge en Ocho Ríos, Jamaica. Sé que no parece algo muy sacrificado, pero te digo que Jamaica no es solo océanos azules y playas hermosas. Nuestro equipo trabajó de sol a sol construyendo un centro de ministerio donde los drogadictos y los alcohólicos pudieran encontrar la libertad en Cristo. Una de las tareas era lijar las paredes y prepararlas para que luego se pudieran pintar, pero no teníamos una lijadora. Teníamos que usar bloques de cemento para raspar las paredes y el sonido era peor que el de las uñas rascando un pizarrón. Después de unas horas me dolían los hombros y tenía los nervios de punta. Fue entonces que oí el susurro de Dios por sobre el ruido del cemento contra el cemento: *Mark, ¡esto es música para mis oídos!*

Al anochecer me sentía completamente agotado. Pero la sensación de satisfacción no se igualaba con ningún servicio de adoración. Sentía que había amado a Dios con todas mis fuerzas. Cuando hacemos eso, nuestra energía se convierte en melodía para los oídos de Dios.

412 emociones

Entre las partes más asombrosas del cerebro humano están las amígdalas, que son como racimos de núcleos en forma de almendra dentro del lóbulo temporal. A pesar de los maravillosos avances en la neurociencia y las neuroimágenes, las amígdalas siguen siendo un misterio. Lo que sí sabemos es que allí residen las emociones, además de que tienen una relación íntima con la toma de decisiones y la formación de recuerdos. La regla de oro es que las emociones más fuertes dan como resultado decisiones más firmes y recuerdos más perdurables.

Las emociones son un tema que provoca controversia, pero se clasifican en dos categorías básicas: negativas y positivas. Las unas son esenciales para la supervivencia y las otras lo son para prosperar y progresar. Las negativas, como el miedo, nos mantienen alejados de los problemas. Las positivas, como la esperanza, nos ayudan a salir de los problemas. Se trata más que de la actitud. Tiene que ver con lo espiritual. La negatividad puede impedir que lleguemos a la tierra prometida y costarnos cuarenta años.[28]

Robert Plutchik, profesor emérito de la Facultad de Medicina Albert Einstein, ha identificado ocho emociones básicas: alegría, confianza, temor, sorpresa, tristeza, asco, ira y anticipación.[29] El lenguaje de anotación y representación de emociones [EARL, siglas en inglés de Emotion Annotation and Representation Language] sugiere la existencia de cuarenta y ocho emociones básicas.[30] Y el profesor Simon Baron-Cohen del Centro de Investigaciones del Autismo en la Universidad de Cambridge, ha identificado 412 emociones con sus correspondientes expresiones faciales.[31]

Más allá de cuántas emociones tengamos, cada una de ellas es una función de las amígdalas, una faceta de la imagen de Dios y —a mi entender— un don que Dios nos ha dado. Es obvio que el don o regalo deberá ser santificado y administrado, como sucede con todo lo demás.

Cuando iba a la escuela, uno de mis profesores nos presentó una pregunta que nos hizo pensar: «¿Qué te hace llorar y dar con el puño contra la mesa?» Es decir: ¿Qué te entristece o te enoja? Las emociones, que sirven como indicadores. Yo añadiría «qué te alegra», además. Son tres emociones que nos ayudan a distinguir la voz de Dios. Y sé que cuando se trata de tomar decisiones, la emoción no se lleva el primer premio. Tampoco creo que esté bien que nos dejemos llevar por las emociones sin freno. Sin embargo, las emociones son buen compañero de viaje cuando nos deleitamos en el Señor. Ignorar las emociones equivale a ignorar la voz de Dios. Dios habla a través de nuestras lágrimas, sean de tristeza o de gozo. ¿No fue así como Nehemías encontró su punto sensible? Cuando se enteró de que las murallas de Jerusalén estaban destruidas, lloró. Las lágrimas sirven de pistas para ayudarnos a identificar los deseos que Dios nos da. Lo mismo sucede con la justa indignación. Si no nos enoja la injusticia, no tenemos las emociones sintonizadas con nuestro Padre celestial. Hay que canalizar esas emociones correctamente, pero sin ellas la maldad podría andar lo más campante por todas partes. Se nos tiene que partir el corazón por las mismas cosas que le rompen el corazón a Dios, pero además el corazón debiera dar un salto cuando estamos llenos de gozo. Ya sea la voz de la tristeza, del enojo o de la alegría, no hay que ignorar las emociones. Porque, a través de ellas, Dios nos habla.

La veta competitiva

Cuando me inicié como pastor, mi problema era que tenía un complejo de inferioridad que asomaba su fea cabeza cada vez que estaba con otros pastores. Porque me sentía insignificante en comparación con ellos. Aquí la palabra clave es *comparación*. En el juego de la comparación nadie gana, porque solo nos lleva a uno de dos destinos: el orgullo o los celos. Esas dos cosas nos carcomerán. Cada vez que me preguntaban por el tamaño de nuestra iglesia me sentía muy mal, casi como Saúl cuando oía cantar al pueblo: «Saúl mató a sus miles, ¡pero David, a sus diez miles!».[32] En mi caso, ¡nuestra iglesia solo tenía unas docenas! Ese complejo de inferioridad empeoraba porque soy muy competitivo. ¡Me molestaba perder cuando jugaba con mis hijos! Fue esa veta competitiva lo que me ayudó a ser tan buen atleta y lo que nos valió honores como mejor equipo del país en mi último año de la universidad. Tengo que mencionar que no se trataba de la NCAA [siglas en inglés de National Collegiate Athletic Association, institución que rige a los atletas universitarios] sino de la NCCAA, donde la C extra corresponde a la sigla de la liga cristiana. Así que no te dejes impresionar demasiado. Ahora, cuando terminó mi carrera con el baloncesto no tuve más cómo canalizar mi gusto por la competencia. Poco después comencé con el ministerio y mi veta competitiva hizo que surgiera lo peor de mí. La cosa se puso tan mal que le pedí a Dios que anulara esa característica en mí pero Él reprendió mi pedido. No fue con una voz audible, pero sin lugar a dudas me dijo: *No quiero anularla. Quiero santificarla para mis propósitos.*

¿Recuerdas lo que hizo el apóstol Pablo cuando se sintió tan deprimido al ver la idolatría de Atenas? No fue a boicotear al Areópago, ¿verdad? Entró, y se puso a la altura de algunas de las mentes filosóficas más grandes del mundo antiguo, compitiendo por la verdad. Pablo no era de los que se achican ante nada ni nadie. Su veta competitiva estaba santificada e iba aparejada con una santificada veta de persistencia.

Fue Pablo el que dijo: «No hagan nada por egoísmo o vanidad».[33] Allí es donde la mayoría sabemos detenernos, pero no es más que la mitad de la batalla. Dios no quiere solo anular el egoísmo y la vanidad. Quiere amplificar la ambición cristiana, la ambición por servirle. La diferencia es esta: ¿Para quién lo estás haciendo?

Hay una línea fina que separa a «venga tu reino» de «venga mi reino». Si cruzamos esa línea, Dios retirará su favor más rápido de lo que tardamos en decir *pecado*. En el reino de Dios, si hacemos lo correcto por las razones equivocadas, no obtenemos siquiera el crédito. Todo tiene que ver con los motivos y la única razón correcta es la gloria de Dios. A todos nos impulsa la egoísta ambición o la vanidad, pero a todos nos falta esa ambición de servir a Dios. Cuando se trata de las cosas de Dios no hay demasiada ambición.

Trato de seguir la máxima de Miguel Ángel: «Critica creando».[34] En vez de quejarnos de lo que está mal, somos llamados a competir por lo que está bien. ¿Cómo es eso? Bueno, creando mejor música, mejores películas, mejores negocios, mejores leyes, mejores investigaciones. ¡Haciéndolo todo para gloria de Dios!

Señales de advertencia

Es difícil discernir el lenguaje de los deseos puesto que tenemos motivos mixtos y una infinita capacidad para engañarnos a nosotros mismos. Aunque creo que Dios utiliza las emociones para guiarnos, nos resulta fácil desviarnos a causa de ellas. He aprendido a las malas algunas lecciones a lo largo del tiempo. Considéralas como señales de advertencia.

Primero, *analiza tu ego antes de darle entrada.*

Tenemos que dejar el ego en el altar, todos los días. Si no lo hacemos, caeremos en la trampa de la comparación. Y no lograremos mucho para el reino, porque todo tendrá que ver con nosotros mismos. ¿Sabías que puedes estar haciendo la voluntad de Dios y que Dios se oponga a ello? Sé que para la lógica y la teología eso suena mal, pero es cierto. «Dios se opone a los orgullosos».[35] El orgulloso deja que el ego hable más fuerte. Y si intentamos hacer la voluntad de Dios con espíritu de orgullo, estamos avanzando dos pasos y retrocediendo tres.

Lo segundo es: *si lo quieres demasiado tal vez sea por las razones equivocadas.*

Sé que suena contradictorio, así que quiero explicarme. Querer algo demasiado suele ser indicación de que no estás del todo listo para ello. ¿Por qué? Porque eso se ha convertido en un ídolo para ti. Cualquier cosa que desees más que a Dios es un ídolo, lo que incluye hasta los sueños y el llamado que Dios nos da. He tenido que morir a algunos de esos deseos. Y al ponerlos sobre el altar, descubrí que a veces Él me los devuelve.

Tercero: *la emoción es buen sirviente pero pésimo amo.* En general, no tomes decisiones en momentos demasiado emocionales. Es así como la gente se hace tatuajes en lugares que no convienen. Es así como decimos cosas que luego lamentamos. Es allí donde se vuelve tan esencial el noveno fruto del Espíritu.[36] En realidad, creo que el dominio propio aparece de último en la lista porque es el que más tiempo nos lleva cultivar. Es como un guardia emocional, que da permiso o lo deniega a las otras emociones.

Cuando Abraham Lincoln se sentía molesto con alguien, tenía la costumbre de escribir lo que describía como «carta caliente». Era un ejercicio de catarsis, en el que volcaba toda su ira y su frustración sobre el papel. Cuando se habían enfriado sus emociones, anotaba: «No enviada. No firmada».[37] Los psicólogos definen eso como interrupción de patrón. Eso marca la diferencia entre la reacción y la respuesta. No es una mala forma de poner en práctica Santiago 1:19: «Todos deben estar listos para escuchar, y ser lentos para hablar y para enojarse».

Cuarto: *para saber si un deseo proviene de Dios, puedes discernirlo descifrando si con el tiempo se intensifica o se diluye.* A veces es mejor esperar un poco o, más todavía, ayunar. Dale tiempo y observa si el deseo se hace más fuerte o más débil. Si te deleitas en el Señor y el deseo pasa la prueba del tiempo porque se hace más fuerte, hay grandes probabilidades de que sea algo bueno y provenga de Dios.

Y el quinto punto: *llegamos más lejos con un poco de inteligencia emocional.*

Según el periodista científico Daniel Goleman, solo el veinte por ciento de los factores que llevan al éxito vocacional tiene que ver con el coeficiente de inteligencia.[38] El otro ochenta por ciento está relacionado con la inteligencia emocional, que Goleman define como «la capacidad para identificar, evaluar y controlar las propias emociones, las de otros y las grupales».[39]

La inteligencia emocional es como un sexto sentido. Y aunque es difícil definirla, Jesús es el que establece el parámetro. Nadie podía leer a la gente como Jesús. Nadie estaba más en sintonía, más en contacto con los demás. Él anticipó las objeciones de los fariseos y les cortó el paso con preguntas brillantes. También discernía los deseos de los que sufrían y les ofrecía sanidad.

¿Recuerdas esa conferencia en Inglaterra de la que hablé antes, donde oraban: *Ven, Espíritu Santo?* Lo que no mencioné fue que me tocó hablar después del arzobispo de Canterbury, Justin Welby. Me sentía como si debiera levantarme, y decir: «Lo mismo que dijo él», y sentarme de nuevo. Una de las cosas que dijo tuvo un profundo impacto en mí y desde entonces la cito muy a menudo. El arzobispo dijo: «La inteligencia emocional es una maravillosa adición a los dones del Espíritu». No basta con ejercer los dones espirituales. Hay que hacerlo con una medida de inteligencia emocional o podrían causar más perjuicio que beneficio emocional.

Lo repito: la emoción es un regalo que Dios nos da. A medida que crecemos en la relación con Él también crece nuestra conciencia emocional y nuestra inteligencia emocional.

Eso se expresa en la empatía hacia los demás. Y como resultado se producen, a menudo, las sincronías sobrenaturales.

No conformarse

Un día, cuando estaba en sexto grado, fui a la escuela vistiendo una camiseta de Ocean Pacific color rosado fluorescente. ¡Terrible error! Entonces era bastante popular, además de ser uno de los más corpulentos de mi clase. Eso no tuvo importancia. Se burlaron de mí sin piedad. Hasta mis mejores amigos me traicionaron ese día.

Adivina cuántas veces la usé. Exactamente una. ¿Por qué? Porque no quería someterme otra vez al ridículo como ese día. El modus operandi a esa edad implica que tienes que adaptarte y casi todos nos entregamos a ello el resto de nuestras vidas. No importa lo que cueste, hay que adaptarse a lo que sean los demás. El costo es: tu personalidad, tu individualidad, tu identidad, cosas únicas. Podrás llamarlo presión de pares, mentalidad de grupo, pero la Biblia lo llama ser conformes o amoldarse.

No se amolden al mundo actual, sino sean transformados mediante la renovación de su mente.[40]

Ese es uno de los mandamientos más difíciles de las Escrituras, porque nuestra cultura se destaca por condicionarnos según sus valores. ¿Sabías que cada día te expones a unos cinco mil mensajes publicitarios?[41] Quién lo diría… ¿verdad? Tenemos allí la evidencia de lo que nuestra cultura sabe hacer a la perfección. Pero hay que luchar en contra de ello.

No son muchos los que le venden su alma al diablo, pero sí hay muchos que le venden su alma a la cultura. En vez de definir el éxito por nosotros mismos dejamos que la cultura lo haga. En lugar de atrevernos a ser diferentes nos amoldamos a los patrones de este mundo. ¿Por qué lo hacemos? Porque dejamos que la cultura que nos rodea lleve la voz cantante.

El no amoldarse o no ser conforme al mundo es como ir contra la corriente, o ir a contra la vía por una avenida en la hora de tráfico. Sin embargo, es la única forma de poder ser lo que Dios quiere que seamos. Y la clave está en desearlo.

La palabra *conformidad* viene del término griego *syschematizo*.[42] Significa «seguir un patrón o molde» y me recuerda a una máquina que hay en el zoológico Brookfield, de Illinois, que ha estado moldeando figuras de cera durante los últimos cincuenta años. Si recuerdo bien, las opciones incluyen una foca rosada, un lagarto verde, un oso marrón y un gorila negro. Casi como sucede con esas figuras de cera, muchos permitimos que el molde cultural nos dé forma y la única manera de romper el molde es poniéndonos en el torno del alfarero. Además, tenemos que atrevernos a ser diferentes.

Pensamiento divergente

Corrían los primeros años del programa Head Start [Buen comienzo] y se hizo un estudio con mil seiscientos niños en diversas categorías, que incluían el pensamiento divergente. El pensamiento convergente es la capacidad de responder correctamente a una pregunta que no requiere de la creatividad sino solo de la inteligencia analítica. Pero el pensamiento divergente es una cosa muy distinta. Es la capacidad de generar ideas creativas explorando soluciones posibles.

Cuando se le pregunta a la persona promedio cuántos usos puede tener un clip metálico para papeles, por lo general nombrará entre diez y quince. El que tiene pensamiento divergente podría responder con hasta doscientos usos.[43] Para los distintos tipos de tareas hará falta el pensamiento convergente y también el divergente, pero este último predice mejor el potencial para el Premio Nobel.[44]

En el estudio longitudinal del programa Head Start, el noventa y ocho por ciento de los niños de tres a cinco años «cabía en la categoría de genio por el pensamiento divergente. Cinco años después… la cifra caía hasta solo el treinta y dos por ciento… Y cinco años más tarde… se había reducido al diez por ciento».[45]

¿Qué había pasado a lo largo de esa década? ¿Dónde se había ido el pensamiento divergente? ¿Qué tiene que ver todo eso con el lenguaje de los deseos? Te diré lo que creo: la mayoría de nosotros pierde contacto con lo que somos en realidad y con qué queremos en verdad. En vez de seguir los deseos que Dios nos da dirigidos a la individuación, la voz de la alegría queda ahogada por la voz de la conformidad. Y eso puede comenzar el día en que vas a la escuela vistiendo una camiseta de color rosado.

Nos preocupamos demasiado por lo que puedan pensar los demás, lo cual constituye evidencia de que no nos preocupa demasiado lo que piense Dios. Es el temor al otro lo que impide que oigamos la voz de Dios y la sigamos. Permitimos que las expectativas ajenas venzan a los deseos que Dios ha puesto en nuestros corazones. ¿Cuál es el resultado de eso? Que los deseos quedan sepultados a dos metros de profundidad. Luego, olvidamos quiénes somos en realidad.

Una de las preguntas de los evangelios que más nos hacen pensar es: «¿Qué quieres que haga por ti?»[46] En cierto sentido la pregunta hasta parece innecesaria, porque Jesús se lo pregunta a un ciego. Todos podemos adivinar lo que responderá, ¿verdad? Quiere ver, por supuesto. Así que, ¿por qué es que Jesús se lo pregunta? La respuesta es simple: Jesús quiere saber qué queremos.

Si hoy Jesús le preguntara a la persona promedio que entra a la iglesia promedio: «¿Qué quieres que haga por ti?», apuesto a que nueve de cada diez no sabrían bien qué responder. ¿Por qué? Porque hemos perdido contacto con lo que verdaderamente queremos.

Si no sabes lo que quieres, ¿cómo vas a saber cuando lo tengas? Tal vez haya llegado el momento de hacer el inventario. ¿Qué quieres que haga Dios por ti? Le debes esa respuesta.

Libera la locura

Durante más de treinta años Gordon MacKenzie ha sido la paradoja creativa de las tarjetas Hallmark. Su trabajo consistió en ayudar a sus colegas a escurrirse de las ataduras de la normalidad empresarial. También organizó talleres de creatividad en escuelas primarias. En su libro *Orbiting the Giant Hairball* [La órbita alrededor de la gran bola de pelos], MacKenzie sostiene algo casi demasiado duro: «Desde la cuna hasta la tumba habrá presión: sé normal».[47]

En sus talleres de creatividad MacKenzie hacía encuestas informales, preguntando: «¿Cuántos artistas hay en el salón?» En primer grado todos levantaban la mano como locos. En segundo grado, solo la mitad. En tercer grado, solo respondía un tercio de la clase. Ya cuando llegaban al sexto grado solo uno o dos chicos levantaban la mano casi tentativamente.

Según MacKenzie, cada una de las escuelas que visitó formaba parte del sistema que reprime el genio creativo al entrenar a los niños para que se apartaran de su locura innata. En vez de celebrar y validar su genio e ingenio, se lo criticaba, se lo aplastaba. Y entonces la voz de la normalidad se volvía la voz cantante.

Dentro de cada uno de ustedes hay un loco. Un loco atrevido, audaz, desquiciado, imprudente, inadecuado, espontáneo, contra político e intrépido que, en la mayoría de los adultos, hace rato quedó atado y con un bozal, encerrado en un sótano.[48]

Jesús vino a liberar a los cautivos.[49] Es decir, que vino a liberar al loco. No solo a liberarlo, sino a usar a locos como tú y yo para avergonzar a los sabios.[50]

La salvación es mucho más que el perdón de los pecados. Jesús quiere liberarnos del chaleco de fuerza psicológico en el que nos hemos metido, pero tenemos que atrevernos a ser diferentes. Tenemos que marchar al son de un tambor distinto: el del santo deseo.

La Biblia dice que somos «un pueblo adquirido por Dios».[51] ¿Por qué intentamos, entonces, ser como el mundo? Si Dios nos da el don de ser únicos, entonces al serlo estamos devolviéndole ese don. Todo comienza cuando oímos la voz del deseo y la seguimos. Cuando la voz de Dios es la que más resuena en nuestras vidas, podemos atrevernos a ser diferentes.

LA PUERTA A BITINIA

EL TERCER LENGUAJE: LAS PUERTAS

Mira que delante de ti he dejado abierta una puerta
que nadie puede cerrar.

—APOCALIPSIS 3:8

El 26 de diciembre de 2004 se produjo en las profundidades del Océano Índico el tercer terremoto más fuerte que haya registrado un sismógrafo.[1] Produjo la energía equivalente a veintitrés mil bombas atómicas como la de Hiroshima.[2] Su magnitud en la escala de Richter fue de 9.1 y en consecuencia las olas del tsunami llegaron a superar los treinta metros de altura, avanzando a ochocientos kilómetros por hora, con un alcance de un radio de cuatro mil ochocientos kilómetros.[3] Ese tsunami, el más mortal de la historia, cobró 227.898 vidas;[4] pero hubo un pueblo que, como habitaba justo en medio de su trayectoria, sobrevivió milagrosamente sin siquiera una víctima.

Los moken son un grupo étnico de Austronesia que mantiene su cultura nómada y marina. Viven en los mares abiertos desde que nacen hasta que mueren.[5] Sus botes de madera hechos a mano se llaman *kabang* y funcionan como casas flotantes para esos gitanos del mar. Los niños moken aprenden a nadar antes que a caminar, por eso pueden ver bajo el agua dos veces mejor que los que habitan en el continente. Si hubiera una competencia para ver quién podría contener la respiración bajo el agua, en realidad no sería una competencia. Sin embargo, no fue ninguna de esas destrezas lo que los salvó del tsunami; fue su intimidad con el océano. Los moken conocen tan bien el talante y los mensajes del mar que superan el conocimiento de cualquier oceanógrafo, y leen las olas del océano como nosotros leemos los carteles de las calles.

El día del terremoto había una fotógrafa aficionada de Bangkok que estaba tomándoles fotografías a los moken cuando le preocupó algo que vio. Cuando el mar comenzó a retroceder, muchos de los moken lloraban.[6] Sabían lo que iba a suceder. Reconocieron que los pájaros habían dejado de cantar, que las cigarras se habían callado, que los elefantes buscaban terreno en la altura y que los delfines nadaban adentrándose en el mar.

¿Qué hicieron los moken?

Los que estaban cerca de la costa de Tailandia dejaron sus botes en las playas y caminaron hasta el lugar más elevado posible. Los que estaban en el mar se adentraron en sus aguas aun más. Llegaron hasta donde era más profundo el océano, donde sabían que la cresta del tsunami sería menor cuando pasara junto a ellos. Los pescadores birmanos que estaban cerca de los moken jamás sospecharon que habría un tsunami, por lo que perecieron todos. «Estaban recogiendo calamares», dijo un moken sobreviviente. «No sabían mirar».[7] Las olas, los pájaros, las cigarras, los elefantes y los delfines les hablaban a esos pescadores de Birmania pero, por desdicha, ellos no sabían escucharlos.

Según el doctor Narumon Hinshiranan, un antropólogo que habla la lengua de los moken: «El agua retrocedió muy rápidamente y hubo una ola, una sola ola pequeña, por lo que reconocieron que estaba pasando algo fuera de lo común».[8]

¿Una sola ola, pequeña?

¿De veras?

Fue eso, por asombroso que parezca, lo que hacía falta para que los moken reconocieran que habría problemas. Eso, y una antigua leyenda que pasaba de generación en generación sobre una ola llamada Laboon, la «ola que come gente».[9] De alguna manera percibieron que esa sería aquella ola.

Un dato más, pero fascinante: los moken no saben su edad porque su concepto del tiempo es muy distinto al nuestro. No existe la palabra *cuando* en su idioma. Tampoco existen *hola* y *adiós*. Y aunque para nosotros tal vez sea una desventaja logística, es más que una mera coincidencia que los moken tampoco conozcan la palabra *preocupación*.[10]

Señales

Los moken son una comparación. Al igual que ese pueblo marino que habla el lenguaje del mar, nosotros hablamos el lenguaje del Espíritu. Uno de sus dialectos es el de las puertas: las puertas abiertas y las puertas cerradas. En cierto sentido, este tercer lenguaje es un lenguaje de señas. Jesús advirtió en contra de las señales y portentos que sirven como prueba máxima para la fe,[11] pero eso no niega su valor cuando se trata de andar en la voluntad de Dios.

¿Recuerdas a Faraón? ¡El que ignoró los diez milagros que eran el equivalente a los carteles intermitentes de neón que tenemos hoy! ¿Qué resultado obtuvo? Ignorar las señales es desconocer al Dios que nos habla a través de ellas, por lo que seremos culpables del perjuicio que desencadenen.

¿Qué habría pasado si Noé hubiera hecho caso omiso del pronóstico?

¿Qué habría pasado si José hubiera hecho caso omiso a los sueños de Faraón?

¿Y si Moisés hubiera pasado junto a la zarza ardiente sin detenerse?

¿Y si los sabios de Oriente hubieran ignorado el mensaje de las estrellas?

¿Qué habría pasado si en su visión camino a Damasco, Saulo hubiera pensado que se trataba de un accidente ecuestre y nada más? Si Noé hubiera hecho caso omiso de la señal tanto él como su familia habrían muerto en el diluvio y la historia —tal como la conocemos— habría terminado allí. Si José hubiera hecho caso omiso a los sueños del faraón, dos naciones habrían quedado destruidas por la hambruna. Si Moisés hubiera seguido caminando no habría habido éxodo de Israel y no habrían tomado posesión de la tierra prometida. Si los sabios no hubieran seguido a la estrella no habrían descubierto al Mesías. Y si Saulo no hubiera dado un cambio rotundo no se habría convertido en Pablo, y no habría escrito la mitad del Nuevo Testamento.

Sé que las señales están sujetas a la interpretación y que hay una línea muy delgada entre leer la señal y entender lo que uno quiera en ella. Por favor, no tomes decisiones basadas en horóscopos, cartas de tarot o la lectura de las manos puesto que todas esas son formas de adivinación y falsas señales. ¡Y no bases tus decisiones importantes en las galletas de la suerte, por favor! Tenemos que aprender a leer las señales como leemos las Escrituras: con ayuda del Espíritu Santo. No tengas dudas de que Dios nos habla a través de las circunstancias. Las Escrituras son nuestra evidencia directa, aunque la evidencia circunstancial también tiene su importancia.

El lenguaje de las puertas requiere del don del discernimiento, que va más allá de la intuición basada en la experiencia acumulada. Va más allá de la inteligencia contextual y la inteligencia emocional. El discernimiento es la capacidad de evaluar una situación con entendimiento sobrenatural. Es la percepción profética que ve más allá de los problemas y logra ver las posibilidades. Dicho en pocas palabras, es tomar en tus manos aquello que Dios te está enviando.

Las señales que la acompañan

Antes de detallar el lenguaje de las puertas quiero recordarte que no interpretamos las Escrituras mediante las señales, sino más bien interpretamos las señales por medio de las Escrituras. Hablando en términos generales, Dios usa señales para confirmar su Palabra, su voluntad. ¿Hay excepciones a esta regla? Por supuesto. Después de todo, Dios es el que escribe las reglas. Pero las palabras finales del Evangelio de Marcos sientan un precedente: «las señales que la acompañaban».[12] A nosotros nos gustaría más que dijera «las señales que la precedían», ¿verdad? Eso sería mucho más fácil. Pero no es así la secuencia de la fe en las Escrituras. Piensa en las aguas abiertas del Mar Rojo y en las del río Jordán. Esas señales les dieron a los israelitas una increíble confianza y seguridad en que Dios abriría caminos donde no los había. Pero Moisés debía extender su vara *primero*. Y los sacerdotes debían entrar al agua *primero*. Recién entonces Dios dividió las aguas. La fe implica dar el primer paso antes de que Dios revele el segundo.

La primera iglesia que plantamos fue un intento que acabó en fracaso; ya he contado parte de esas lecciones tan duras en otros libros. Pero aquí voy a relatar solo algunas partes. Después de ese fracaso me encontraba leyendo una revista ministerial cuando vi un aviso de un ministerio paraeclesiástico en Washington, D.C. No recuerdo por qué dejé de pasar las páginas, pero ese aviso captó mi atención. La puerta a D.C. se abrió apenas un poco. Llamé por teléfono, y luego fui de visita; eso me llevó a un salto de fe de novecientos cincuenta kilómetros desde Chicago hasta D.C., y a la vez eso me llevó a estos últimos veinte años de ministerio en la capital de la nación.

Suena lindo, casi como algo que sucedió solo. Pero fue una decisión muy difícil. Tanto Lora como yo nos habíamos criado en el área de Chicago, así que no conocíamos otros lugares. Y además ¡Michael Jordan seguía jugando para los Chicago Bulls! ¿Por qué íbamos a querer mudarnos? No queríamos dejar Chicago, pero no hay nada que cierre una puerta tan rápido como lo hace el fracaso. En realidad, a veces el portazo nos coge con los dedos en el marco de la puerta.

Al meditar en ello, pienso que ese intento fallido fue la única forma en que Dios lograría ponernos donde quería que estuviésemos.

Todo fue por su gracia. Y agradezco esas puertas cerradas tanto como las que Él ha abierto en mi vida. Fue esa puerta cerrada la que nos llevó a una puerta abierta. Y, en general, es así cómo funciona. Ahora, el resto de la historia. Nuestra mudanza a D.C. era una decisión difícil, por lo que yo quería que Dios nos diera una señal clara. Ya sabes… algo así como ¡un avión que escribiera la palabra *Washington* en el cielo, sobre el horizonte hacia el este! Parte de mis motivos por querer una señal era porque no teníamos un lugar donde vivir, ni la garantía de un salario. Pero no recibimos ninguna señal hasta *después* de haber tomado la decisión de mudarnos. Fue entonces, y solo entonces, que Dios nos dio una señal.

El día que tomamos la decisión fui a nuestro buzón de correo en el recinto de Trinity International University y allí encontré una tarjeta postal dirigida a mí. En el frente de la tarjeta había algo escrito: «Tu futuro está en Washington». ¡Y no es broma! ¿Por qué la Universidad George Washington me envió esa postal? Sigue siendo un misterio para mí. Pero recibirla tras tomar una decisión tan importante califica como una de las señales que acompañan. Dios no solo abrió una puerta para nosotros. Extendió una alfombra roja para que pasáramos.

Es humano, por naturaleza, tener dudas en cuanto a las decisiones difíciles y por eso Dios —en su gracia— nos da confirmaciones. Dios sabía que yo iba a tener dudas durante esos primeros tiempos en que plantamos la iglesia en Washington y por eso fue que envió esa postal. Esa tarjeta postal es un recordatorio espiritual que me repite que Dios es fiel, incluso cuando fracaso.

Cinco pruebas

Cuando se trata de discernir la voluntad de Dios, a veces desearía que pudiéramos echar suertes como lo hicieron los discípulos para elegir al que reemplazaría a Judas. Todo sería mucho más rápido y fácil que tratar de discernir la voz de Dios, ¿no es así? Pero con eso la intimidad quedaría eliminada de la ecuación y el objetivo es justamente ese: la intimidad. Discernir la voluntad de Dios tiene que ver con mucho más que hacer su voluntad. Discernir su voluntad se refiere a conocer el corazón de Dios y eso solo sucede cuando te acercas tanto como para oír su susurro.

Tengo cinco pruebas que uso cuando necesito discernir la voluntad de Dios, la voz de Dios.

La primera es la prueba de *la piel de gallina*, o *piel de ganso*, que es como lo expresamos en inglés. Los cristianos celtas tenían un nombre bastante raro para el Espíritu Santo. Lo llamaban *An Geadh-Glas*, que significa «ganso salvaje».[13] Me encanta la imagen y lo que implica. Es que tiene un elemento de lo impredecible acerca de quién es Él y qué hace. No se me ocurre mejor descripción para la vida siguiendo al Espíritu que la de ir de caza tras un ganso salvaje. Es que la mayoría del tiempo no tienes idea de hacia dónde irás, pero mientras le sigas el paso al Espíritu irás a donde Dios quiere que vayas. A veces puede resultar un tanto difícil pero al mismo tiempo te sientes entusiasmado. De hecho, te pone la piel de gallina… o de ganso.

La voluntad de Dios debería causarte taquicardia o algo parecido. Porque es verdad que tienes que pasar esa sensación por el filtro de las Escrituras pero cuando el Espíritu Santo te llama, te da vida, te despierta, muchas veces sientes algo así como un escalofrío y… ¡piel de ganso!

Por cierto, no estoy diciendo que solo hagas esas cosas que despiertan en ti un entusiasmo loco. Porque para mí, sacar la basura por la noche no es nada que me entusiasme. Tampoco lo es lavar los platos. Pero son cosas que hay que hacer. Lo que estoy diciendo es que cuando vas tras un sueño que Dios te ha dado, o sigues el llamamiento de Dios, de vez en cuando sentirás que se te pone la piel de gallina.

La voluntad de Dios jamás tiene que ver con andar arrastrando los pies. Recuerda que si te deleitas en el Señor, Dios te otorga los deseos de tu corazón. Y como sucede en el juego del «frío» y «caliente», esos deseos van calentándose más y más a medida que te acercas a la voluntad de Dios, que es buena, agradable y perfecta.

La segunda prueba es *la prueba de la paz*. El apóstol Pablo dijo: «Que gobierne en sus corazones la paz de Cristo».[14] ¿Significa eso que no sentirás miedo, que no sentirás presiones? No. Simplemente significa que sabes, en lo más hondo de tu corazón, que es justamente lo que tienes que hacer. Es una paz que literalmente sobrepasa todo entendimiento.[15] No se trata de la paz en medio de la tormenta, sino de la paz en medio de la tormenta perfecta. En vez de temer a lo sumo, tienes una santa seguridad venga lo que venga.

La tercera es la *prueba del sabio consejo*. No discernimos la voluntad de Dios aislados. Cuando tratamos de hacerlo todo de manera independiente para ir donde Él quiere que vayamos, por lo general nos perdemos. ¿Cuál es mi consejo? Rodéate de personas que ya lo hayan hecho, que ya hayan pasado por esa situación. Rodéate de personas que hagan surgir lo mejor de ti. Rodéate de personas que estén autorizados para hablar la verdad en amor. En tres palabras: busca sabio consejo.[16] Esta prueba te ahorrará unas dificultades y te ayudará a salir de otras. Debido a nuestra infinita capacidad para engañarnos, es una buena prueba que te mantendrá en equilibrio.

La cuarta prueba es la *de la locura*. Por definición el sueño que nos da Dios siempre estará más allá de nuestras capacidades, más allá de nuestra lógica, más allá de nuestros recursos. Es decir, no podremos concretarlo sin ayuda de Dios. En mi experiencia las ideas que vienen de Dios casi siempre parecen locura. Así me sentí cuando Dios nos dio, esa primera vez, la visión de una cafetería en Capitol Hill. Sinceramente no teníamos nada que ver con el negocio de las cafeterías. Aunque era una locura, digna de las ideas que Dios nos da.

No sé cuál sea la voluntad de Dios para tu vida y, por cierto, tendrás que trabajar duro. Sin embargo, la fe es la disposición a dejar que piensen que lo que haces es locura. Pensaron que Noé estaba un poco loco porque construía un barco. Pensaron que Sara estaba un poco loca porque elegía ropa de maternidad a los noventa años. Los sabios de oriente se veían un tanto locos al seguir una estrella hasta Tombuctú. A Pedro lo tomaron por loco cuando salió de su barca en medio del mar de Galilea. Si no tienes esa disposición de dejar que crean que te metes en una locura, entonces habrás perdido la cordura. Cuando se trata de la voluntad de Dios ¡las locuras son locuras maravillosas! La quinta y última prueba es un poco más compleja. La llamo *la prueba de la liberación y el llamamiento*, y requiere que lo explique un poco más.

Uno de mis héroes espirituales murió muchos años antes de que yo naciera. Peter Marshall, que inmigró a Estados Unidos desde Escocia, sirvió durante dos mandatos como capellán del Senado de los Estados Unidos y fue pastor de la Iglesia Presbiteriana de la Avenida Nueva York de Washington, D.C., conocida como «la iglesia de los presidentes». Tal como sucedió con Marshall, los de Washington son entonces parroquianos míos. Por eso fue que me pareció especialmente inspirador el libro *A Man Called Peter* [Un hombre llamado Pedro], y la película que se hizo basada en él, que trata sobre la vida y el ministerio de Marshall. Lo que es particularmente instructivo es la forma en que llegó a la Iglesia Presbiteriana de la Avenida Nueva York.

En 1936, el comité de búsqueda de la Iglesia Presbiteriana de la Avenida Nueva York le pidió a Marshall que fuera su pastor. La respuesta que les dio es reveladora: «Todavía no estoy preparado para las responsabilidades y dignidades que me corresponderían como ministro de la Iglesia de la Avenida Nueva York. Soy demasiado joven, demasiado inmaduro, demasiado carente de conocimiento académico, de experiencia, sabiduría y capacidad para tan elevada posición. Solo el tiempo revelará si alguna vez poseeré esas cualidades de mente y corazón que su púlpito exige».[17] Sin embargo, no fue solo por humildad que no aceptó el ofrecimiento. Le atraía la oportunidad, pero acababa de aceptar otro pastorado y no se sentía liberado de esa responsabilidad. Es decir que los tiempos no eran los correctos.

La voluntad de Dios es como un cerrojo con dos pestillos. El primer pestillo es el del llamamiento y el segundo, el de la liberación. Cuando te liberas de una responsabilidad actual pero no sabes con certeza cuál es tu llamamiento, tal vez sientas que estás en tierra de nadie en lo espiritual. No sabes bien qué hacer. Hasta tanto Dios te dé nuevas instrucciones mi sugerencia es que hagas lo que le hayas oído decirte hasta ese momento. Marshall se encontraba en la situación opuesta. En verdad, se sentía llamado a la Iglesia Presbiteriana de la Avenida Nueva York, pero no se sentía «liberado» de su responsabilidad de ese momento. Alguien menos íntegro sencillamente habría aprovechado la oportunidad, pero Marshall no lo hizo y dijo que no, porque la situación no pasaba la prueba doble del llamamiento y la liberación. Un año después, cuando el comité de búsqueda no logró encontrar a otro candidato con las mismas cualidades que Marshall, volvieron a hacerle el mismo ofrecimiento. Marshall seguía sintiéndose llamado y para entonces, ya se sentía liberado. Por lo tanto aceptó y el resto es historia conocida por todos.

La llave de David

Una de las promesas de las Escrituras que con mayor frecuencia oro es Apocalipsis 3:7, y quiero decir de antemano que se trata de un paquete completo. No puedes orar pidiendo puertas abiertas si no aceptas las puertas cerradas. Después de todo, son estas últimas las que te llevan a las primeras. En cierto sentido la puerta cerrada equivaldría a la «liberación» y la puerta abierta al «llamamiento».

Esto dice el Santo, el Verdadero, el que tiene la llave de David, el que abre y nadie puede cerrar, el que cierra y nadie puede abrir.[18]

Me encanta la emblemática apertura de la serie televisiva del Súper Agente 86. Maxwell Smart, alias Agente 86, entra por una serie de puertas para llegar a la supersecreta sede de CONTROL, en Washington D.C. Pasa por las puertas de un elevador y avanza por un corredor con puertas en vaivén, puertas corredizas y puertas como de cárcel antes de entrar finalmente a una cabina telefónica con una puerta plegadiza. Según la cuenta que llevo, Maxwell Smart pasa por cinco puertas antes de llegar a su destino.

Pienso que a menudo es así como funciona la voluntad de Dios. Pasamos por una puerta y pensamos que es nuestro destino final, pero en realidad se trata de una puerta que lleva a otra, que a su vez lleva a otra puerta más.

Permíteme divertirme un poco con esto: Un día de primavera en el 2006, estaba trabajando en mi lista de objetivos en la vida. Leía la biografía de Martín Lutero, cuando surgió mi meta número 106: visitar la Iglesia del Palacio de Wittenberg, Alemania, donde Martín Lutero clavó sus noventa y cinco tesis.

Al día siguiente justamente me llamó por teléfono un desconocido que me invitaba a hablar en un simposio internacional sobre el futuro de la iglesia ¡el Día de la Reforma, en Wittenberg, Alemania! ¿Estás bromeando? Fue uno de esos momentos en que dices: «Voy a orar por esto», y sigue una pausa cortísima, y luego un fuerte y resonante: «¡Sí!»

No puedes basar todas tus decisiones en la indicación del momento justo, aunque los tiempos divinos son una de las formas en que Dios revela su voluntad. La invitación a hablar en ese evento fue la puerta de una oportunidad, el tipo de puertas que más me gustan. Y el efecto dominó de esa única puerta es un tanto difícil de detallar, aunque intentaré contarlo aquí.

Llevé conmigo a uno de los miembros de nuestro personal, John Hasler, que a fin de cuentas se mudó a Alemania y abrió nuestro café de la iglesia en Berlín con su esposa Steph. Ese viaje fue el catalizador clave. Sin eso no estoy seguro de que el sueño hubiera sido concebido siquiera.

Conocí también a un escritor llamado George Barna y a su agente, Esther Fedorkevich. Vamos a adelantarnos dos años: no creo que haya conversado con Esther ni una sola vez después de ese viaje, pero resulta que ella oyó hablar de Honi, *El Hacedor de círculos*, de quien hablé yo en uno de mis sermones. Eso fue porque su hermano y su hermana asistieron a nuestra iglesia. Y resultó también que al día siguiente me preguntaba si esa historia tal vez pudiera ser el principio de un libro cuando en ese momento me llamó Esther y me dijo: «Mark, ese es tu próximo libro». Esther se encargó de las negociaciones para *El Hacedor de Círculos* y desde entonces ha sido la representante de todos mis libros.

Pensé que iba a Alemania para ir a Alemania, pero una puerta llevó a la otra, la cual llevó al café Prachtwerk, el equivalente a nuestra cafetería Ebenezers en Berlín, Alemania. Y esa puerta condujo a otra puerta que llevó a *El Hacedor de Círculos* y a todos los libros que le siguieron.

Una de las formas más misteriosas y milagrosas en las que Dios revela su soberanía es abriendo y cerrando puertas. La Escritura es la llave de las llaves, pero hay otra llave que menciona esta promesa: la llave de David. Es una alusión a la llave que llevaba un hombre llamado Eliaquín sobre el hombro como símbolo de su autoridad. Como oficial mayordomo del palacio de David, Eliaquín tenía paso libre y acceso a todos lados. No había puerta del palacio que él no pudiera abrir o cerrar, aunque tuvieran cerrojo. Eliaquín es un tipo de Cristo, que hoy tiene la llave de David. Jesús se ocupa de abrir las puertas imposibles y de llevarnos a lugares imposibles. Es una de las formas en que susurra.

Y para otros propósitos

Uno de los momentos de mi vida como líder en que más me asusté fue cuando recibí un mensaje en la contestadora del teléfono que me informaba que iba a cerrar la escuela pública de D.C. donde nuestra iglesia se reunía los domingos. Habían pasado solo dos años desde que fracasáramos al plantar la primera iglesia y temí que volviera a suceder.

En ese momento, National Community Church era apenas una comunidad pequeña, nuestros ingresos eran de dos mil dólares por mes y en un domingo que podríamos llamar bueno asistían unas treinta personas. Y estábamos a punto de convertirnos en una iglesia sin techo. Revisé una veintena de opciones en Capitol Hill, pero no se nos abrió ni una sola puerta. Luego, un día, casi por capricho entré en los cines de Union Station. Así fue que descubrí que la cadena de cines acababa de lanzar una promoción nacional que llamaban programa VIP, para usar las salas de cine cuando no había funciones, como los domingos por la mañana. Dios no había tan solo abierto una puerta: nos estaba poniendo la alfombra roja.

Cuando salí de Union Station ese día, tomé un libro que relataba su historia. La primera oración de la primera página que miré decía:

Si el 28 de febrero de 1903, al firmar «un acta que brindaba un terreno para una estación de tren en el Distrito de Columbia, y para otros propósitos», el Presidente Theodore Roosevelt hubiera sabido qué «otros propósitos» tendría la estación en el futuro, quizá al menos habría suspirado antes de firmar.[19]

«Otros propósitos».

Esa frase pareció saltar de la página directo a mi espíritu. Teddy Roosevelt pensaba que estaba construyendo una estación de tren, y así era. Pero también estaba construyendo un edificio para una iglesia con fondos del gobierno federal.

Durante trece años los cines de Union Station sirvieron de hogar a la congregación National Community Church, una época que fue increíble. No muchas iglesias tienen los servicios y atenciones que nos brindaba la Union Station: cuarenta restaurantes en el patio de comidas, un estacionamiento cubierto y un sistema de trenes subterráneos que cubría la ciudad entera para que la gente llegara a la puerta de la iglesia. Dios volvió a hacerlo. En septiembre de 2009,

¡me llamaron para decirme que los cines cerrarían en una semana más! Teníamos una semana para reubicar a una congregación que había crecido a varios miles de personas. Al principio me apenó mucho esa puerta cerrada. Me preguntaba, con franqueza, si nuestras mejores épocas habrían quedado atrás. Pero si Dios no hubiera cerrado esa puerta, no pienso que hubiéramos empezado a buscar propiedades. Hoy somos propietarios de media docena de terrenos y edificios con un valor de más o menos cincuenta millones de dólares y todo gracias a esa puerta que se cerró. Dios tiene razones más allá de la razón humana. ¡Y también, recursos superiores a los recursos humanos!

Así como damos gracias a Dios por las oraciones no respondidas, igual que por las que sí responde, algunas veces le damos gracias por las puertas cerradas tanto como por las abiertas. No nos gustan las puertas cerradas cuando el portazo es frente a nuestras narices y muchas veces no entendemos por qué se cierran. Sin embargo, esas puertas cerradas son expresiones de la gracia preventiva de Dios.

En ocasiones esas puertas cerradas llegan como fracasos. Otras veces son frenos en el espíritu que nos guardan de pasar siquiera por el umbral. Ya sea de una u otra forma, Dios en esas ocasiones nos muestra el camino, interponiéndose como obstáculo para que no avancemos.

El freno en el Espíritu

En su segundo viaje misionero, el apóstol Pablo tenía toda la intención de ir a Bitinia, una de las provincias romanas en Asia menor. ¡Probablemente hubiera reservado ya el boleto y el hotel sin derecho a cancelación! Pero Dios cerró esa puerta, o más específicamente: «el Espíritu Santo les había impedido que predicaran la palabra en la provincia de Asia».[20] Ese freno en su espíritu se vio seguido de una visión de un hombre que desde Macedonia decía: «Pasa a Macedonia y ayúdanos».[21]

¿Qué es lo que nos hace pensar que podremos discernir la voluntad de Dios de manera diferente a la de Pablo? Claro que tenemos una revelación más plena de Dios, en parte gracias al mismo Pablo porque fue quien escribió gran parte del Nuevo Testamento. Pero las Escrituras no nos llevan de Bitinia a Macedonia. El Dios que cerraba puertas en aquel entonces también las cierra ahora, y si no creemos eso estamos subestimando la literalidad de las Escrituras.

Como mencioné antes, cuando estaba en mi último año de la universidad, mi punto de susurro era el balcón de la capilla de Central Bible College. Como cualquier otro estudiante a punto de graduarse, intentaba calcular qué haría después. Entonces un pastor, que resultó ser el que más me gustaba de todos los que hablaban en la capilla, me ofreció un empleo ideal y sentí la tentación a decir que sí en ese mismo momento. ¿Por qué no iba a aceptar el ofrecimiento, el único que tenía? Al pasear de un lado al otro del balcón, orando por eso una tarde, sentí en mi espíritu un freno que me parecía raro. Decir que no a lo que en los papeles parecía la situación perfecta fue una de mis decisiones más difíciles hasta entonces.

A menos de un año de ese día, ese pastor tuvo que renunciar a causa de una falla moral. ¿Habría sobrevivido yo a eso? Estoy seguro de que la gracia de Dios me habría ayudado en esas circunstancias, como ha sucedido con todo lo demás. Sin embargo, Dios cerró la puerta a «Bitinia» de manera muy contundente, un freno muy claro en mi espíritu.

Es difícil definir y difícil discernir un freno en el espíritu. Es una sensación de incomodidad que no puedes pasar por alto. Es como un sexto sentido de que hay algo que no está del todo bien. Es falta de paz en tu espíritu. Ese freno en el espíritu es la luz roja de Dios y, si no haces caso a la señal, es probable que te vayas a meter en un problema.

Dios cierra puertas para protegernos.

Dios cierra puertas para que cambiemos el rumbo.

Dios cierra puertas para impedir que obtengamos menos de todo lo mejor que tiene para nosotros.

Bitinia era el Plan A de Pablo, así que probablemente Macedonia surgiera como el Plan B. Quizá lo percibiera como un desvío, pero gracias a ello conoció por cita divina a una mujer llamada Lidia que fue la primera europea en convertirse al cristianismo.[22] Los desvíos como ese eran algo típico en todos los viajes misioneros de Pablo. ¿Recuerdas la tormenta perfecta que sacudió su barco durante catorce días antes de hacerlo naufragar cerca de la isla de Malta?[23] ¿Fue eso un naufragio o una cita divina disfrazada de tragedia? ¿De qué otro modo habría conocido Pablo a Publio, gobernador de Malta, o sanado a su padre enfermo?[24]

Si pienso en las coincidencias, imagino que fue un naufragio.

Si pienso en la Providencia, todo apunta a una cita divina.

Recuerda el viejo dicho: «No juzgues un libro por su cubierta». Bueno, podría decirse lo mismo de nuestras circunstancias. Lo que percibimos como desvío y demora a menudo es la forma en que Dios prepara las citas divinas. Las que, en muchas ocasiones, se presentan como puertas cerradas.

Todavía no

Hace varios años Lora y yo estábamos buscando casa en Capitol Hill. Allí nuestro primer hogar se parecía bastante al compactador de basura 3263827 de la Estrella de la muerte —de la película *La guerra de las galaxias*—, que casi aplasta a Luke Skywalker, Han Solo, Chewbaca y a la princesa Leia, cuando se cerró con ellos dentro. Como nuestros hijos estaban creciendo, nuestra casita de cinco metros de ancho parecía hacerse cada vez más estrecha. Fue entonces que encontramos la casa soñada, a menos de una cuadra ¡y tenía setenta centímetros más de ancho!

Decidimos ofrecer mucho menos de lo que pedían, aunque nos parecía un ofrecimiento justo. Además, era nuestro límite económico,

La puerta a Bitinia   133

así que esa primera oferta sería la definitiva y funcionaría como vellón. Como el mercado inmobiliario no se movía demasiado y hacía tiempo que la casa estaba en venta pensamos que todo saldría bien. Pero estábamos equivocados. El vendedor no aceptó nuestra oferta y, aunque queríamos esa casa, lo tomamos como señal para olvidar eso. Nos sentíamos tan desilusionados que dejamos de buscar casa.

Antes de seguir quiero explicar a qué me refiero cuando digo que sería un vellón. Nuestro antecedente bíblico está en Gedeón, que puso un vellón de lana ante su puerta durante la noche.[25] Gedeón no estaba seguro de lo que Dios quería que hiciera, así que trató de confirmar su llamamiento poniendo un vellón seco en el suelo durante la noche. Luego le pidió a Dios que mantuviera seco el suelo que rodeaba al vellón pero que permitiera que este se humedeciera con el rocío de la mañana. Y también hizo la prueba inversa, pidiéndole a Dios que mantuviera seco el vellón pero que humedeciera el suelo con el rocío. Dios respondió en ambas ocasiones, honrando el pedido de Gedeón con su gracia, y confirmó así su llamamiento en su mente y su corazón.

Se ha debatido en cuanto a si Gedeón debía haber hecho lo que hizo o no. ¿Qué pienso yo? Gedeón lo hizo en espíritu de humildad y Dios honró su pedido respondiendo las dos veces. Pienso que los vellones tienen el sello de aprobación de Dios pero quiero señalar algunas cosas a modo de advertencia e instrucción.

Ante todo, *pon a prueba tus motivos*. Si no pones a prueba tus motivos tal vez podrías estar poniendo a prueba a Dios y esa no es una buena idea. Asegúrate de que estás pidiendo por los motivos correctos. ¿Obedecerás de corazón, no importa cuál sea la respuesta de Dios? ¿El vellón es para ti una forma de escapar? Si buscas una respuesta fácil y sin esfuerzo, buena suerte con eso. Tu motor tiene que ser el sincero deseo de honrar a Dios pese a lo que suceda.

Segundo, *la obediencia demorada es desobediencia*. Asegúrate de que no usas el vellón como táctica de dilación. Si se trata de algo que Dios ya ha hablado, no pongas a prueba su paciencia. Asegúrate de que el vellón no es un sustituto de la fe. Recuerda que la fe es dar el primer paso, antes de que Dios revele el segundo. Hay un momento para buscar la voluntad de Dios pero también hay uno para actuar según Dios quiera que lo hagamos. En tercer lugar, *establece los parámetros específicos en oración.* Porque si no defines el vellón será fácil que te encuentres con falsos negativos o falsos positivos. Observa que el vellón de Gedeón era específico, y no des por descontado el hecho de que requirió de la intervención divina.

Volvamos a la casa que soñábamos. Más o menos un año después de que se rechazara nuestra oferta estábamos pasando con el auto por la casa que intentamos comprar, cuando Lora dijo: «¿No sientes que esta es la que se nos escapó?» No estábamos con el pensamiento fijo en esa casa. De hecho, pasábamos con el coche por allí casi todos los días sin pensar en el tema siquiera. Pero su comentario esa vez tiene que haber sido una palabra profética porque a la mañana siguiente vimos que tenía un cartel de venta en el frente.

¿Puedo decir lo obvio? A veces las señales que Dios nos da son señales en sentido literal ¡como un cartel de venta! No pases por alto lo obvio y evidente. Lo que Lora y yo ignorábamos era que esa casa no se había vendido. Simplemente, tras 252 días habían suspendido la venta; por lo que, basado en los tiempos, sentí una corazonada «santa», como si Dios estuviera a punto de hacer algo. Quizá su *no* del año anterior, en realidad, había sido un *todavía no.* Por lo tanto, decidimos volver a extender nuestro vellón.

A pesar de que se trataba del mismo propietario y del mismo precio, hicimos la misma oferta, la que habían rechazado en otra oportunidad. No queríamos ofender al vendedor, pero le dijimos al agente inmobiliario que esa era nuestra oferta final. Y el vendedor no solo la aceptó sino que como el mercado inmobiliario se había reactivado pudimos vender nuestra casa por mucho más dinero de lo que habríamos obtenido un año antes.

Muchas veces pensamos que cuando Dios cierra una puerta esa es su respuesta final y definitiva. Nosotros ponemos un punto allí donde Dios está poniendo una coma. Pensamos que es *no* cuando en realidad es *todavía no*. ¿Resulta fácil discernir entre ambas cosas? En absoluto. Es difícil saber cuándo aferrarte a un sueño y cuándo dejarlo ir. Aunque sí hay una regla de oro: si percibes que Dios dice que no, devuélvele ese sueño con las manos abiertas. Hará falta más coraje que para aferrarte al sueño, pero si Dios no te ha liberado, sigue esperando.

Habla la burra

En las Escrituras hay un episodio de lo más extraño: una burra que habla. Sin embargo, espero que no pasemos por alto esa lección. Si Dios puede hablar a través de una burra, ¡puede hablarnos a través de lo que sea!

Perdóname por sugerir siquiera lo que voy a decir, pero me pregunto si el asno hablaba en algún idioma en especial como por ejemplo, el castellano. Porque yo lo leo así: «¿Se puede saber qué te he hecho, para que me hayas pegado tres veces?», pregunta la burra.[26] ¡Me encanta la elocuencia de esa burra! Y me encanta que Balán haya respondido sin pestañear, como si fuera algo tan normal. «¡Te has venido burlando de mí! Si hubiera tenido una espada en la mano, te habría matado de inmediato».[27]

Hagamos un paréntesis: si tienes una burra que habla, ¡claro que no querrías matarla! ¡Es tu gallina de los huevos de oro! ¡Podrías llevarla de gira artística montando espectáculos en Las Vegas, por ejemplo! ¡Harías cualquier cosa menos matar a tu burra parlante.

Me gusta también que la burra es la más racional del relato: «¿Acaso no soy la burra sobre la que siempre has montado, hasta el día de hoy? ¿Alguna vez te hice algo así?»[28] Es como si la burra fuera abogada, como si presentara sus argumentos ante el jurado. ¿Qué responde el profeta? Solo puede responder admitiendo, con una sola palabra: «No». Adivino que lo dijo con la cabeza encorvada, casi murmurando.

Así como sucedió con Balán, sentimos frustración cuando algo se interpone en nuestro camino y nos impide llegar donde queremos ir. Si hasta nos frustran las demoras de cinco minutos antes de subir a los aviones que nos transportan a velocidades inimaginables para nuestros ancestros. Digamos que queremos lo que queremos, en el momento en que lo queremos y, por lo general, ese momento es *ya*. Sin embargo, a veces el obstáculo *es* el camino. Dios se interpone, para mostrarnos por dónde ir.

El ángel que detiene a Balán dice: «¿No te das cuenta de que vengo dispuesto a no dejarte pasar porque he visto que tus caminos son malos?»[29]

En el texto hebreo original la palabra es *yarat*[30] y sería el equivalente a decir: «conduces con imprudencia». Es como adelantar a un auto en la ruta cuando hay niebla. O como conducir a veinte kilómetros por hora más de lo permitido en las curvas en S de la autopista de la Costa del Pacífico en California.

No te sorprendas si Dios hace que reduzcas la velocidad.

No te sorprendas si Dios se interpone.

¿Por qué? Porque te ama demasiado como para permitir que te hundas de cabeza en un problema.

Hay algo que nos enseña la burra de Balán y es esto: Dios puede usar cualquier cosa para que se cumplan sus propósitos y puede hacerlo donde sea, en el momento que sea, de la manera que sea.

En particular, a Dios le gusta usar las cosas más tontas o locas para confundir al sabio, las cosas más débiles para confundir al fuerte.[31] O sea que puede usarnos a todos puesto que cumplimos con esos requisitos.

El efecto del durmiente

John Wimber, uno de los líderes fundadores del movimiento de Iglesias Viña, era muy respetado por su autenticidad espiritual. En la mayoría de los casos el camino a la fe suele estar lleno de giros y vueltas, pero el de John me recuerda un poco a la historia de Balán.

Cuando tenía veintitantos años John era un pagano autoproclamado. En toda su vida no había pensado en Dios en absoluto. Un día, fue al centro de Los Ángeles para pedirle dinero prestado a su vendedor de drogas y se cruzó con un hombre que llevaba uno de esos carteles tipo *sándwich*, que decía: «Estoy loco por Cristo». John pensó que era la cosa más estúpida que hubiera visto en su vida, tan estúpida como una burra. Pero cuando pasó junto al hombre, notó que del otro lado el cartel decía: «¿Por quién eres loco tú?» Eso, de alguna manera, plantó una semilla en su espíritu.

Antes de contarte el resto de la historia, quiero hablarte de una de las formas milagrosas en las que obra el Espíritu Santo. En psicología, hay un fenómeno que se conoce como «efecto del durmiente». En términos generales, el efecto de persuasión disminuye con el tiempo. Por eso es que la publicidad intenta vender antes de que decaiga el interés en el mensaje. Pero hay raras excepciones a esa regla, que siguen siendo un misterio para los investigadores. Los investigadores no están del todo seguros de cómo o por qué sucede, pero hay algunos mensajes cuya capacidad para persuadir en realidad aumenta con el tiempo. Creo que el evangelio es el ejemplo más acabado de ello, y el crédito se lo lleva el Espíritu Santo, absolutamente. Él puede cosechar semillas plantadas hace décadas, o hacer resurgir ideas que han quedado en los lugares más recónditos del subconsciente.

Muchos años después de ese incidente con el cartel, el muy escéptico John fue con su esposa a un estudio bíblico. Su esposa se echó a llorar inesperadamente y confesó sus pecados ante todo el grupo. A él le disgustó ese espectáculo emotivo, por lo que pensó: *Esto es lo más estúpido que haya visto jamás. Yo nunca haría algo así.*[32] Pero en ese instante volvió a su mente el recuerdo del hombre con el cartel y, antes de que supiera qué estaba pasando, John estaba de rodillas, llorando, pidiendo a Dios que también perdonara sus pecados. A riesgo de ofender a alguien admito que no soy muy fanático de la evangelización con carteles. Creo que es mucho más efectivo comunicar y compartir nuestra fe en el contexto de la amistad. Pero tengamos la humildad suficiente como para admitir que Dios puede hablar a través de quien sea y de lo que sea. Lejos está de mí decirle a Dios cómo hacer su obra. Después de todo, Él habla a través de burras ¡y sigue usando a tontos como tú y como yo!

El elemento sorpresa

Una rápida revisión de las Escrituras nos revela a un Dios que siempre parece surgir en el lugar correcto en el momento indicado. Sus tiempos son impecables aunque su metodología es impredecible. ¿Recuerdas las instrucciones que les dio Jesús a los discípulos cuando llegó el momento de celebrar la Pascua?

Al entrar ustedes en la ciudad les saldrá al encuentro un hombre que lleva un cántaro de agua. Síganlo hasta la casa en que entre, y díganle al dueño de la casa: «El Maestro pregunta: ¿Dónde está la sala en la que voy a comer la Pascua con mis discípulos?» Él les mostrará en la planta alta una sala amplia y amueblada. Preparen allí la cena.[33]

Lo leemos de principio a fin pero, ¿no se te parece un poco a la búsqueda del tesoro?

Luego están las instrucciones que Jesús le dio a Pedro sobre el pago de impuestos.

Vete al lago y echa el anzuelo. Saca el primer pez que pique; ábrele la boca y encontrarás una moneda. Tómala y dásela a ellos por mi impuesto y por el tuyo.[34]

Este tiene que ser uno de los mandamientos más alocados de las Escrituras. Una parte de mí se pregunta si Pedro pensaría que Jesús estaba bromeando. Después de todo, Pedro era pescador de oficio y había pescado muchísimo en su vida. Apuesto a que en ninguno de esos pescados había una moneda. Vamos... ¿cuántas probabilidades hay? Quiero señalar algunas cosas.

Primero, *a Dios le encanta obrar milagros de diversas maneras*. No podremos jamás reducir a Dios a una fórmula. Cuando piensas que ya entendiste a Dios, Él te arrojará una bola en curva y créeme, no hace falta decirle a Dios cómo hacer lo que hace. Tan solo tienes que oír lo que Dios dice y luego, obedecer. Si quieres vivir algunos milagros inesperados, locos y raros, tienes que obedecer a las sutiles invitaciones aunque parezcan locuras.

En segundo lugar, *a Dios le encanta sorprendernos en el lugar y el momento más inesperados*. En cuanto a la pesca, apuesto a que Pedro pensó que él podría enseñarle un par de cosas a Jesús porque, después de todo, el profesional era él. Exacto, el área en que más profesionales somos será precisamente donde menos pensamos necesitar a Dios y quizá sea el punto en donde más le necesitemos.

Jesús podía haberle dado a Pedro el pago de impuestos de manera mucho más convencional, pero también mucho menos maravillosa. No estoy seguro en cuanto a cuál es la locura más grande: un burro que habla ¡o un pez que escupe una moneda por la boca! Sea como fuera, no eran anomalías sino precisamente lo que correspondía a Dios. Dios sigue siendo hoy tan impredecible como lo era entonces.

¿Cómo lees la Biblia? ¿La lees como libro de historia? ¿O la lees como Palabra viva y activa? ¿La lees como si Dios ya hubiera terminado de hacer su obra? ¿O crees que Dios quiere volver a hacerlo una y otra vez?

Casi todos leemos la Biblia de la manera equivocada, con bajas expectativas. Yo la leo con esta convicción principal: si hacemos lo que hacían en la Biblia, Dios hará lo que hacía entonces. ¿Por qué?

Porque Él es el mismo ayer, hoy y siempre.[35] Yo llevo eso un paso más allá: nosotros haremos «cosas aún mayores».[36]

¿No necesitamos tanto oír su voz?

¿No necesitamos milagros ya?

¿Necesitamos menos dones?

¿Necesitamos menos señales?

¿Necesitamos menos puertas abiertas y cerradas?

La respuesta a todas estas preguntas es no, no, no, no y no.

Que Dios santifique nuestras expectativas para que estén a la altura de las Escrituras. Que oremos con ese mismo tipo de anhelo que tenía Billy Graham cuando visitó la Rectoría de Epworth: «Señor ¡hazlo de nuevo!»

Con el tiempo sucede una de dos cosas. O tu teología se moldeará a tu realidad y tus expectativas se harán más y más pequeñas hasta que casi ya no puedas creer en Dios para nada. O tu realidad se hará conforme a tu teología y tus expectativas se harán más y más grandes ¡hasta que puedas creer en Dios, absolutamente para todo!

SOÑADORES DIURNOS

EL CUARTO LENGUAJE: LOS SUEÑOS

*¡Y esto es solo una muestra de sus obras,
un murmullo que logramos escuchar!*

—JOB 26:14

Uno de los simples deleites de la vida es el batido de vainilla de Chick-fil-A. Pasar de largo con el auto por ahí casi se siente como pecado de omisión. ¿Quieres saber por qué? Porque no es helado y nada más. Es un helado soñado.[1] La visión de «Mor Chikin» tiene su origen en Truett Cathy, pero la del helado de vainilla tiene un linaje más ancestral. Se remonta a un chico esclavo de doce años que vivía en una isla diminuta en el Océano Índico.

Con más de veintiocho mil especies conocidas, las orquídeas son una de las familias florales más numerosas del mundo.[2] Sin embargo, solo un género produce fruto comestible: la orquídea vainilla. Su sabor y su fragancia nos son familiares. La vainilla es la especie más popular del mundo pero, en 1841, el mundo producía menos de dos mil vainas de vainilla, todas en México.[3] Y debido a que era escasa, se convirtió en furiosa moda.

«Francisco Hernández, médico del rey Felipe II de España, la llamó droga milagrosa que podía aliviar dolores de estómago, curar la mordida de una víbora venenosa, reducir la flatulencia y hacer que "la orina fluyera admirablemente"».[4] La princesa Ana de Austria la bebía con chocolate caliente. La reina Isabel I le agregaba vainilla a su flan y Thomas Jefferson no fue solo autor de la Declaración de la Independencia sino también de la primera receta de helado de vainilla.[5]

Volvamos al niño esclavo de doce años. En la isla de Réunion, en la ciudad de Sainte-Suzanne, hay una escultura de bronce de un huérfano llamado Edmond. No tenía instrucción formal, pero supo resolver uno de los grandes misterios botánicos del siglo diecinueve.

En 1822, el propietario de una plantación de la isla de Réunion recibió del gobierno francés algunas plantas de vainilla. Solo una de ellas sobrevivió y casi dos décadas más tarde todavía no había dado fruto. Durante trescientos años sucedió justamente eso en todas partes, menos en México. No fue sino hasta el siglo veinte que se descubrió que la clave que faltaba en el rompecabezas era una abeja verde llamada *Euglossa viridissima*. Sin ese polinizador nadie podía lograr que florecieran sus plantas si no estaban en México. Eso fue hasta que Edmond obró su magia.

Ferréol Bellier-Beaumont caminaba por su plantación con Edmond en 1841, cuando descubrió con gran sorpresa que su planta de vainilla ¡tenía dos vainas! Fue entonces que Edmond reveló, casi como al pasar, que él las había polinizado a mano. Ferréol, incrédulo, le pidió que demostrara lo que había hecho; así que Edmond, con toda suavidad, pellizcó la antera que contenía el polen y el estigma que lo recibiría usando su pulgar y su dedo índice. Es el mismo gesto que muestra la estatua de bronce de Sainte-Suzanne. Los franceses lo llaman *le geste d'Edmond,* que significa «el gesto de Edmond».[6]

Para 1858, Réunion estaba exportando dos toneladas de vainilla y para 1867 ya exportaba veinte toneladas. En 1898, la exportación fue de doscientas toneladas. En realidad, Réunion sobrepasó a México y se convirtió en el mayor productor mundial de vainas de vainilla.[7] Y todo porque un niño de doce años llamado Edmond polinizó a mano una sola planta de vainilla. De esa única planta se creó una industria de miles de millones de dólares.

Todo sueño tiene un árbol genealógico. Eso es válido para los deliciosos helados de ensueño como para tu sueño también. Todos nuestros sueños han sido prearmados por quienes nos precedieron y nosotros preparamos sueños para quienes nos sucedan. De modo que nuestros sueños, en realidad, son un sueño dentro de otro. Estamos dentro de una línea de sueños que se originó en ese «Que exista la luz».[8] La creación fue el gesto original de Dios. La cruz es su gesto de misericordia. La resurrección es su grandioso gesto. Y hoy Dios sigue cumpliendo sus planes y propósitos por medio de sueños y visiones a través de la obra del Espíritu Santo.

El idioma de los sueños es el cuarto lenguaje de amor, la *lingua franca* de Dios. No hay dialecto que Dios hable con mayor fluidez o frecuencia en las Escrituras. Ya sean sueños de noche o sueños de día, Dios es el Dador de los sueños.

Fue el sueño de Jacob en un lugar llamado Betel lo que cambió la trayectoria de su vida. Su hijo José interpretó dos sueños que salvaron a dos naciones. El profeta Daniel interpretó un sueño que salvó a los sabios de Babilonia. El Mesías se salvó por un sueño que les advirtió a José y María que debían huir de Belén. Pablo tuvo una visión de un hombre de Macedonia y eso llevó el evangelio a Europa. Y si sigues a Jesús y no eres del pueblo judío, tu linaje espiritual se origina en una visión doble: Cornelio tuvo una visión de Pedro y Pedro tuvo una visión de Cornelio.

Dios habla por medio de sueños con tal regularidad que a menudo los pasamos por alto. ¿Recuerdas cuando le ofreció a Salomón lo que quisiera, carta blanca? Fue un sueño. Y cuando Salomón despertó pidió un corazón con discernimiento, que literalmente significa «un corazón que oiga».[9] Por encima de todo, Salomón quería oír la voz de Dios. Ese gesto fue el motivo original de que Salomón llegase a ser el hombre más sabio de la tierra.

Imaginación, hemisferio derecho

Para apreciar a plenitud el lenguaje de los sueños tenemos que aprender un poco de neuroanatomía. No hay nada más misterioso o milagroso que el kilo y medio de materia gris que está dentro del cráneo humano. A gran escala, el cerebro consiste de dos hemisferios que funcionan como procesadores paralelos. Sus funciones se superponen e intersectan gracias al cuerpo calloso que las conecta. Pero el hemisferio cerebral izquierdo es donde reside la lógica, en tanto que el hemisferio cerebral derecho es donde está la imaginación.

La neuroanatomía ha trazado el mapa de las regiones y subregiones responsables de una gran variedad de funciones neurológicas. Las amígdalas procesan las emociones, como vimos ya en el lenguaje de los deseos. Una zona dentro del bulbo raquídeo gobierna el sueño de las ondas lentas. El núcleo salivatorio inferior se activa cuando entras a tu restaurante favorito. Y el lóbulo parietal izquierdo es responsable de que seas capaz de comprender lo que acabas de leer.

Ahora superpongamos esto con el Gran Mandamiento: «Ama al Señor tu Dios con todo tu corazón, con todo tu ser y con toda tu mente».[10]

¿Amar a Dios con toda tu mente incluye la corteza prefrontal ventromedial? Esa es la parte del cerebro que nos permite encontrar lo gracioso, lo extraño ¡y es evidente que la respuesta es sí! De hecho, la gente más feliz, más sana y más santa es la que más ríe. Mucho antes de que existieran las neuroimágenes, la Biblia declaraba que la risa hace tanto bien como la medicina.[11]

Dios quiere santificar nuestro sentido del humor junto con cada una de las demás facetas y funciones de nuestras mentes. ¿Qué tal eso, para la imaginación del hemisferio cerebral derecho? Para responder en detalle habría que escribir otro libro completo, pero la respuesta en pocas palabras es: los sueños del tamaño de Dios. Porque después de todo el tamaño de nuestros sueños revela en realidad el tamaño de nuestro Dios.

Si creemos que Dios es el que diseñó la mente humana, ¿por qué no íbamos a creer que Él no nos hablaría a través de todas las partes que la componen? Hasta podría argumentarse que cada una de las características únicas y exclusivas de la mente humana es una faceta de la imagen de Dios. A veces Él habla el lenguaje de los deseos usando las amígdalas. Otras veces usa la voz de la lógica si es la razón la que nos llevará allí donde quiere que vayamos. Por cierto, Dios nos habla a través de los cinco sentidos, que están ligados al lóbulo parietal. Y nos habla a través de recuerdos del pasado y de sueños con el futuro.

Hace poco asistí a una reunión en la que Francis Collins, director del Instituto Nacional de la Salud, hablaba de algunos hallazgos preliminares de un estudio de los circuitos cerebrales. El estudio lleva diez años.[12] A los tres años de iniciado, han aparecido tantas preguntas como respuestas. Por ejemplo, el reconocimiento de la voz y el reconocimiento visual siguen siendo tan misteriosos como siempre. Lo mismo sucede con la forma en que se registran y recuperan los recuerdos. Pero el mayor misterio de todos podría ser la imaginación humana.

Me suscribo a la escuela de pensamiento que afirma que administramos nuestro cerebro aprendiendo todo lo que podamos acerca de tantos temas como nos sea posible. Pero creo también en un Dios que habita en las sinapsis del cerebro y que nos habla por medio de los pensamientos, las ideas y los sueños.

Cada uno de los pensamientos e ideas que pasan por nuestros ochenta y seis mil millones de neuronas es un tributo a ese Dios que nos tejió dentro del vientre de nuestra madre. Ahora, cuando esa idea es mejor que cualquier otra genial idea que hayamos tenido en nuestro mejor día, tal vez provenga de Dios. No es que se iguale con las Escrituras, pero es un peldaño más arriba que cualquier otra «buena idea». ¿Es fácil diferenciar las buenas ideas de las ideas que vienen de Dios? No, no lo es. Y repito que incluso lo que percibimos como ideas que vienen de Dios ha de pasar por el filtro de las Escrituras. Cuando Dios nos da ideas que no creemos que se hayan originado en nosotros, tenemos que dar crédito a quien lo merece. Nuestra tarea consiste en tomar esas ideas y encauzarlas en obediencia a Cristo.[13]

Película mental

Loren Cunningham, en 1956, era un estudiante de veinte años que estaba de gira con un grupo de cantantes por las Bahamas. Una noche, cuando se acostó en su cama, dobló la almohada debajo de su cabeza y abrió su Biblia. Como rutina le pedía a Dios que le hablase, pero lo que sucedió entonces fue algo muy alejado de la rutina.

«De repente tenía delante un mapa del mundo. Pero era un mapa vivo ¡y se movía!»,[14] dijo Loren. Sacudió la cabeza, se restregó los ojos como lo habrá hecho Edmund y Lucy cuando cobró vida el cuadro de *El viajero del alba*. Loren lo compara con una película mental en la que veía olas que rompían sobre las playas hasta que al fin cubrían los continentes.

«Las olas se convirtieron en jóvenes —chicos de mi edad e incluso, más jóvenes— que cubrían los continentes». Loren vio ese ejército de jóvenes de pie en las esquinas de las calles, en las puertas de los bares, yendo de casa en casa y predicando el evangelio.[15]

Loren no estaba seguro de lo que significaba exactamente la visión pero, con el tiempo, se convertiría en una de las más grandes organizaciones mundiales en el envío de misioneros, conocida como Juventud con una misión [YWAM, por sus siglas en inglés]. Hoy ha pasado más de medio siglo y YWAM cuenta con más de dieciocho mil miembros en su personal, ubicados en mil cien lugares donde ministran, en más de 180 países.[16]

Ese tipo de visión tal vez les parezca inusual a algunas personas pero, ¿no fue así que Dios le habló a Ezequiel junto al río Quebar, o a Isaías después de que muriera el rey Uzías? La totalidad del libro de Apocalipsis es una película registrada por Juan mientras estaba exiliado en la isla de Patmos. Por cierto, no estoy sugiriendo que nuestros sueños sean equiparables con las Escrituras. Después de todo, aquellas visiones son parte del canon. Pero, ¿qué es lo que nos hace pensar que Dios no habla por medio del mismo mecanismo, en especial cuando dijo que lo haría? Los sueños y las visiones son evidencia de que vivimos en los últimos tiempos.

Sucederá que en los últimos días —dice Dios—, derramaré mi Espíritu sobre todo el género humano. Los hijos y las hijas de ustedes profetizarán, tendrán visiones los jóvenes y sueños los ancianos.[17]

El derivado sobrenatural de ser llenos del Espíritu de Dios son los sueños y las visiones, y la profecía forma parte del paquete también. No solo necesitamos discernir la voz de Dios en nuestro caso sino que además hace falta discernirla en el caso de las otras personas. Esa es una definición de lo que es la profecía; no te sorprendas si se trata de una imagen mental.

Ahora quiero hacer una observación importante. Los sueños que Dios nos da son para nosotros, aunque jamás serán solo para nosotros, sino para todos los que se verán afectados e inspirados por ellos. Loren Cunningham sería el primero en decir que el sueño de YWAM no era solo para él sino para los dieciocho mil miembros y la innumerable cantidad de personas que han llegado a la fe en Cristo.

Si tu sueño se convierte en negocio, entonces tus empleados son los beneficiarios del sueño que Dios te dio. Y también lo serán los clientes que compren tus bienes o servicios. Eso vale para lo que sea que hagas, tanto si eres médico, abogado, maestro. No habrás asistido a la facultad de medicina, de leyes, a la escuela de pedagogía solo por ti. Has ido por cada uno de los pacientes a los que trates, cada uno de los clientes a los que representes, cada alumno a quien le enseñes.

Cuando estaba en el seminario, fui a ver una obra de teatro llamada *El sueño del juguetero,* que tuvo una profunda influencia en mí por la forma imaginativa en que se presentaba al Creador como Juguetero. Yo no tenía idea de quién había hecho esa obra hasta que conocí al productor Tom Newman, casi veinte años después y por fin pude darle las gracias. Dios usó esa obra de manera significativa en mi vida y en el mundo entero. A fin de cuentas, se presentó ante un público mixto de setenta y cinco mil personas en lo que era la Unión Soviética, donde había miembros de la juventud del Partido Comunista.[18] Sé que Dios usó esa obra para crear cambio en el nivel global, pero me siento como uno de los beneficiarios primarios.

Tengo una firme convicción de que la iglesia debería ser el lugar más creativo del planeta. Creo que hay formas de hacer iglesia que hasta ahora nadie concibió. Como escritor y predicador intento decir lo antiguo de manera nueva. Esos valores no surgieron del vacío sino que hubo cantidad de experiencias distintas que actuaron como catalizadores. Y entre ellas, se cuenta la experiencia de *El sueño del juguetero.* Eso es lo hermoso de los sueños. Uno nunca sabe cuándo, o dónde, o por quién, o cómo es que tu sueño puede llegar a inspirar a alguien más para que vaya tras su propio sueño. Solamente el Dador de sueños lo sabe. Tenemos montones de personas a quienes agradecer algún día por haber inspirado nuestros sueños, de manera directa o indirecta.

Imagen mental

National Community Church es hoy una iglesia con ocho recintos, pero esa no fue la visión original. Con un fracaso anterior en el intento de plantar una iglesia ¡yo solo esperaba un solo recinto! Entonces Dios me dio una visión en la esquina de la calle Fifth y la calle F del Noreste, que lo cambió todo. No fue muy distinto a la película mental que Dios le dio a Loren Cunningham. Vi una imagen mental de un mapa del Metro y pude ver puntos de la NCC sobre el mapa en los cines que estaban justo en las paradas del Metro en toda el área del Distrito Capital.

En el momento en que tuve esa primera visión de las reuniones en múltiples lugares, no creo que pensara siquiera en algo así como una «cadena», pero hoy estamos pensando ya en tener veinte expresiones para el año 2020, incluidos recintos de la iglesia, nuevas iglesias, cafeterías y centros de sueños. No sé con mucha certeza en qué acabaremos, pero cada una de las expresiones tiene su árbol genealógico, su origen es ese susurro en la esquina de las calles Fifth y F.

Dios habla por medio de sueños y uno de los dialectos es formado por las imágenes mentales. He descubierto que eso tiene validez especial cuando estoy orando por otras personas. Quizá te luzca místico, aunque yo argumentaría que es bíblico.

Después de la aventura que David tuvo con Betsabé, Dios lo restauró al enviarle a un profeta para que le confrontara. Si el profeta Natán hubiera sido demasiado directo, me pregunto si David habría reaccionado a la defensiva. En cambio, Dios le dio a Natán una palabra con imágenes que funcionó como un caballo de Troya. El profeta relató una historia sobre una oveja, y no fue por coincidencia puesto que David había sido pastor de ovejas mucho antes de llegar a ser rey. Esa historia eludió los mecanismos de defensa de David y llegó a esa parte del corazón a la que solamente llegan las historias, dando como resultado su arrepentimiento sincero.

Natán utilizó esa palabra con imágenes por la misma razón por la que Jesús hablaba en parábolas. Las imágenes en palabras requieren un poco más de tiempo y esfuerzo cuando quieres construirlas, sin embargo hay pocas cosas más efectivas cuando se trata de hablar la verdad en amor.

Tal vez sea por eso que Dios habla en imágenes y películas mentales.

Un poco loco

Si hablamos de soñar despiertos, he de decir que eso es algo que he tenido en abundancia. No llego al promedio cuando se trata de los sueños mientras duermes puesto que, además, casi nunca los recuerdo y si lo logro, no tienen sentido. Dicho eso, hace poco mi amigo Kurtis Parks me presentó un desafío cuando me dijo que tenía hace mucho el hábito de pedirle a Dios que le hablara a través de sus sueños.

Antes de llegar a formar parte del personal de NCC Kurtis hacía giras como cantante en distintas iglesias y, durante el día, trabajaba entregando mercadería y comida. Cuando perdió su empleo de manera inesperada no estaba muy seguro de cómo podría sobrevivir y pagar sus cuentas. Kurtis puso todo eso en oración antes de ir a dormir una noche y entonces soñó que era líder de adoración en una iglesia de Charlottesville, Virginia. A la mañana siguiente lo despertó el teléfono: era el pastor de esa iglesia, que lo invitaba a ir allí y ser líder de adoración ese fin de semana. Hasta pudo liderar con el canto «Salvation is here» [La salvación está aquí],[19] que era justamente la canción con la que se había visto liderando en su sueño. Los honorarios que recibió eran unos pocos dólares más que su pago mensual de la hipoteca. «Fue un momento poderoso en que supe que Dios estaba pendiente de mi ansiedad en el mundo de la vigilia y, entonces, me dio confianza y seguridad en lo relativo a los sueños», dijo Kurtis.

Tenemos la tendencia a ver con escepticismo toda experiencia que no hayamos vivido y eso es válido, en especial, cuando se trata de cosas como los sueños mientras dormimos. Si no tenemos cuidado, podremos descartar a la persona pensando que está un poco loca, sobre todo si su experiencia con Dios es algo que nosotros no vivimos. Pero quizá seamos nosotros los que somos demasiado normales. Si hay antecedente bíblico de que Dios habla a través de los sueños, ¿por qué no podríamos orar pidiendo la misma experiencia? Quizá no tenemos esa experiencia porque no la pedimos.[20]

Mi esposa Lora y mi cuñada Nina hace poco pasaron una semana en los campos de refugiados de Tesalónica, en Grecia, con nuestros amigos misioneros Tony y Jamie Sebastian. Durante su visita conocieron a una pareja de refugiados que les contó su testimonio. Emmanuel nació y creció en Irán, en tanto que su esposa Amanda es originaria de Kurdistán.

Emmanuel fue criado como musulmán chiíta, de modo que la oración formaba parte de su rutina religiosa. Pero cuando oraba sentía como si nadie lo estuviera escuchando. Un amigo le dio una Biblia y le dijo que Jesús quería hablar con él, de modo que Emmanuel le pidió a Jesús que se revelara a sí mismo si era que, en verdad, existía. Y fue eso precisamente lo que pasó. Emmanuel tuvo una visión de Jesús y oyó su voz. Su fe en Cristo, esa que acababa de descubrir, puso su vida en riesgo; por lo que tuvo que huir de su país. Fue así que Emmanuel conoció a su futura esposa Amanda en Estambul, Turquía. Fue más que amor a primera vista. Dios le susurró a Emmanuel que Amanda sería su esposa, a pesar de que no hablaban el mismo idioma. El día después de su boda, ¡Emmanuel despertó milagrosamente hablando y entendiendo la lengua kurda! ¡No se trata de un error de tipografía! Fue precisamente eso lo que sucedió el día de Pentecostés.

Los recién casados al fin huyeron de Turquía y viajaron a Grecia en un barco. El viaje tardó más de lo esperado y Amanda enfermó gravemente. Una noche, entró una luz a su tienda en el campo de refugiados y Emmanuel oyó un susurro que le decía que la ayuda estaba en camino. Al día siguiente aparecieron dos mujeres diciendo que Dios las había enviado a ayudarlos. Llevaron a Amanda a un hospital, pero los médicos no lograron resolver sus síntomas. Entonces una noche, Amanda tuvo una visión de Jesús, de pie junto a su cama. Él puso sus manos sobre la cabeza de ella, y oró por su salud y, cuando Amanda despertó, ya no tenía síntomas. Los médicos no querían que se fuera pero Amanda firmó los papeles para salir del hospital y se bautizó de inmediato. La pareja ahora está capacitándose para ser los primeros pastores de habla árabe en una iglesia de Tesalónica, Grecia. Más o menos como cualquier otro día en la oficina, ¿verdad? Quizá no en nuestro caso, pero los milagros como ese suceden todo el tiempo en todo el mundo. Hay refugiados musulmanes que llegan a la fe en Cristo por medio de visiones, de milagros y de la hospitalidad de los cristianos. Y como muchos de ellos no tienen biblias, Dios les habla por medio de señales y portentos.

Este podría ser el momento adecuado para recordar que Dios está haciendo *ahora* lo que hacía *entonces*. Y tal vez quiera hacer *aquí* lo que está haciendo *allá*.

Extrañas visiones

Uno de los sueños más extraños de los que aparecen en las Escrituras es la visión que tuvo Pedro con los animales cuadrúpedos, los reptiles y las aves bajando a la tierra en una sábana. Entonces una voz dijo: «Levántate, Pedro; mata y come». Me encanta lo que contestó Pedro: «¡De ninguna manera, Señor!»[21] Estoy casi seguro de que si le dices *Señor* a alguien, nunca empezarías con esas tres palabras: «De ninguna manera». Pero puedo entender la reacción de Pedro. El sueño parecía más pesadilla que otra cosa, porque contradecía todas las leyes dietéticas de los judíos según los libros. Pedro tiene que haberse sentido como un vegetariano en un restaurante de carnes como los brasileños, donde se come todo lo que uno pueda.

Quiero detenerme aquí y hacer un par de observaciones. Primero, *los sueños que Dios da no contradicen a las Escrituras*. Alguno dirá que esta visión fue una excepción a esa regla, pero el canon todavía no se había cerrado. Dios estaba haciendo pasar de moda las leyes dietéticas de los judíos mientras daba la bienvenida a bordo a los creyentes gentiles e hizo las dos cosas en un solo sueño. El sueño que Dios da no te llevará más allá de los límites establecidos en las Escrituras, aunque te hará extenderte para que hagas cosas que no sabías que fueras capaz de siquiera intentar. En segundo lugar, *los sueños que Dios da confrontan el prejuicio.* En ese punto de la historia, el cristianismo era en esencia una secta del judaísmo. La idea de que se injertaran gentiles en ella era algo tan drástico que Dios tuvo que repetir el sueño ¡tres veces! Dios, en ocasiones, tiene que obligarnos a salir de nuestra rutina. Queremos que Dios haga algo nuevo mientras nosotros seguimos haciendo siempre lo mismo, pero eso no funciona así. Su voz presenta el desafío a lo establecido y nos da un suave empujoncito hacia nuevos rumbos.

Lo tercero es que *no siempre podemos discernir de inmediato lo que significan los sueños.* Si Pedro tuvo que procesar sueños, probablemente nosotros tengamos que hacerlo también. Algunos sueños tienen sentido claro e inmediato, pero otros quizá no lo tengan por décadas. Los sueños son como las puertas: a menudo uno lleva a otro, y ese otro te llevará a uno más.

Por último, *si quieres que Dios tenga buena reputación, tal vez tengas que arriesgar la tuya.* Pedro corrió un riesgo calculado cuando entró en la casa de Cornelio. Técnicamente, era en contra de la ley. Pero al igual que Pablo, Pedro «no fue desobediente a esa visión celestial».[22] Predicó el evangelio, Cornelio se arrepintió, y eso niveló el campo de juego entre los judíos y los gentiles.

Si eres un creyente gentil, tu árbol genealógico empieza en ese momento. En realidad, empieza en una doble visión, un doble susurro. Cornelio actuó según el sueño que Dios le dio; Pedro también actuó según el sueño que Dios le dio y ambos se encontraron en la mitad milagrosa.

Solemos considerar que este tipo de historias son extravagancias, pero ¿no debieran ser lo más normal? Solo porque tenemos acceso al texto sagrado de las Escrituras, no significa que tengamos que pensar que habrá menos milagros. Las Escrituras debieran ser el combustible de nuestra fe. Si Dios puede usar una doble visión para arreglar una cita divina entre un soldado italiano y un apóstol judío, ¿por qué no haría lo mismo con nosotros?

¿Recuerdas mi oración más valiente, aquella en que le pedí a Dios que me sanara del asma? Después que prediqué ese mensaje se acercó una invitada y me dijo que había tenido un sueño la noche anterior. En su sueño ella imponía sus manos sobre mis pulmones, oraba por ellos y sanaban. Me preguntó si ella y su esposo podían hacer lo que había visto en su sueño. Para ser sincero, yo no estaba muy convencido porque no conocía a esas personas. Lo último que querría hacer es interponerme en el camino de lo que Dios quiere hacer, incluso aunque me parezca algo extraño. La realidad es que ellos se arriesgaron al pedírmelo. Así que les di permiso para que impusieran sus manos sobre mí, como enseñan las Escrituras,[23] y oraron por mi sanidad. No sé qué papel tuvo esa oración en mi sanación, pero forma parte del rompecabezas. Fue un catalizador y también una confirmación de que yo estaba sano. También fue un recordatorio de que Dios obra de maneras extrañas y misteriosas.

Fe pura

El 1 de abril de 1908, John G. Lake tuvo una visión en que era transportado a Sudáfrica, donde predicaba. El sueño se repitió varias veces, algo parecido a lo de la visión de Pedro. Pasaron dieciocho días, y Lake y su familia partieron hacia África con $1.50 en los bolsillos. Lake sabía bien que el costo de inmigración para los ocho era de $125, casi cien veces lo que tenía. Pero sentía que Dios le había dicho que tenían que ir.[24]

Cuando la familia llegó a Sudáfrica, Lake se paró en la fila de inmigración, a pesar de que no tenía dinero suficiente como para ingresar al país. Fue entonces que alguien le tocó el hombro y le dio $200. Los Lake abordaron un tren hacia Johannesburgo, pero no tenían dónde vivir, así que en el camino oraron pidiendo a Dios que les proveyera un lugar. Cuando llegaron a la estación de tren los saludó una mujer, la señora Goodenough, que les dijo que Dios le había dicho que les diera dónde vivir. Resulta difícil calcular la influencia de la vida de alguien, pero John G. Lake fue parte integral de un reavivamiento que recorrió Sudáfrica de extremo a extremo. Más adelante regresó a los Estados Unidos, donde inició veinte iglesias.[25] Quizá su mayor influencia haya sido a través de su hijo en la fe, Gordon Lindsay, que fundó Cristo para las Naciones.

¿Por qué usó Dios a Lake como lo hizo? Bueno, si alguien está dispuesto a mudar a su familia de ocho integrantes hasta el otro lado del mundo respondiendo a una visión, ¡probablemente Dios pueda usar a esa persona para que haga lo que sea! Su disposición a ir donde Dios lo enviara, a hacer lo que fuese, no tenía igual y tampoco lo tenía su hambre de Dios.

Lake afirmó una vez: «Creo que fui el hombre más hambriento de Dios que haya existido».[26] No es fácil juzgar una afirmación sobre uno mismo, pero puedo decir lo siguiente: Si eres humilde y tienes hambre de Dios no hay nada que Él no pueda hacer en ti o a través de ti. De hecho, cuanto mayor sea tu humildad tanto más grande será el sueño que Dios pueda confiarte, puesto que Él sabe que la gloria será suya.

Un recordatorio más. El objetivo de ir tras el sueño que Dios te da no es solo cumplirlo. La verdad es que cumplir el sueño tiene importancia secundaria. El objetivo principal es en quién te conviertes a lo largo del proceso. Los grandes sueños hacen grandes personas puesto que tenemos que confiar en un gran Dios. No hay nada que nos mantenga de rodillas tanto como los sueños del tamaño de Dios. Ellos nos obligan a vivir dependiendo de Él y nada más que de Él. Sin Dios, el sueño no puede concretarse. Los sueños del tamaño de Dios nos obligan a acercarnos un poco más y es entonces que Dios nos tiene justo donde quiere que estemos.

FIGURAS OCULTAS

EL QUINTO LENGUAJE: LAS PERSONAS

Estamos rodeados de una multitud tan grande de testigos.

—HEBREOS 12:1

El 20 de febrero de 1962, John Glenn estaba sentado en el extremo de un misil balístico intercontinental de treinta metros de altura en Cabo Cañaveral. Después de once aplazamientos el comunicador de la cápsula Scott Carpenter finalmente pronunció la famosa frase: «Dios te acompañe, John Glenn»[1] y el Mercury-Atlas 6 rugió al elevarse desde el Complejo de lanzamiento 14. Alcanzó una velocidad superior a 28,000 kilómetros por hora, dio la vuelta a la Tierra tres veces, y luego cayó al agua tras cuatro horas, cincuenta y cinco minutos y veintitrés segundos a mil doscientos ochenta y siete kilómetros al sudeste de Bermuda.[2] John Glenn se convirtió en héroe instantáneo, el primer estadounidense en orbitar la Tierra. Pero hasta los héroes necesitan ayuda. Y las historias épicas a menudo suelen tener antecedentes mejores que ese.

El gran desafío que enfrentaba la NASA no era enviar a un hombre al espacio, sino traerlo de regreso a la Tierra sano y salvo. Era allí donde entraba en la ecuación Katherine Coleman Goble Johnson.

Hacía falta la mente matemática más brillante para calcular el reingreso de Glenn en la atmósfera de la Tierra y la de Katherine era una de las mejores. Sin embargo, tenía que vencer dos obstáculos importantes: en 1962, el mundo era para los blancos y en el Centro de Investigaciones de Langley la evidencia estaba en los carteles de los baños designados específicamente para los empleados negros. Además, el mundo era de los hombres. Pero, por supuesto, eso no era impedimento para una mujer decidida.

No había nadie como Katherine Johnson para calcular trayectorias y computar ventanas de lanzamiento. La NASA había comprado su primera computadora IBM unos años antes, pero John Glenn confiaba más en las computadoras humanas que en las máquinas. En efecto, no estaba dispuesto a despegar hasta tanto Katherine hubiera revisado los números. Por lo tanto, John Glenn hizo un pedido especial: «Traigan a la chica para que revise los números».[3]

No quiero ser exagerado. Tal vez la NASA podría haber encontrado a otra persona para que verificara los números, pero sígueme un minuto. Si Katherine no hacía lo que sabía hacer, no estoy tan seguro de que John Glenn hubiese hecho lo que hizo. Y si John Glenn no hubiera recorrido la órbita de la Tierra, no habríamos apuntado a llegar a la luna. Y si no hubiéramos puesto al hombre en la luna, lo habría hecho la Unión Soviética. Y si la Unión Soviética hubiera ganado la carrera del espacio, bien podrían haber ganado la guerra fría.

Lo que quiero decir es esto: hay personas de las que jamás hemos oído hablar, figuras ocultas que han cambiado el rumbo de la historia de maneras que ni siquiera conocemos. No estoy seguro de que ninguno de nosotros ni siquiera conozca el nombre de Katherine Johnson si no hubiera recibido la Medalla Presidencial de la Libertad a la edad de noventa y siete.[4] Bueno, eso y una película nominada para el Oscar. ¡Katherine Johnson colaboró para poner al hombre en la luna! ¡Por Dios!

Detrás de todo John Glenn hay una Katherine Coleman Goble Johnson. Y esa tendencia también aparece en las Escrituras. Detrás de Moisés está Aarón. Detrás de David está Benaías. Detrás de Ester está Mardoqueo. Detrás de Eliseo está Elías. Detrás de Timoteo está Pablo. Es como dijo el poeta inglés John Donne: «Ningún hombre es una isla en sí mismo».[5] ¿Sabes por qué iba a la iglesia C. S. Lewis? No era porque le encantaran las canciones. Para él eran «poemas de quinta con melodías de sexta».[6] No era porque le encantaran los sermones. Ni tampoco porque le gustara la gente. Para nada. Lewis iba a la iglesia porque creía que si no lo hacía podría caer en algo que él llamaba vanidad solitaria. Sabía que no fuimos diseñados para hacerlo todo solos.[7] Cuando nos aislamos de los demás nos convertimos en islas solitarias. Y como en la película *Náufrago,* protagonizada por Tom Hanks, a fin de cuentas dibujamos una cara en un balón de voleibol, la llamamos Wilson y empezamos a conversar con ella.

¿Sabes por qué Dios pone a la gente en nuestras vidas? No es solo para vencer esa vanidad solitaria, sino para que no caigamos en el aislamiento. Usa personas que se relacionen con nosotros para mantenernos humildes y para hacer surgir nuestro potencial. Me gusta pensar que es como un juego de *pinball* [también conocido como flipper, petacos o milloncete] humano, en el que vamos chocando con distintas unciones, distintos dones y distintas ideas. Dios usa esos encuentros relacionales, de alguna manera, para llevarnos a donde Él quiere que vayamos.

¿Sabías que se necesitaron unas cuatrocientas mil personas para poner al hombre en la luna? Hizo falta un controlador de misión llamado Steve Bales, de veintiséis años. Hizo falta un genio de la computación llamado Jack Garman, de veinticuatro años de edad, que memorizó cada uno de los códigos de alarma. También estuvo Robert Carlton, que estaba encargado de vigilar el consumo de combustible. Él es el que, cuando el módulo había recorrido ya 386.644,896 kilómetros, anunció que tenían solo sesenta segundos de combustible para aterrizar, o tendrían que abortar la misión. Y no olvides a Eleanor Foraker, la costurera que trabajaba para la compañía que diseñó los trajes espaciales. Ella y sus colegas se pusieron un tanto nerviosos cuando los astronautas empezaron a saltar en la luna, pero sus costuras se mantuvieron intactas. Son cuatro nombres nada más de cuatrocientos mil, pero ya entiendes lo que quiero decir.[8] Nadie apunta a la luna sin ayuda de otros. Cada uno de nosotros es un eslabón en la cadena de «engendrados» que comenzó con Adán y Eva. La cadena está llena de héroes ignotos que lograron hazañas, de figuras ocultas que sacaron las castañas del fuego en algún momento. Todos estamos parados sobre los hombros de otras personas. El autor de Hebreos llama a esa cadena humana «nube de testigos».

Por tanto, nosotros también, teniendo en derredor nuestro tan grande nube de testigos, despojémonos de todo peso y del pecado que nos asedia, y corramos con paciencia la carrera que tenemos por delante.[9]

Todos tenemos una nube de testigos que son cada una de las personas que ha tenido alguna influencia en nuestras vidas. Son nuestra familia, nuestros amigos, entrenadores y maestros, y me gustaría creer que también hay pastores y escritores entre ellos. Creer que alguna de esas personas está en nuestras vidas por casualidad equivale a una burda subestimación de la soberanía de Dios. Él quiere usarlos para hablar en nuestras vidas y quiere usarnos para hablar en las vidas de otros.

Espíritu de timidez

El quinto lenguaje de amor de Dios son las personas. Sí, Dios puede hablar a través de una burra pero, en la mayoría de los casos, usa a las personas. Usó a un profeta llamado Natán para reprender al rey David. Usó a un tío llamado Mardoqueo para exhortar a la reina Ester. Y usó a un padre espiritual llamado Pablo para dar ánimo a

Timoteo: «Pues Dios no nos ha dado un espíritu de timidez, sino de poder, de amor y de dominio propio».[10] Para nosotros es un versículo. Para Timoteo fue una palabra profética.

Resulta difícil caracterizar a Timoteo pero permíteme intentarlo. Pienso que era más emocional que pensador, como lo demuestran sus lágrimas al despedirse de Pablo.[11] Una cosa es abrazar al amigo. Pero llorar es llevarlo al siguiente nivel. No puedo probarlo, pero pienso que Timoteo tenía el problema del complejo de inferioridad. No sé si era por su edad, o por su personalidad, pero parece que era algo inseguro como lo indica la carta de Pablo a los corintios: «Si llega Timoteo, procuren que se sienta cómodo entre ustedes».[12] Son cosas que te hacen *pensar*.

Todo eso va formando la exhortación de Pablo.

La palabra *timidez* proviene del término griego *deilia*.[13] Solamente aparece una vez en el Nuevo Testamento y significa «cobardía». Es la incapacidad para enfrentar el peligro sin mostrar miedo. Es falta de agallas. Falta de coraje. Josefo, el historiador del siglo I, usó esa palabra para describir a los diez espías que volvieron con informes negativos sobre la tierra prometida por miedo a los gigantes. Es lo opuesto al mártir. En otras palabras, es la persona que niega su fe con tal de salvar su vida.

Dicho esto, permíteme contarte cómo murió Timoteo. Según una tradición de la iglesia ¡murió a los ochenta años tratando de evitar un desfile pagano![14] ¿Qué le pasó al tímido Timoteo? Eso no es timidez en absoluto. Lo arrastraron por las calles y al final lo apedrearon, y murió como mártir. Creo que Timoteo se cansó de la cobardía, de que lo intimidaran. Pienso que decidió hacer exactamente lo que había hecho su padre espiritual: pelear la buena pelea, mantener la fe. Y no puedo sino preguntarme si esa acción de valentía tuvo origen en esa palabra de exhortación, si es que Timoteo oía la voz de Pablo por sobre el ruido del desfile.

Si me has seguido hasta este punto, creo que ya hemos cultivado la confianza suficiente como para que te dé una palabra de exhortación: ¡deja de usar tu personalidad como excusa! Cuando usas tu personalidad como excusa ya no tienes personalidad. Tu personalidad te tiene a ti.

Cuando Dios llamó a Jeremías a ser profeta, este empezó a poner excusas. Decía: «¡Soy muy joven y no sé hablar!»[15] Nosotros hacemos lo mismo, ¿cierto? Somos demasiado esto o no lo bastante de aquello otro. Pero si Dios es soberano, entonces no podemos ser demasiado jóvenes, demasiado viejos, demasiado tímidos ni demasiado malos. Dios acalló a Jeremías: «No digas: "Soy muy joven"».[16]

¿Qué partes de tu personalidad te han servido de muleta?

¿Qué excusa necesitas confesar?

Abraham era demasiado viejo.

Moisés era demasiado criminal.

Pedro era demasiado impulsivo.

Santiago era demasiado analítico.

Juan era demasiado emocional.

Timoteo era demasiado tímido.

Dime tu excusa y te diré en qué quiere usarte Dios. Es así como Él exhibe su gracia y su gloria.

La ventana de Johari

Cuando era chico e iba a la escuela secundaria, aprendí sobre una fascinante matriz de la personalidad humana conocida como la ventana de Johari. Por si te interesa, *Johari* es la combinación de los nombres de los dos tipos a quienes se les ocurrió: Joe y Harry. Los cuadrantes, en realidad, son cuatro ventanas a la personalidad y a la identidad.

El primero es el *cuadrante de la arena o abierto*, está conformado por aquellas cosas *que tú* y *los demás conocen de ti*. Es tu persona pública. Lo que posteas en Facebook. Lo que todos conocen, lo que todos ven.

El segundo es el *cuadrante de la fachada* y lo conforman aquellas cosas que *conoces de ti* pero que *otros no saben*. Es tu alter ego. Es lo que eres cuando nadie te ve. Es la cortina que oculta al verdadero Mago de Oz. Ese segundo cuadrante es el lugar en el que fingimos para lograr algo pero resulta que solo nos estamos engañando. Por eso es que quedamos atascados espiritualmente. Por eso es que nos escondemos emocionalmente.

Cuando estaba en preescolar, mi amor imposible era una niña de nuestra iglesia. Tiene que haber sido evidente porque mis padres lo comentaron en el santuario principal delante de otras personas. No recuerdo lo que dijeron y estoy seguro de que fue algo absolutamente ingenuo. Mis padres son maravillosos. Pero recuerdo haber sentido vergüenza, al punto que no podría describirla con palabras. Cuando llegamos a casa me encerré en mi habitación e hice un cartel que decía: «No saldré más». Y no salí. Claro que sí salí para la hora de la cena. Pero emocionalmente no salí jamás. Me llevó mucho tiempo admitir ante alguien que me gustaba alguna chica porque en mi subconsciente tenía miedo de que se burlaran de mí. Eso fue cosa mía, no de mis padres. Pero se convirtió en un tema tabú. Ocultaba esos sentimientos, no respondía a esas preguntas y evitaba esas conversaciones.

Todos tenemos cosas que ocultamos tras la fachada. Lo tapamos con una sonrisa dominguera, pero es esa profunda desilusión con la que jamás hemos podido reconciliarnos, esa aguda ansiedad cuando nos encontramos en determinadas situaciones. Son los pecados secretos que jamás tuvimos el coraje de confesar y los sueños secretos que nunca nos atrevimos a decir en voz alta. El resultado neto de todo eso son las conversaciones sin profundidad y las relaciones superficiales, y esa no es la vida en abundancia que Jesús prometió.

La única forma de salir del segundo cuadrante es la confesión. Y no hablo solo de confesarle tus pecados a Dios. Ve un paso más allá: «Por eso, confiésense unos a otros sus pecados, y oren unos por otros, para que sean sanados».[17] Y ya que estamos en eso, confiesa tus excusas. Tus miedos. Tus defectos y tus debilidades. Tus dudas.

El resultado de confesar nuestros pecados ante Dios es el perdón, pero confesarnos los pecados unos a los otros forma parte esencial del proceso de sanar. No solo para ti, sino también para la persona ante quien te estás confesando. El enemigo quiere que mantengas tu secreto en secreto. Es una antigua táctica de aislamiento. Es solo cuando nos confesamos los pecados unos a otros que podemos ver que hay otras personas que también tienen su lucha contra el orgullo, o la lujuria, o la ira. Y entonces, en verdad, podemos ayudarnos los unos a los otros, presentarnos desafíos los unos a los otros, y rendir cuentas los unos ante los otros. La conexión le da a la otra persona la oportunidad de animarnos, de exhortarnos y consolarnos.

«Si pudiéramos leer la historia secreta de nuestros enemigos encontraríamos en la vida de cada hombre pena y sufrimiento suficiente como para desarmar toda hostilidad», dijo Henry Wadsworth Longfellow.[18] Cada persona con la que te cruzas está peleando una batalla que no conoces. Eso es hasta tanto él o ella lo confiese, por supuesto.

Según lo veo yo, tenemos dos opciones: el alter ego o el altar ego. El alter ego es cuando fingimos ser lo que no somos, lo cual es absolutamente agotador. La otra opción es poner nuestro ego en el altar y encontrar nuestra plena identidad en Jesucristo. Es así como silenciamos al ego bocón. Poner nuestro ego en el altar significa aceptar la evaluación de Dios en cuanto a quiénes somos: la niña de sus ojos. Si nos vemos como menos de lo que Él dice que somos, es falsa modestia.

El punto ciego

Eso nos lleva al tercer cuadrante, el *del punto ciego* que está formado por esas cosas *que no sabes de ti* pero que *los demás si saben*. Es prepararte para salir al escenario dejando la puerta de tu granero abierta. Necesitas a alguien en tu vida que te ame lo suficiente como para decirte lo que hace falta: «¡Cállate!» Es aquí donde necesitamos padres y madres espirituales que hayan pasado ya por lo mismo. Es aquí donde necesitamos amigos que tengan permiso para hablar la verdad en amor. Es aquí donde necesitamos la rendición de cuentas ante quien nos siente en el banquillo y nos recuerde que nacimos para mucho más.

En el lugar en donde el nervio óptico pasa por el disco óptico todos tenemos un punto ciego. Tiene aproximadamente 7,5 grados de altura y 5,5 grados de ancho. Rara vez notamos nuestro punto ciego porque nuestros cerebros son geniales llenando los espacios en blanco en base a las pistas visuales. Pero también es allí donde más susceptibles somos a tener mal criterio, a recibir información equivocada, a malinterpretar las cosas.

Una de las primeras lecciones que te enseñan cuando aprendes a conducir es que antes de cambiar de carril en la autopista tienes que fijarte en el punto ciego. Es una forma de evitar accidentes. Y lo que vale para conducir autos, vale para vivir. Por eso también es tan esencial el quinto lenguaje: el de las personas. Sin la influencia de los demás vamos formando puntos ciegos y esos puntos ciegos son puntos débiles espirituales.

Uno de los momentos de definición de mi vida fue el día en que un pasante tuvo el coraje de señalar que veía orgullo en mí. Al principio me puse a la defensiva. Pero cuando vi que tenía razón, me arrepentí. También hice votos de que me esforzaría por no hablar en sentido negativo de otras iglesias o pastores. Decidí que haría lo contrario, y eso se convirtió en un mantra en la congregación National Community Church: hablar bien de la gente a sus espaldas.

Tal vez tengas más madurez que yo pero, en general, no me gusta cuando alguien dice algo que no quiero oír. Pero si se trata de lo que *necesito* oír, esa será la persona a quien más le daré las gracias a fin de cuentas. Han pasado quince años desde ese momento de definición y sigo en deuda con ese pasante que notó el atisbo de orgullo en mí, y me amó lo suficiente como para decírmelo.

¿Recuerdas las voces que nos ensordecen a la voz de Dios? La voz de la crítica puede cegarnos ante el potencial que tenemos. Pero si se habla la verdad en amor, la palabra justa en el momento indicado tiene poder para abrirnos los ojos. Todos tenemos problemas sin resolver, heridas sin cerrar. Tenemos cantidad de mecanismos de defensa, reflejos condicionados y estrategias evasivas de las que ni siquiera tenemos registro. Si hemos estado en relaciones íntimas con quienes amamos y violaron nuestra confianza de alguna manera, tendremos cicatrices. El tejido de la cicatriz podrá hacer que la próxima vez nos cueste más confiar en alguien. Y si no tenemos cuidado nos saboteamos con conductas autodestructivas puesto que en el subconsciente tenemos miedo de que vuelva a suceder.

La única forma de vencer esas dimensiones autodestructivas de nuestra personalidad es siendo implacables en el descubrimiento propio. Eso es muchísimo más que recurrir a la autoayuda. «Sin el conocimiento de uno mismo no hay conocimiento de Dios», afirmó Juan Calvino.[19] Si se hace correctamente la evaluación de la personalidad, nos ayuda a descubrir de qué modo nos ha cableado Dios. El peligro evidente es que nos podríamos encasillar o encasillar a otros. También está la alternativa que mencioné antes, la de usar la personalidad como excusa. No hagamos eso. Sin embargo, la ignorancia tampoco es una dicha.

Me encanta StrengthsFinder.[20] Significa: «Buscador de fortalezas», en inglés, y como lo sugiere su nombre ayuda a la gente a descubrir los dones que Dios nos ha dado. Sin embargo, valoro también el Eneagrama porque nos ayuda a identificar esos pecados fatales a los que somos más susceptibles. Según el escritor y pastor Ian Cron: «El pecado fatal, mortal para cada personalidad, es como una conducta reiterada, adictiva, involuntaria de la que solo podemos librarnos cuando reconocemos con qué frecuencia le entregamos las llaves para que gobierne nuestra personalidad».[21]

Hay una manifestación saludable y santa de nuestras personalidades. Pero también está la manifestación que no es ni sana ni santa. Y, a menudo, la línea que las separa es delgada. Necesitamos personas llenas de gracia y llenas de verdad para que nos ayuden a mantenernos del lado sano de la línea y para hacernos rendir cuentas cuando la crucemos.

Considera la fuente

El quinto lenguaje es el más usado comúnmente, pero también el que más se ve afectado por el mal uso y el abuso. Así que, permíteme compartir un consejo de algo que aprendí con sufrimiento, antes de pasar al cuarto cuadrante. Dios habla a través de las personas, pero esas personas son tan imperfectas como nosotros. Así que aquí va una buena regla de oro: considera la fuente. Si te insulta un tonto tal vez sea un elogio, pero un elogio de parte de un tonto podría ser un insulto. De una forma u otra tienes que tomar en cuenta el carácter de la persona que lo dice.

En mi experiencia, Dios nos habla con mayor frecuencia a través de los amigos que por medio de desconocidos. No digo que Dios no pueda usar a alguien que no conoces para decir algo que tienes que oír. Claro que sí, por cierto, y por supuesto que lo ha hecho conmigo a lo largo de la vida. Sin embargo, hablar la verdad con amor es un derecho adquirido y es derivado de la relación. Cuanto más sólida sea la relación, más peso tendrán esas palabras.

Conozco a muchísimas personas que se han sentido heridas por palabras que les han dicho sin pensarlas antes. Eso no significa que tenemos que apagar todas las voces y dejar de escuchar. Más bien significa que nos conviene discernir. Como dijo el apóstol Pablo: «examinen con cuidado lo dicho».[22] Antes de comprar lo que otro te vende, asegúrate de pasarlo por el filtro de las Escrituras. Y no tomes en cuenta solo las palabras de esa persona, sino su carácter cuando otorgues peso a sus palabras.

Ahora permíteme que voltee la moneda. Si te pones en sintonía con la quieta y callada voz del Espíritu Santo, habrá momentos en que Dios te dará una palabra para hablarle a otra persona. Pablo nos presenta tres tipos de palabras que son diferentes: la palabra de sabiduría, la palabra de conocimiento y la palabra profética.[23]

A veces Dios nos habla *por nosotros*.

A veces Dios nos habla *por otros*.

Uno de los mayores regalos que puedes darle a alguien es no solo orar por esa persona sino escuchar a Dios por ella. Si cultivas un oído profético, Dios te dará una voz profética. Aunque vendrá con una advertencia: lo que vale para escuchar también vale para hablar. Jesús dijo: «no... echen sus perlas a los cerdos».[24] Este es el corolario de «considera la fuente». Dicho en pocas palabras: toma en cuenta a la persona. Si alguien no está preparado, dispuesto o no puede oír lo que tienes que decir, estarás desperdiciando palabras. Si disciernes falta de disposición, tal vez tengas que hacer lo que dijo Jesús: cierra la boca. Jesús dijo: «Muchas cosas me quedan aún por decirles, que por ahora no podrían soportar».[25] La palabra justa tiene que decirse en el momento indicado. Porque de lo contrario su efecto puede ser malo.

Oído profético

Mi padre espiritual, Dick Foth, ha estado predicando por más de cincuenta años, pero hace poco sucedió algo que nunca antes le había pasado. En medio de un mensaje, Dick percibió en su espíritu que alguien estaba a punto de tener una aventura extramatrimonial esa misma semana. Fue una impresión que surgió de la nada y Dick no estaba del todo seguro en cuanto a qué debía hacer al respecto. Era un riesgo calculado, pero pensó que era mejor decir algo. Así que interrumpió su sermón y dijo: «Hay alguien aquí que tiene todo preparado como para tener una aventura extramatrimonial. Todas las piezas están en su lugar y piensa tomar la decisión hoy mismo. No lo hagas». Después del servicio, un hombre de mediana edad le dio un gran abrazo de oso a Dick. Y mientras lo hacía, le susurró: «Era yo. Gracias».

Dick es una de las personas menos engreídas que puedas conocer. También es una de las más simpáticas y amables. Esa palabra de conocimiento fue algo un poco extraordinario para él, y hasta diría que un poco fuera de su ámbito también. Pero su obediencia a ese susurro bien puede haber alterado un árbol genealógico familiar para una cantidad de generaciones futuras. La palabra precisa dicha en el momento justo puede resonar con su eco por la eternidad. Y eso comienza con un oído profético.

No lo imagino presentándose así: «Hola, soy Dick. Soy profeta». La mayoría de las personas saldrían corriendo si alguien se presentara de ese modo. Sin embargo, no tratemos de eludir los dones espirituales. Pensamos erróneamente que los profetas son oráculos que predicen el futuro, pero esa no es la definición bíblica. Tiene más que ver con hablar por lo que vendrá, que con predecir nada. Por definición, la palabra profética fortalece, anima y consuela.[26] Eso no significa que no sirva para confrontar, pero siempre sirve para redimir. Y se debe dar con espíritu amable y de bondad.[27]

Quizá no te veas como profeta, pero estamos llamados a eso. Los filósofos judíos no creían que el don de profecía estuviera reservado a unos pocos individuos selectos. Ser profético se veía como punto de coronación del desarrollo mental y espiritual. Cuanto más se crece espiritualmente, tanto más profético se llega a ser. Moisés mismo dijo: «¡Cómo quisiera que todo el pueblo del Señor profetizara!»[28]

Solo una nota al pie. Así como sucede con los talentos naturales, hay que ejercitar los dones sobrenaturales. No es que de repente lograrás algo espectacular, lo sé por experiencia propia. Mis primeros sermones, más que proféticos eran patéticos. Mi primer sermón «oficial» fue en una iglesia rural de Macks Creek, Misuri. ¡Pobre iglesia! En esa época yo estaba tomando una clase de escatología, por lo que presenté toda una cronología para los últimos tiempos, una cronología que cambiaba de clase en clase. A esa iglesia le debo una disculpa en el cielo.

Soy una obra en construcción y tú también lo eres. Pero no permitas que la falta de experiencia te impida ejercitar tus dones. No dejes que la duda te impida ejercitar tu fe. No dejes que el miedo a las personas te impida hablarles según Dios te guíe. Mi única exhortación es que lo hagamos en un espíritu de humildad. Deja que el amor sea el líder y que los dones sean los que le siguen.[29]

Dick Foth tiene permiso para hablarme pero, a menudo, usa algo así como una cláusula aclaratoria antes de hacerlo. Dice algo así como: «Si diez es una palabra de Dios y uno es una palabra de Foth, esto es un cuatro». O tal vez pueda ser un dos, o un cinco o hasta un nueve. Me encanta esa forma de verlo porque sugiere algo sobrenatural, pero también deja margen para el error.

El cuadrante desconocido

El cuarto cuadrante es *el desconocido* y está formado por esas cosas *que ni tú ni los demás conocen de ti*. Yo digo que es la huella dactilar del alma. Es lo más verdadero acerca de ti. Son las pasiones que Dios te ha dado, los dones que Dios te ha otorgado, los sueños que Dios te dio y que son del tamaño de Él. Es ese potencial que solamente puede surgir en una relación con el que te lo dio en un principio.

Dios te conoce mejor de lo que te conoces tú. No solo te tejió en el vientre de tu madre sino que ha preparado de antemano buenas obras que llevan tu nombre.[30] Si quieres descubrir quién eres en realidad, busca a Dios.

El escritor y disertante Sir Ken Robinson es originario de Liverpool, Inglaterra, igual que Sir Paul McCartney. Un día mientras comparaban notas, Sir Ken descubrió que a Sir Paul no le había ido muy bien en sus estudios de música. Su profesor de la escuela secundaria no le había puesto calificaciones buenas y ni siquiera había notado que tuviera talento nato. Sorprendente, ¿verdad? Pero esto se pone mejor todavía. George Harrison, guitarrista principal de los Beatles, tuvo el mismo profesor. Y no le fue mejor que a McCartney. «A ver si lo entiendo», le dijo Ken a Paul. «Este profesor tenía *a la mitad* de los Beatles en sus clases y ¿no notó nada fuera de lo común?»[31]

Parte del genio de Jesús era su capacidad para ver potencial en los lugares y las personas más inesperados e improbables. Allí donde otros veían problemas, Jesús podía observar potencial. ¿Recuerdas lo que dijeron los fariseos cuando una prostituta llegó a su fiesta sin invitación? «Si este hombre fuera profeta, sabría quién es la que lo está tocando, y qué clase de mujer es: una pecadora».[32] Esa es una verdad a medias. El profeta, por cierto, percibe realidades en tiempo presente. Jesús sabía exactamente quién era la mujer, pero también vio en quién se convertiría. Y la trató de manera en base a eso.

«Si tratas a una persona por lo que es, seguirá siendo lo que es. Pero si la tratas como debiera y podría ser, se convertirá en lo que debiera y podría ser», dijo Johann Wolfgang von Goethe.[33]

La palabra *profeta* ha devenido en un término de connotación agorera y no estoy sugiriendo sutilezas ni nada parecido. Digo, una vez más, que la palabra profética fortalece, anima y consuela.[34] Es una palabra que edifica, no una que insulta. Infunde esperanza, no indefensión. Cree con coraje que lo mejor está por venir.

Una palabra

Pete Bullette encabeza Chi Alpha en la Universidad de Virginia, un próspero ministerio del recinto universitario que está influyendo en cientos de alumnos. Hace diecisiete años, Pete hizo una pasantía en Chi Alpha de D.C., y asistió a la congregación National Community Church. Un día fui a las prácticas de oratoria del grupo y oí predicar a Pete. El lugar no era el ideal porque estábamos en el sótano. Tampoco lo era la cantidad de asistentes: siete en total. Sin embargo, Dios me dio una palabra profética para Pete. Lo llevé aparte más tarde y le dije: «Algún día Dios te llevará a hablar ante miles de personas».

En ese entonces Pete pensó que era un poco increíble lo que le había dicho y mejor será que tengas muchísimo cuidado antes de decir palabras como esa. No quieres causar desilusión en la persona después. En realidad, esa es una de las dos cosas que no querrás. La otra es no obedecer a la sutil invitación del Espíritu Santo. «Lo que hablaste a mi vida hace diecisiete años ahora está dando frutos», me escribió Pete hace poco. Habla ante cientos de estudiantes todas las semanas, pero acaban de invitarlo a hablar ante una reunión de miles de personas en Houston, Texas. Fue esa invitación lo que hizo que me escribiera ese mensaje de correo electrónico. «No escribo esto para felicitarme a mí mismo sino para cerrar el círculo sobre esa palabra profética que me ha dado ánimo por casi dos décadas», decía.

Seré el primero en confesar que probablemente me pierda más oportunidades de las que aprovecho, pero siempre me maravilla el poder de solo una palabra profética. He estado también del otro lado, del que la recibe. En una etapa muy frágil, a edad muy tierna, un misionero oró por mí. Estoy seguro que él ni siquiera lo recuerda, pero su oración se volvió profética a mitad de camino, cuando dijo: «Dios va a usarte grandemente». Sé que suena muy genérico, pero esa oración me ha ayudado a pasar momentos difíciles.

Les estoy eternamente agradecido a las personas que señalaron cosas en mí que yo mismo no podía ver. Nadie lo hizo mejor que Cristo y estamos llamados a imitarle. Lo repito: tenemos que hacerlo en espíritu de humildad. Usando la inteligencia emocional al mismo tiempo. No nos equivoquemos. Dios quiere hablar a través de ti, y a menudo eso empieza sencillamente con notar quién está a tu lado.

Una visión por las personas

Me encanta la historia que contó el pastor Erwin McManus en una Charla TED sobre su primera conferencia TED en Tanzania.[35] Erwin es muy introvertido, así que su hija le dio un par de consejos sobre lo social: no te ocultes en un rincón, trata de no mostrarte muy serio porque asustas a la gente. Erwin siguió su consejo y trató de encontrar a la persona de aspecto más amable para que almorzaran juntos.

Todo resultó en una conversación muy extensa e interesante con una mujer llamada Jane, pero había algo raro en la conversación. Erwin dice: «¿Has conocido gente que es tan apasionada por algo que no importa de qué les hables, siempre van a hablar sobre lo que ellos quieren?»

No importaba qué tema tocaran, desde las relaciones humanas a los sistemas geopolíticos de China, Jane siempre lo relacionaba todo con los chimpancés. Después de una hora de lo mismo, a Erwin se le ocurrió algo. Y dijo: «Jane, ¿puedo preguntarte algo? ¿Tu apellido es Goodall?» ¡Sí, así es! Erwin estaba almorzando con la especialista en primates más importante del mundo, Jane Goodall. Y pasada la primera hora, ¡no tenía ni idea de eso!

¿Puedo ser un poco rudo al decirte algo con toda franqueza? Amar a tu prójimo comienza con darte cuenta de su existencia. No hay nadie que se relacione contigo por accidente. Todos se vinculan contigo por designio divino. No te corresponde no notarlos. Tienen que interesarte. Y eso va para los introvertidos, los extrovertidos y todos los que quepan en las categorías intermedias. Lo más amoroso que puedes hacer es hablarle a Dios acerca de ellos, y escuchar a Dios respecto de esas personas.

Si Dios te da una palabra de aliento para alguien, dila. No hará falta que empieces con: «Así dice el Señor». Porque podrías asustarlos. Hasta quizá quieras hacerlo como lo hace Dick Foth, dándoles una escala del uno al diez. Más allá de cómo lo hagas, es responsabilidad tuya amar a las personas que Dios te ha puesto en tu camino y eso requiere «decir la verdad en amor».[36] Cuando lo hagas, una sola palabra puede marcar toda la diferencia del mundo.

Cuando oímos la palabra *visión* solemos pensar en algún objetivo grandioso, como el de mandar al hombre a la luna. Ese es un tipo de visión. Pero el tipo más importante es la visión en favor de las personas. También en esto es Jesús el que establece el cómo.

No sabemos mucho sobre María Magdalena, aunque sí sabemos que estaba poseída por siete demonios antes de que Jesús los echara fuera.[37] María tenía siete problemas que no podía resolver. Estaba quebrantada en siete lugares. Esas son las personas a las que nosotros damos por perdidas, pero Dios no. No las da por perdidas, ¡no puede hacerlo! Porque no está en su naturaleza.

Descartamos a la gente como María y, sin embargo, Jesús escribe lo suyo sobre ellas. María llegó a ser la dama principal en el episodio más importante de todas las Escrituras. Fue la primera persona en ser testigo de la resurrección de Jesús y se la conocerá por siempre como «apóstol de los apóstoles».[38] ¿Qué tal ese título en tu tarjeta de presentación? Es típico de Dios hacer algo así, ¿verdad?

Nosotros descartamos a los otros.

Jesús nunca lo hace.

El director del circo

Hace unos años, mi amigo Carlos Whittaker escribió un maravilloso libro titulado *Moment Maker* [El hacedor de momentos]. Yo había escrito *El hacedor de círculos* unos años antes de eso, así que apenas se publicó su libro quise felicitarlo con un saludo de superamigo: «Se activa el poder de los gemelos maravilla. Con el hacedor de círculos». Él entendió la broma y dijo: «Con el hacedor de momentos». Esto es para que le eches un vistazo a mi segundo cuadrante.

Al principio de su libro, Carlos relata una historia sobre uno de los momentos definitorios de su vida. Fue en la clase de preescolar, en el sótano del edificio de una iglesia de Decatur, Georgia. «Yo era un chico tímido, de ascendencia panameña y mejicana con peinado afro y raya al medio, parecido a Gary Coleman en sus mejores épocas. Y vivía en una tierra de cabellos rubios y esplendorosos, ojos de color azul profundo y acentos sureños», cuenta Carlos.[39] Carlos era «de afuera», y lo sabía.

El momento de definición sucedió el día en que se repartían los papeles para la función anual del circo del preescolar de la Iglesia

Presbiteriana Rehoboth. Era el décimo tercer año en que se presentaba el circo y el año anterior Carlos había representan a un león, aunque su rugido sonó más bien a maullido y todo el público se echó a reír. La vergüenza que sintió Carlos había dejado su huella. Ahora tendría que volver a la escena del crimen.

Su maestra, la señora Stephens, empezó a repartir los roles. Mary sería la osa bailarina. Brandon sería el payaso. Jay sería el hombre musculoso. Como *Whittaker* está al final del alfabeto, cuando la señora Stephens llegó allí, se quitó las gafas y sonriendo con una expresión que Carlos recuerda hasta el día de hoy, dijo: «Carlos, este año serás... el director del circo».[40]

«Ese momento, resumido en una frase, lo cambió todo de veras para mí. Cambió la trayectoria de mi futuro», recuerda Carlos como si hubiera sucedido ayer. «Ella pensaba que *yo podía* ser el director del circo».[41]

En el octavo grado Carlos se habría contentado con haber sido tesorero de la clase, pero se presentó como candidato a presidente. ¿Por qué? Porque era el director del circo. Carlos hoy ha liderado servicios de adoración ante decenas de miles de personas en estadios repletos y ha sido maestro de ceremonias en varias de las conferencias en las que he expuesto. Carlos es un maestro... ¡el maestro de ceremonias! Y todo se remite a ese momento en que la maestra de preescolar vio algo en él. No fue que solo le asignara el papel en la decimotercera función anual del circo de preescolar de la Iglesia Presbiteriana Rehoboth. Fue que le dio a Carlos una nueva imagen de sí mismo.

Lo que diré ahora tal vez no te parezca muy exegético, pero pienso que fue eso precisamente lo que Pablo hizo por Timoteo. Ni Timoteo ni Carlos sabían dónde encajarían, no tenían sentido de pertenencia.[42] Y me pregunto si Timoteo ocultaría la cabeza en su caparazón para no salir nunca, si Pablo no le hubiera hablado esa palabra de exhortación. Al final, Timoteo llegaría a ser el director del circo en la iglesia de Éfeso, pero todo comenzó con una palabra profética.

Buena gramática

En todo idioma o lenguaje hay reglas. Por ejemplo, «usar la m antes de la b, a excepción de algunos nombres propios». Y eso vale en especial para el quinto lenguaje. Porque tiene que ver con al menos dos personalidades; por eso es el doble de complicado en comparación con los demás lenguajes, ya que hay más posibilidades de que se malinterprete.

Así que las siguientes son algunas reglas de oro.

Primero, *nadie está exento de reproches*. Apenas pienses que superas toda tentación, ya caíste en ella. Tu tarea al final de ese capítulo es fácil y no lo es al mismo tiempo. Dale permiso a alguien para que te hable y asegúrate de que sea una persona en quien confíes. Cuando te diga algo que no te agrade, eso es lo que tienes que escuchar con mayor atención.

Segundo, *no permitas que la flecha de la crítica te traspase el corazón, a menos que primero la pases por el filtro de las Escrituras*.[43] Lo mismo es con los elogios. Si vives alimentándote de elogios muy probablemente mueras a causa de las críticas. Repito que tenemos que interpretar el lenguaje de las personas por medio del lenguaje de las Escrituras. Si algo no concuerda con ellas, descártalo. Pero si coincide, arrepiéntete.

Tercero, no *tomes decisiones en el vacío*. Yo soy de los que procesan todo de manera intrapersonal, así que por costumbre proceso las cosas internamente. Sin embargo, como dije antes, la Biblia nos exhorta a buscar el consejo sabio. Recuerda esto: nadie apunta a llegar a la luna sin ayuda de otros. Muéstrame quiénes son los que te rodean y yo te mostraré tu futuro.

Cuarto, *escucha con toda atención hasta el último detalle antes de dar un consejo*. La principal razón por la que no oímos lo que otros tienen que decir es que formulamos nuestras propias respuestas mientras el otro está hablando todavía. Escuchamos para hablar en vez de escuchar para escuchar. Una de las formas de asegurarte de que oíste lo que te dijo el otro es practicar una técnica de consejería que se conoce como reafirmación. Repetimos lo que oímos hasta asegurarnos de que lo entendimos.

Quinto, *anima siempre antes de corregir.* Ese es el patrón del libro de Apocalipsis. Dios pronuncia algunos juicios fuertes respecto de las iglesias en Apocalipsis, pero antes siempre pronuncia una palabra de aliento. No hay nada que desarme tanto como un elogio, siempre y cuando sea auténtico. Según la tasa de Losada necesitamos al menos 2,9 instancias de comentarios positivos por cada comentario negativo.[44] Y si tienes que equivocarte, mejor es por ser positivo que por haber sido demasiado negativo.

Sexto, *las conversaciones difíciles se hacen más graves cuanto más las pospongas.* Tiendo a evitar el conflicto, pero he aprendido que al hacerlo no le hago un favor a nadie. El conflicto no resulta divertido, pero nos ayuda a crecer. ¡El hierro afila al hierro pero las chispas vuelan! A veces tienes que mantener esas conversaciones que parecen dolorosas con los demás con el objetivo de ayudar. Pero asegúrate de que tus motivos sean los correctos. Si dices las cosas solo para descargarte, mejor ni te molestes porque te saldrá el tiro por la culata. Las relaciones sinceras y auténticas están llenas de gracia y verdad.

Sin gracia, las relaciones no tienen corazón. Y, sin verdad, las relaciones no tienen cabeza. Pero cuando están llenas de gracia y verdad, nuestras relaciones lucen sinceras y verdaderas. Es entonces, y solo entonces, que oímos la voz de Dios a través de otras personas.

LA PARADOJA DEL ARQUERO

EL SEXTO LENGUAJE:
LAS INVITACIONES SUTILES

Para un momento como este.

—ESTER 4:14

El presidente de los Estados Unidos era Teddy Roosevelt. Henry Ford acababa de producir su primer Modelo T.[1] Las películas eran mudas. Las mujeres no podían votar. Y una hogaza de pan costaba cinco centavos, pero el pan en rebanadas se inventaría recién dos décadas después. ¡Ah! ¡Y los Chicago Cubs ganaron la Serie Mundial! Corría el año 1908.

Pelearíamos dos guerras mundiales, pondríamos al hombre en la luna e inventaríamos la Internet antes de que los Cubs ganaran de nuevo la Serie Mundial en 2016. Pasaron 108 años y la bola de béisbol es cosida con un total de 108 puntadas. ¿Coincidencia? ¡Qué dices!

En la décima entrada del séptimo juego, tras una angustiosa demora por lluvia, Ben Zobrist golpeó dos veces la pelota aunque llevaba dos strikes en su contra, por la línea de la tercera base, frente al lanzador Bryan Shaw, logrando la carrera que le daría el liderazgo en el partido. Muchos de los fanáticos saltaron al mismo tiempo ¡y el temblor quedó registrado en la escala de Richter! Bueno, así no fue la cosa... estoy bromeando, creo. Sin embargo, fue la décima reunión multitudinaria y pacífica en la historia humana porque unos cinco millones de fanáticos harían flamear la bandera de la W unos días más tarde.[2]

Es aquí donde interrumpo el fabuloso final de la maldición de los Cubs y lo hago con una pregunta. ¿Cómo logró ese lanzamiento Ben Zobrist, el jugador más valioso de la serie mundial? Porque, ¿cómo puede un bateador golpear una bola de 7,6 centímetros de diámetro para que salga volando y recorra dieciocho metros y cuarenta y cinco centímetros en 0,43 segundos?[3] Para que la retina reciba un mensaje visual hace falta una quinta parte de un segundo, y para ese momento la bola ya está a mitad de camino en su trayectoria a la base del bateador.[4] El margen de error entre una bateada que acierta y una que no lo hace ¡es de solo diez milisegundos! Eso es quince veces más veloz que un parpadeo de tus ojos.[5]

Volvamos a la pregunta. ¿Cómo logras darle a una bola rápida que viaja a ciento sesenta kilómetros por hora o a una bola curva que podría desviarse unos 44 centímetros?[6] La respuesta tiene dos aspectos: buena vista y buen cálculo del tiempo. Si tienes buena vista pero calculas mal, harás strike. Y si calculas bien pero la vista no te ayuda, errarás. Es esa combinación única y singular de vista y cálculo de tiempo lo que resulta en una buena jugada.

Ya tocamos el tema de lo importante que es la visión, cuando vimos el lenguaje de los sueños. Ahora es el momento de hablar de los tiempos divinos. ¿Recuerdas ese viejo dicho del «momento justo»? Es tan válido para el béisbol como para la vida y lo es, sobre todo, cuando se trata de aprender el lenguaje de las invitaciones sutiles. Porque Dios se ocupa de ubicarnos estratégicamente en el lugar indicado en el momento justo, pero no siempre lo reconocemos de ese modo. Dios siempre es puntual, aun cuando las cosas sucedan a último momento. El rey Salomón dijo: «Hay un tiempo para todo» y luego enumeró veintiocho ejemplos.[7] Es decir, que necesitamos saber en qué momento o tiempo estamos. Porque si no lo sabemos, sentiremos frustración al tratar de cosechar cuando es tiempo de sembrar, o intentaremos sembrar cuando es tiempo de descanso para la tierra. Las probabilidades son parejas: el mal momento puede ser tan calamitoso como podrá ser próspero el momento justo.

Discernir la voz de Dios es algo que solo podremos hacer si nuestro reloj interno percibe sus invitaciones sutiles. Nuestro tiempo de reacción a ello llevará a la sincronización sobrenatural que hace que estemos en el lugar indicado en el momento justo, con las personas correctas. Es, precisamente, lo que prometió el profeta Isaías:

Ya sea que te desvíes a la derecha o a la izquierda, tus oídos percibirán a tus espaldas una voz que te dirá: «Este es el camino; síguelo».[8]

Momentos kairos

En el Nuevo Testamento encontramos dos términos que se traducen como *tiempo*. El primero es *chronos* y tiene que ver con el tiempo que marca el reloj o el calendario. De allí proviene la palabra cronología. *Chronos* es secuencial: pasado, presente, futuro. Y es lineal porque avanza en una sola dirección.

Según la mitología griega, Chronos era un dios de baja estatura con piernas musculosas y talones con alas. Se movía a tanta velocidad que una vez que pasaba ya no podías atraparlo. Como símbolo de la transitoriedad del tiempo, Chronos tenía cabello en la parte del frente de su cabeza, pero era calvo en la parte de atrás. En pocas palabras: no puedes atrapar el presente cuando ya pasó.[9]

Por último, pero de suma importancia, está el hecho de que *chronos* es un producto humano. Es la forma en que los humanos medimos el tiempo, pero Dios existe fuera de las dimensiones espaciotemporales que Él creó. Así que tenemos que cuidarnos mucho de no ponerlo a Él dentro de nuestros relojes, de nuestras cajas y nuestras etiquetas. El otro término es *kairos* y se refiere al tiempo oportuno. *Chronos* es cuantitativo: cuenta los minutos. *Kairos* es cualitativo: capta los momentos. Es el momento crítico, el momento indicado, «...*para un momento como este*».[10] Es el *carpe diem*, el «aprovecha el día».

Kairos es un término de arquería que se usa para designar a la flecha que se dispara con fuerza suficiente como para penetrar el blanco.[11] Mejor todavía: es la paradoja del arquero. La lógica sugiere que hay que apuntar la flecha directo al blanco pero, si está lejos, el arquero con experiencia sabe que hay una enorme cantidad de variables que pueden afectar su trayectoria. Lo que tendrá que hacer es desviar la flecha en la medida justa para que logre dar en el blanco. La capacidad para evaluar esas variables se llama kairos.

La forma en que administramos el tiempo, en cuanto al *chronos*, es importante. El salmista nos dice que hay que «contar bien nuestros días».[12] Y creo en eso que dice Vince Lombardi: si no llegas quince minutos antes ¡llegas tarde! Pero el apóstol Pablo llevó la idea de la administración del tiempo más allá, cuando nos dijo que hay que aprovechar al máximo cada momento oportuno.[13] No se trata de la palabra *chronos*. Es *kairos*, que literalmente significa «aprovechar al máximo cada oportunidad».[14]

Si dejas pasar la oportunidad, el costo es esa oportunidad. Hasta podría tratarse de un pecado de omisión. Pero si aprovechas al máximo una oportunidad, podrá convertirse en un momento de definición.

Hace poco hablé en un retiro del Congreso durante una temporada de gran tensión política. Tuve que abrirme paso entre mil manifestantes y una barricada policial para llegar al hotel en el que se realizaba el evento. Mi regla de oro es que si tengo una oportunidad de predicar el evangelio lo predicaré a ambos lados del escenario. Es el ejemplo que nos dio Pablo en su ministerio de ser «todo para todos».[15] El devocional que conduje fue durante la primera sesión del día, y era una sesión opcional, de modo que quedé impresionado porque se presentaron varias decenas de miembros de ambas cámaras. Para ser sincero, estaba un poco nervioso y me había costado pensar en qué iba a decir. Pero como suele suceder, lo más importante no era nada de lo que dije sino una sutil indicación que iba más allá del protocolo. Sentí la invitación a pedirles a todos que se arrodillaran para orar. No estaba muy seguro de la forma en que responderían esos líderes de la nación, pero corrí el riesgo que sentía que el Espíritu Santo me pedía que corriera. Y en cierto aspecto que jamás podría haber previsto o planificado, el tiempo y el espacio se convirtieron en un momento santo y en suelo santo. La respuesta espiritual y emocional fue visceral. ¿Será que porque se arrodillaran se resolverían todos nuestros problemas políticos, todas las tensiones políticas? No. Pero no es un mal comienzo.

El tiempo *chronos* tal vez se mida en minutos. Pero la vida se mide en momentos *kairos*. Discernir esos momentos forma parte de lo que es oír la voz de Dios. Oírle significa discernir los momentos santos en que tienes que arrodillarte. Es discernir esos momentos cruciales en que tienes que tomar una decisión difícil. Como padres y madres, es discernir esos momentos en que puedes enseñarles algo a tus hijos, momentos que pueden llegar a ser definitorios en sus vidas.

Detesto admitirlo, pero suelo perderme más momentos kairos de los que aprovecho. A veces dejo que el miedo gobierne mis decisiones. Temo sentirme incómodo, verme como un tonto y por eso no aprovecho el momento de dar un paso adelante en fe. A veces también me preocupan demasiado mis propios problemas, por lo que no discierno las sutiles invitaciones de Dios. Sin embargo, escuchar esos susurros y obedecerlos puede hacer que tu día común y corriente se convierta ¡en la aventura de tu vida!

Cambio en un instante

La vida cambia en un instante, y esos instantes son las decisiones que cambian el curso de nuestras vidas para siempre. Algunas de ellas las pensamos y estudiamos, pero otras son repentinas, casi por capricho. De uno u otro modo todo sería aterrador si no fuera porque Dios ordena nuestros pasos, ¿verdad?

En los comienzos de mi primer año en Central Bible College, hubo un servicio especial en que invitaban a la capilla a los pastores de la localidad. Era el inicio del año y la escuela quería vincularnos a la iglesia de la comunidad. Creo que había unos cincuenta pastores apretados en el sector del coro y reconocí algunos rostros porque habían predicado en alguna capilla o eran pastores en alguna de las iglesias más grandes de la ciudad.

Sabía que la mayoría de los estudiantes aterrizarían en cualquier iglesia que ese semestre fuera «la» iglesia del momento. Y yo estaba pensando en hacer lo mismo. Jugaba al baloncesto y tenía ocupados mis días con las clases, por lo que me sentí tentado a asistir a alguna iglesia con un gran predicador para poder sentarme y relajarme.

Fue entonces que sentí una sutil indicación que me pareció extraña. Jamás había sentido algo como esa instrucción, pero supe exactamente con cuál pastor tenía que hablar. No puedo explicar el cómo ni el por qué. Simplemente lo supe. Apenas terminó lo de la capilla fui directo hasta el pastor Robert Smiley, creo que fui el único que se le acercó. No lo conocía, pero él a mí sí porque seguía a nuestro equipo de baloncesto.

Pasaría dos años de universidad, no solo asistiendo a la iglesia West Grand de las Asambleas de Dios, sino sirviendo de muchas formas. Esa iglesia ya no existe y, en ese momento, apenas si existía. Si iban unas doce personas, se consideraba un buen domingo. Pero el lugar parecía repleto porque solo había siete bancos. Sin embargo, estaré por siempre en deuda con el pastor Smiley, que me permitió dar mis primeros pasos en la predicación. Hasta me dejó liderar la adoración algunas veces y, en una ocasión, ¡hasta pude tocar música «especial»!

Estoy absolutamente convencido de que no habría estado preparado para plantar una iglesia a mis veintitantos años si no hubiera sido por el pastor Smiley. Él forma parte de mi nube de testigos. Y todo comenzó con una sutil indicación.

Sensible al tiempo

La verdad no es relativa, pero el tiempo sí. Los padres de los pequeños deambuladores lo saben. Para un niño de dos años la semana que viene bien podría ser el año que viene, y el año que viene bien podría ser jamás. ¿Por qué? Porque un año representa el cincuenta por ciento de sus vidas. Si tienes cincuenta años, un año representa el dos por ciento. Para los niños, un día puede parecer veinticinco veces más largo de lo que les parece a sus padres y esto puede presentarse de forma más pronunciada para los hijos de Dios.

Para Dios «¡mil años son como un día!»[16]

Para nosotros ¡un día puede sentirse como mil años!

Los que nacimos después que el astronauta Neil Armstrong diera «un pasito por el hombre» operamos en una línea cronológica diferente a la de nuestros padres. Hacemos la comida en el microondas, averiguamos las cosas en Google, leemos las noticias mientras están sucediendo y usamos Facebook con los amigos.

Todo ello a la velocidad de la luz. Pero en el reino de Dios las cosas pasan a la velocidad de una semilla sembrada en el suelo que tiene que germinar y echar raíces antes de que pueda dar fruto. Me encantan los de la generación del milenio, los *mileniales*, por eso mi tarea como pastor es principalmente con ellos. Me encanta su pasión por la justicia, su deseo de distinguirse y su idealismo pragmático. También me interesa y me preocupa lo que percibo como falta de paciencia. Yo tampoco la tengo. Queremos lo que nuestros padres tienen en la mitad del tiempo, con la mitad del esfuerzo. Sin embargo, casi puedo garantizar que nuestros sueños y esperanzas nos llevarán más tiempo de lo que calculamos en principio. El punto es que nos rendimos con demasiada facilidad, muy rápido. Muchas veces nos adelantamos a Dios en vez de seguirle el paso al Espíritu, o nos quedamos atrás a causa de la frustración. No es fácil discernir sus tiempos, y cuesta más todavía confiar sobre todo porque uno siente que Dios llega un día tarde, que le faltan cinco centavos para el dólar. Pero si cuestionas sus tiempos, tal vez lo que haya que ajustar sea tu reloj. Con Dios llegas a tiempo si estás en sintonía con su susurro.

Por consideración a David

En distintos lugares del Antiguo Testamento encontramos versiones de esta frase: «por consideración a David».[17] Eso da testimonio de la fidelidad de Dios, aun cuando no le somos fieles.

En el año 853 a.C. asumió el trono un rey llamado Jorán. Era el quinto rey del reino del sur e hizo lo malo a los ojos del Señor. Jorán, en realidad, mató a sus hermanos para acceder al trono. Uno esperaría que en el versículo siguiente apareciera el juicio de Dios sobre él, ¿o no? Pero no vayamos tan rápido.

Pero el Señor no quiso destruir a Judá por consideración a su siervo David...[18]

¡Eso sucedió 117 años después de que muriera David! Hace rato que David no existe, pero Dios no ha olvidado la promesa que le hizo. Dios tiene buena memoria. No olvida a su pueblo ni sus promesas. Lo único que Dios olvida es el pecado que perdona.

¿Puedo sugerir que Dios ha hecho algunas cosas en tu vida por consideración a otra persona?

En mi caso, sé que es así. Yo tuve un abuelo que oraba, Elmer Johnson. Por las noches se quitaba su audífono y, arrodillado junto a su cama, oraba. Él no podía oírse pero todos los que estaban en la casa sí podían escucharlo. Eso forma parte de mis primeros recuerdos. Mi abuelo murió cuando yo tenía seis años, pero sus oraciones no murieron. Ha habido en mi vida momentos bien definidos en los que he recibido una bendición que sabía inmerecida y, entonces, el Espíritu Santo me ha susurrado: *Mark, las oraciones de tu abuelo por ti están siendo respondidas ahora.* ¡Eso te da escalofríos! Dios hace eso «por consideración a Elmer».

Somos beneficiarios de oraciones que ni conocemos. Dios ya estaba obrando desde mucho antes que entrásemos a escena y nos está usando para preparar las cosas de la generación que vendrá.

Nosotros solemos pensar en el aquí y el ahora.

Dios piensa en naciones y generaciones.

No tenemos idea siquiera de la forma en que nuestras vidas alterarán el rumbo de la historia, pero por cada decisión que tomamos hay un efecto dominó divino. No subestimes el potencial impacto de obedecer a las sutiles indicaciones de Dios. ¡Porque esos son los susurros cuyos ecos resuenan por toda la eternidad!

Oraciones sin respuesta

Cuando empezamos a plantar iglesias, nuestra oficina era una habitación desocupada de nuestra casa. Cuando nació nuestra hija Summer, usábamos el lugar como oficina durante el día y como dormitorio de la niña por las noches. Eso pudo durar poco tiempo y entonces empezamos a buscar un espacio para la oficina. Encontré dos casitas de ladrillos en Capitol Hill que eran absolutamente perfectas, por lo que se lo dije a Dios. Pero las dos puertas se cerraron drásticamente. En ambos casos, hubo otra persona que nos ganó y firmó contrato por la propiedad antes que pudiéramos hacerlo nosotros. Así que no solo Dios no había respondido nuestras oraciones sino que sentíamos que se oponía a nuestros esfuerzos. Todo era tan confuso y frustrante que hasta estuve a punto de darme por vencido y no buscar más. Unas semanas después iba caminando por la calle 205 F cuando sentí una sutil indicación muy extraña. Era como si el Espíritu Santo estuviera revolviendo entre mis recuerdos para sacar una tarjeta con un nombre. Había conocido al dueño de esa casa de ladrillos un año antes, pero no sabía con certeza si el nombre que había surgido en mi subconsciente era el de él. Como todavía no existía Google, tuve que buscarlo en algo que se llama páginas blancas. Había ocho personas con ese mismo apellido. Frente a su casa ni siquiera había un cartel de venta. ¿Por qué iba a llamarlo yo? ¿Qué le diría? Obedecí de todos modos a la sutil indicación y marqué un número de teléfono sin saber siquiera si correspondía a ese hombre.

Cuando alguien contestó, me presenté enseguida pero la persona que estaba del otro lado de la línea no me dejó terminar de hablar. «Estaba pensando en ti», me dijo. «Tal vez ponga a la venta la casa de la calle 205 F y me gustaría saber si quieres comprarla antes de poner un anuncio y ofrecerla en el mercado inmobiliario».

¡Eso es *kairos*!

Esa casa fue nuestra primera oficina. Pero más que la función, lo importante fue la ubicación puesto que la calle 205 F es la que sigue a la calle 201 F, donde había una casa que estaba abandonada y llena de drogadictos ¡y que se convertiría en la Cafetería Ebenezers! Si Dios hubiera respondido nuestras oraciones al principio por esas dos casas que eran «absolutamente perfectas», no habríamos estado en la situación de poder comprar y construir nuestra cafetería. Así que, ¡alabado sea Dios por las oraciones sin respuesta!

Nuestro Padre celestial es demasiado sabio como para darnos siempre lo que queremos cuando lo queremos. Nos ama demasiado como para hacer eso. No te conformes con lo que resulta rápido. No te conformes con lo que no sea lo mejor. Espera y confía porque lo mejor que Dios puede dar vendrá. Así que espera.

Insomnio sobrenatural

Quizá haya un gran ejemplo en la Biblia de lo que son los tiempos divinos y las sutiles indicaciones, en el caso del insomnio sobrenatural. En el libro de Ester, el pueblo judío estaba a punto de sucumbir al genocidio por un plan que había preparado un hombre malvado llamado Amán. Su archienemigo era Mardoqueo, primo de la reina Ester. Amán odiaba tanto a Mardoqueo ¡que mandó levantar un poste de veintitrés metros de altura para empalarlo! Pero la noche anterior a la ejecución de Mardoqueo Dios se hizo presente, con gran despliegue.

Aquella noche el rey no podía dormir, así que mandó que le trajeran las crónicas reales —la historia de su reino— y que se las leyeran. Allí constaba que Mardoqueo había delatado a Bigtán y Teres, dos de los eunucos del rey, miembros de la guardia, que habían tramado asesinar al rey Asuero.[19]

Puedes leer el resto de la historia en el libro de Ester y verás que Dios volteó las cosas de un plumazo. Mardoqueo desfiló por las calles de Susa envuelto en el manto del rey y montando su caballo y a Amán lo empalaron en el palo que había mandado erigir.

Voy a hacer algunas observaciones importantes.

Primero, *Dios no siempre recompensa las buenas obras enseguida.* ¿Alguna vez hiciste algo que pareció pasar inadvertido? En el momento es una frustración, pero he aprendido a confiar en la cronología de Dios. No siempre nos recompensa de inmediato, en el mismo lugar en que estamos. Sí puedo asegurarte esto: recompensará tu fidelidad de alguna forma, de algún modo, en algún momento. Mardoqueo le había salvado la vida al rey Asuero al frustrar una conspiración para asesinarlo, pero seguramente sintió que su buena acción había pasado inadvertida. Sin embargo, Dios se estaba asegurando de que se recordara y recibiera recompensa justo en el momento indicado, justo a tiempo.

Segundo, *el insomnio a veces es señal de que Dios quiere hablarnos*. Cuando despierto a horas extrañas por razones extrañas, lo tomo como una sutil invitación a orar. Claro que a veces no duermo porque comí lo que no debía la noche anterior, pero no siempre es así. ¿Por qué no orar hasta que puedas dormirte? Es mejor que contar ovejas.

Tercero, *Dios puede lograr más en un día de lo que puedes tú en toda tu vida*. Vamos a divertirnos un poco con esta historia. ¿Cuáles eran las probabilidades de que el rey Asuero tuviera insomnio precisamente la noche anterior a la ejecución de Mardoqueo? Para ir a lo más simple, digamos que eran de 1 en 365. Como monarca gobernante, el rey Asuero probablemente tuviera la biblioteca más grande de Persia. No hay forma de conocer con exactitud qué literatura tendría, pero no me sorprendería que fuera como la Biblioteca Real de Asurbanipal (o Asnapar). El Museo Británico calcula que la de Asurbanipal tenía 30,943 rollos y tablillas.[20] Si usamos ese cálculo las probabilidades de que el rey Asuero eligiera el libro de las crónicas era de 1 en 30.943.

Por último, no tenemos idea del tamaño del libro del reino, pero apuesto a que se parecía más a una enciclopedia que a un libro de historietas. Al término de cada día de sesiones del Congreso, se imprime lo debatido en el Registro del Congreso. Ese registro incluye la oración de apertura y la Promesa de lealtad, junto con las peticiones, nominaciones, enmiendas al texto y resoluciones conjuntas. El registro del primer día del año 115 del Congreso fue de 101 páginas.[21] Por supuesto que incluía la elección del Presidente de la Cámara de Representantes, por lo que tal vez fuera más largo que el promedio. Estoy seguro de que los persas no eran tan meticulosos o extensos como nosotros. Pero Asuero reinó durante veintiún años. ¿Cuál es el punto? ¡Que era un libro grande! Seamos conservadores y pensemos en las probabilidades de que el libro se abriera justo en esa página y que fuera precisamente en el párrafo sobre Mardoqueo, digamos que fueran de 1 en 1.000.

Si multiplicamos esas cifras, las probabilidades de que Asuero leyera precisamente la página en la que se relataba la buena acción de Mardoqueo eran de 1 en 11.294.195.000. ¡Ahí es cuando sabes que Dios forma parte de la ecuación! Discernir la diferencia entre coincidencia y providencia no es algo que se pueda reducir a una fórmula matemática. No obstante a Dios le encanta obrar lo imposible, en contra de toda probabilidad. También le encanta usar al candidato menos calificado para que se cumplan los planes y propósitos de Él.

Indicaciones loquísimas

El 24 de febrero de 1958, la revista *Life* publicó un artículo principal titulado: «Juicio a pandilla de adolescentes por asesinato». La foto era de siete miembros de la pandilla, acusados de asesinar a Michael Farmer, un chico de quince años discapacitado por polio. Toda la nación estaba pendiente del juicio, como sucedió con el de O. J. Simpson, unas cuatro décadas después. Pero a un pastor de Pensilvania, llamado David Wilkerson, aquello lo destrozó. El rostro de uno de los jóvenes —el más malo de los siete— se grabó a fuego en su memoria. Mucha gente leyó el artículo, pero Wilkerson lloró al leerlo sin saber por qué.

Luego Wilkerson daría inicio a un ministerio mundial llamado Teen Challenge [Desafío adolescente], escribiría un libro éxito de ventas según el *New York Times*, titulado *La cruz y el puñal*, y fundaría la congregación Times Square Church. Sin embargo, todo comenzó con esa sutil indicación: un artículo de una revista. Al igual que Pablo cuando reaccionó a la visión del hombre de Macedonia que lo llamaba pidiendo ayuda, Wilkerson no podía ignorar lo que percibía como un susurro de Dios. En su escritorio, una noche dominical muy tarde, en ese mes de febrero de 1958, discernió la voz de Dios: «Ve a Nueva York y ayuda a esos chicos».[22]

La mudanza de la Pensilvania rural a la ciudad de Nueva York para ministrar a las pandillas era una indicación loquísima, pero no más loca que algunas de las indicaciones e invitaciones que leemos en las Escrituras. Como la que llevó al copero del rey de Babilonia a reconstruir las murallas de Jerusalén. Como la que hizo que Felipe se encontrara con un eunuco etíope en medio de la nada. Como la que hizo que Ananías orara por un terrorista llamado Saulo. Como la que llevó a la cita divina entre el apóstol judío llamado Pedro y el soldado italiano llamado Cornelio.[23]

Antes de leer ese artículo en *Life,* David Wilkerson había ido en viaje misionero a Argentina. Ese viaje produjo en su Espíritu una «inquietud».[24] Es difícil definir lo que se siente, pero es un sexto sentido que te dice que Dios te está preparando para algo más, para un lugar diferente. «A veces tienes que ir al otro lado del mundo para darte cuenta de que no estás llamado a ir allí», dijo su hijo Gary.[25] Ese viaje misionero produjo en él no solo inquietud de espíritu, sino la disposición y apertura a ir a cualquier parte, a hacer lo que fuera. En mi experiencia, eso es lo que hacen los viajes misioneros. Cuando te sales de tu rutina, puedes oír la voz de Dios con mayor claridad. Suele ser una puerta que lleva a otra. O quizá debería decir que es una invitación que lleva a otra invitación.

Frecuencia efectiva

Permíteme distanciarme un poco para efectuar una observación importante. Aprender a discernir esas invitaciones e indicaciones de Dios es algo que requiere de práctica. Recuerda que es como aprender un nuevo idioma. No vas a captar todas las insinuaciones desde el principio. Pero si le das algo de tiempo irás mejorando en eso de oír esos sutiles susurros. La buena noticia es que Dios es paciente. No es que te cuenta hasta tres y que ya no estás en el reino de Dios. Más bien, a lo que se refiere es a segundas oportunidades multiplicadas por «setenta veces siete».[26]

En publicidad hay un fenómeno que se conoce como frecuencia efectiva, lo que hace referencia a la cantidad de veces que necesitas oír un mensaje antes de responder a él. La regla del siete fue la regla de oro durante mucho tiempo, pero el número mágico parece ir en aumento. Quizá, porque hay muchas voces que compiten por nuestra atención.

«Solo hazlo».

«Destapa tu felicidad».

«Alivia el dolor…»

No hace falta que te diga de qué productos son esos avisos, ¿verdad? Sabes que son de Nike, CocaCola y Alka-Seltzer. ¿Sabías que algunas de esas campañas publicitarias llevan ya entre veintiséis y ochenta y siete años hablándole al público?[27] Son brillantes ejemplos de lo que es la frecuencia efectiva, por eso me parece que Dios anuncia y publicita sus planes y propósitos de manera muy parecida. Con toda paciencia nos da sutiles indicaciones, suaves codazos, avisos e invitaciones una y otra vez. Y a menudo lo hace usando lenguajes diferentes.

¿Has notado las distintas formas en que Dios logra que las personas le presten atención en las Escrituras? ¿Y la cantidad de veces que ha hecho falta eso? Es todo un estudio de la frecuencia efectiva. En el caso de Samuel la frecuencia efectiva fue de cuatro susurros muy tarde por la noche y, en el caso de Pedro, la frecuencia efectiva fue un gallo que cantó dos veces al amanecer. En el caso de Saulo, la frecuencia efectiva fue una visión y una voz al mediodía.[28]

Si eres como yo, a Dios le hacen falta varias veces hasta que le des toda tu atención. Y es por eso que habla en estéreo. Es decir, que susurra en más de un lenguaje. Es su forma de asegurarse dos o tres veces que atajemos lo que nos está arrojando. Y para los que somos un poco lentos, Dios tiene tanta gracia como para darnos dos, tres o cuatro confirmaciones. El apóstol Pablo es el primer ejemplo y Ananías es el testigo clave.

Anda, ve a la casa de Judas, en la calle llamada Derecha, y pregunta por un tal Saulo de Tarso. Está orando, y ha visto en una visión a un hombre llamado Ananías, que entra y pone las manos sobre él para que recobre la vista.[29]

¿No crees que tirar a Saulo de su caballo en el camino a Damasco sería señal suficiente como para convertirlo en Pablo? Pero la frecuencia efectiva de Saulo requería un poco más que eso. Primero, Dios habló desde el cielo con voz audible. Después le habló por medio de una doble visión: Saulo tuvo una visión de Ananías y Ananías tuvo una visión de Saulo. Tercero, Dios le habló a Ananías dándole instrucciones muy detalladas para que encontrara a Saulo en la calle Derecha. Y cuarto, le habló al sanarle la vista a Pablo de manera milagrosa. Eso es hablar en estéreo con sonido envolvente. Eso es frecuencia efectiva. Dios se estaba asegurando por cuadruplicado de que Saulo oyera su voz.

El sesgo del statu quo

En las Escrituras vemos que el Espíritu Santo usa diversas funciones. Lo vemos sobrevolando, dando dones y convicción, revelando, recordando cosas a la gente. Pero cuando quiere que nos salgamos de nuestras rutinas a menudo mueve nuestros espíritus, inquietándonos:

El Señor inquietó de tal manera a Zorobabel.[30]

Cuando el Espíritu Santo nos mueve podemos sentir inquietud, como le sucedió a David Wilkerson. A veces, al principio sentimos un deseo ordenado por Dios que arde como fuego en nuestros huesos. Otras veces es una idea que va creciendo y es como si estallara y, en ocasiones, Dios mece el bote… o lo vuelca.

Podrás llamarlo como sea: un pellizco, un suave codazo, el toque de un dedo persistente o una impresión. Yo lo llamo sutil indicación o invitación ¡y lo comparo con un codazo del Espíritu Santo directo en las costillas! A veces el Espíritu nos mueve de la misma manera en que somos llamados a alentarnos los unos a los otros a hacer buenas obras. Es la motivación que hace que comiences algo, que te detengas o que cambies.

Les cuento algo que considero extraño: siempre pongo la alarma de mi reloj en una hora en punto, sin minutos. No sé bien por qué lo hago, pero sé que no soy el único. Cada vez que confieso esto, salen otros que hacen lo «mismo». ¡Y hasta los que difieren confiesan lo suyo! Sea como sea, todos somos criaturas de hábito. Nuestra tendencia natural es a seguir haciendo lo que hacemos, a pensar lo que siempre pensamos y a decir lo que hemos estado diciendo.

Cuando se trata de la alarma del reloj, mi afinidad por los números pares es un ejemplo del fenómeno llamado sesgo del statu quo. Los primeros en usar ese nombre fueron dos psicólogos, William Samuelson y Richard Zeckhauser, hace casi tres décadas en el *Journal of Risk and Uncertainty* [Manual de riesgos e incertidumbres].[31] Es decir, se trata de la tendencia a seguir haciendo lo que normalmente haces sin pensarlo mucho.

¿Te han ofrecido alguna vez una suscripción a una revista gratis por todo un año? ¡Las revistas son tan generosas! ¿Verdad? ¡Te equivocas! Las editoriales de revistas, las empresas de telefonía celular, las de televisión por cable, las compañías de tarjetas de crédito, todos ellos entienden cómo funciona el sesgo del statu quo. Pasado el plazo de la oferta gratis, te olvidas de anular la suscripción. E incluso si no te olvidas, te da pereza levantar el teléfono para que dejen de enviarte el producto o servicio. Es naturalmente humano seguir haciendo lo que veníamos haciendo, y ese es el problema: si sigues haciendo lo que hiciste siempre, obtendrás lo que siempre obtuviste. Solo un loco esperaría algo diferente.

El sesgo del statu quo es un enorme impedimento para el crecimiento espiritual. Y si no nos cuidamos, nos impedirá discernir las sutiles invitaciones de Dios.

En la ciencia de la computación, la configuración predetermina-da se asigna automáticamente a aplicaciones de software, programas de computadora y teléfonos inteligentes. Lo que viene configurado así se llama preprogramado y el propósito es establecer un protocolo que optimice el rendimiento.

Nosotros tenemos más o menos lo mismo: configuraciones pre-determinadas que gobiernan muchas de las cosas que hacemos. Des-de la forma en que despertamos a la manera en que comemos, y el modo en que interactuamos con los demás, son muchísimas las dimensiones de nuestras vidas que se convierten en patrones. Hay un puñado de configuraciones predeterminadas que gobiernan nuestros pensamientos y nuestras acciones. La buena noticia es que una modi-ficación mínima en la preprogramación puede dar como resultado un cambio enorme.

Hace unos años yo intentaba perder algunos kilos pero me costa-ba muchísimo adelgazar. Descargaba mi frustración contándole eso a un amigo mientras bebíamos un macchiato de caramelo en Star-bucks cierta noche; mirando mi bebida mi amigo me dijo: «Sabes que te estás saboteando, ¿verdad?» El macchiato de caramelo tiene 250 calorías ¡y era el segundo que bebía ese día! ¿Qué hice entonces? Lo único que podía hacer, si quería adelgazar: cambiar mi bebida predeterminada.

Si hoy haces caso a una sutil indicación, el efecto neto el día de mañana podrá ser de dimensiones espectaculares.

Nudge Unit

En 2010, el gobierno británico le encargó a un equipo de siete per-sonas la mejora de los programas gubernamentales basándose en la ciencia conductual. El nombre formal del grupo era Equipo de Comprensión Conductual, pero comúnmente se lo conocía como Nudge Unit [Unidad del empujoncito]. El equipo tenía otorgado un presupuesto modesto y había una cláusula que declaraba que podía ponerse fin al experimento si no se veían resultados.

David Halpern, que encabezaba el equipo, presentó su primer informe oficial a veinte meses de que asumiera David Cameron como primer ministro. Los ministros del gabinete se mostraron un tanto cínicos, pero Halpern se ganó su credibilidad con cuatro diapositivas. La primera diapositiva mostraba que con apenas una mínima edición en el lenguaje se lograba aumentar el cobro de impuestos en decenas de millones de libras. La segunda diapositiva indicaba que la mejor forma de lograr que la gente pusiera aislante en sus áticos era si se ofrecía un «servicio de limpieza de áticos». La tercera diapositiva mostraba la imagen de un auto captada por una cámara ubicada en el camino e indicaba que de ese modo se aumentaba de manera significativa el pago de multas de tráfico. Y la cuarta diapositiva mostraba que si se enviaban mensajes de texto a los que tenían multas impagas se duplicaba la tasa de respuesta.[32]

El nombre Nudge Unit era en honor a los escritores Richard Thaler y Cass Sunstein, que acuñaron el concepto con su libro *Nudge*, un éxito de ventas. Un empujoncito es una forma de alentar y guiar la conducta sin dar órdenes ni instrucciones. Además, es evidencia de que los cambios menores en un aspecto pueden producir enormes diferencias en el sentido de la respuesta.

El baño de hombres del aeropuerto Schiphol de Ámsterdam es el ejemplo clásico. El diseñador Aad Keiboom puso la imagen de una mosca negra en cada uno de los urinales, con lo cual se redujo en ochenta por ciento la cantidad de salpicaduras. Según Kieboom: «Si un hombre ve una mosca, le apuntará».[33]

Hay otro ejemplo divertido, que es el del camino que bordea el lago de Chicago. Si el conductor no observa que el límite de velocidad es de cuarenta kilómetros, la serie de curvas en S es bastante peligrosa. Así que, ¿qué hizo la ciudad de Chicago? Pintaron bandas blancas, cada vez más cerca la una de la otra antes de la curva para que el conductor tenga la sensación de que está yendo más y más rápido. ¿La reacción natural cuál es? Sacar el pie del acelerador.[34]

«Cuando manejamos por esta parte del camino que conocemos encontramos que esas bandas nos están hablando y que nos urgen amablemente a tocar el freno antes de llegar a la parte más cerrada de la curva. Es un empujoncito para que pongamos el pie en el freno», observaban Thaler y Sunstein.[35]

En mi experiencia, Dios nos da empujoncitos suaves casi de la misma forma. Con una idea fugaz por aquí, con un golpecito de adrenalina por allá. O como le sucedió a David Wilkerson, con algo de inquietud por aquí y mucha angustia por allá. Thaler y Sunstein tienen un nombre para los que ingenian empujoncitos como esos: arquitectos de la decisión.[36] No hay mejor arquitecto de la decisión que el Espíritu Santo.

Si Dios te da un empujoncito para que ores, ora.

Si Dios te da un empujoncito para que sirvas, sirve.

Si Dios te da un empujoncito para que des, da.

Dios está preparándote, pero eres tú quien tiene que hacer caso al empujoncito, a la sutil invitación. Tu obediencia —ya sea que ores, sirvas o des—, bien podría ser el milagro que otro necesita.

Seth Bolt se gana la vida componiendo música y tocando en ciudades de todo el mundo con su banda Needtobreathe [Necesidad de respirar, en inglés]. Esa es su pasión y su vocación. Lo que mucha gente no sabe, sin embargo, es que cuando Seth no está trabajando para la banda, él y su esposa Tori tienen un proyecto aparte que también les apasiona. En 2015, Seth y su padre construyeron una lujosa casa en un árbol en Carolina del Sur. Allí fue donde Seth y Tori se casaron, y donde pasaron su luna de miel. Desde entonces la casa en el árbol ha sido una bendición para huéspedes que vienen desde distintos lugares del mundo a alojarse allí y mecerse en sus ramas.

Poco después de su boda, Seth y Tori soñaban con construir casas en los árboles en Charleston, Carolina del Sur. No solo querían un lugar donde retirarse cuando no estaban de gira con la banda, sino un lugar donde otras personas también pudieran reconectarse con Dios. Después de leer *El hacedor de círculos,* Seth y Tori empezaron a andar en círculos sobre una propiedad de doce hectáreas, cerca de Charleston en la isla Wadmalaw. Se enamoraron de ese terreno con sus robles cubiertos de musgo, pero fue entonces que la realidad les dio un baño de agua helada. El precio no estaba dentro de su presupuesto. Al contrario, estaba muy lejos de su presupuesto. Solo podían comprar la mitad del terreno, pero la fuerte demanda producía ofertas de otros potenciales compradores por la propiedad completa. Entonces Seth y Tori sintieron el empujoncito que los llevó a dar un paso de fe.

Antes de contar el resto de la historia quiero hablar de algunas convicciones. La fe no ignora la realidad, ni la realidad económica. Lo que hace es contar el costo, el real, y el de la oportunidad. Pero si las cuentas no cuadran, la fe no siempre se retira derrotada, porque sabe que Dios puede hacer que aparezca la diferencia, aunque sea grande. ¿Por qué? ¡Porque Dios es el dueño del ganado sobre las mil colinas! Y cuando te da una visión, también te da la provisión.

Por más de un año Seth y Tori siguieron buscando su porción de tierra prometida y le pidieron a Dios que les diera una señal. ¿Cuál fue su vellón? Oraron pidiendo que Dios enviara un águila calva, de modo que el día que tenían que hacer una de las decisiones más difíciles de sus vidas —la de hacer una oferta u olvidarse del asunto— un águila se posó sobre uno de los robles con musgo, a solo quince metros de donde estaban. Seth y Tori supieron que no era casualidad ni coincidencia. Era providencia. Así que firmaron el contrato por fe y cuando terminaron de firmar el águila calva salió volando. ¿Hablamos de los tiempos divinos? Pero sigue leyendo, porque eso no es todo y lo que viene es más maravilloso todavía.

Lo que no sabían Seth y Tori cuando dieron ese paso de fe es que no eran ellos los únicos que estaban dando círculos en oración alrededor de esas doce hectáreas. Había otra pareja dando círculos a esa propiedad al mismo tiempo, pero no para comprarla sino simplemente para que se cumplieran los planes de Dios, los propósitos de

Dios. Cuando esa pareja, a la que Seth y Tori solo habían visto una vez y por unos momentos, descubrió el sueño que Dios les había dado a los Bolt con ese terreno, ¡se ofrecieron a darles el dinero que les faltaba! Y nota que dije dieron. No dije *prestaron.* ¿Quién hace algo así? ¿Quién les da a unos casi desconocidos un montón de dinero para que puedan concretar su sueño? Te diré quién: alguien que escucha y obedece a esa quieta y callada voz de Dios.

Como dice Tori: «¡Estas cosas no puedes inventarlas! ¡Es Dios, que responde a la oración!»

Sesenta segundos justos

Ya conté cuál fue mi oración más valiente y también que tuve algunas oraciones sin respuesta en mi vida. ¡Quiero contar además lo que podría ser la respuesta más rápida a una oración en toda la historia! Cuando nos mudamos a Washington, yo dirigía un ministerio paraeclesiástico en los barrios pobres de la ciudad, el Centro Urbano de Entrenamiento Bíblico. Lora y yo vivíamos con lo justo o mejor debería decir que vivíamos de las ofrendas porque yo era predicador itinerante. El ministerio no estaba ni cerca de autoabastecerse, pero en ese momento sentí la sutil invitación a dar una ofrenda para otro ministerio de la ciudad, también paraeclesiástico. Esa indicación no tenía sentido en lo económico. Porque, ¿quién puede dar de lo que no tiene? Hizo falta mucha fe, toda la que tenía, para hacer un cheque por 350 dólares y tuve que clausurar mi hemisferio cerebral izquierdo hasta que dejé el sobre con el cheque en el buzón en la entrada de la oficina de correos.

Después de dejarlo allí entré para buscar mi correspondencia y me dirigí a nuestra casilla postal. Dentro había una carta de la Fundación Semilla de Mostaza, con un cheque por 10.000 dólares. Eso representa un retorno de 2.857 % en tan solo sesenta segundos justos.

No creo en eso de «dilo y lo tendrás».

No creo tampoco que puedas ser más generoso que Dios.

Cuando sesenta segundos es lo único que separa el dar del recibir resulta difícil no ver la causa y el efecto. Fue un momento como lo que nos dice Lucas 6:38: «Den, y se les dará: se les echará en el regazo una medida llena, apretada, sacudida y desbordante. Porque con la medida que midan a otros, se les medirá a ustedes».

Dios no es una máquina tragamonedas. Además, la recompensa que buscamos es eterna, no material. Pero no podemos ganarle a Dios en generosidad. Si das por razones equivocadas, eso no cuenta en el reino de Dios. Pero si das con una motivación correcta, ¡ya verás! Esa casilla postal de la calle 45 L del Noroeste es una de mis zarzas ardientes. Allí Dios susurró ¡fuerte y claro!

El poder de una singular indicación sutil

Ahora permíteme volver a David Wilkerson. Después de obedecer a la indicación de mudarse a la ciudad de Nueva York, Wilkerson guió a Jesús a Nicky Cruz, el cabecilla de la infame banda los Mau. John Sherrill, un editor de *Guideposts,* convirtió ese testimonio en la primera historia en capítulos que hubiera publicado esa revista. Y esa historia de *Guideposts* se convirtió al fin en *La cruz y el puñal,* un éxito de ventas de la lista del *New York Times* que ha vendido más de quince millones de ejemplares.

Como escritor, me encanta la forma en que resultó todo lo de ese libro. Es testimonio del poder de una singular indicación sutil. En vez de buscar una editorial cristiana, David Wilkerson y John Sherrill fueron a ver a Bernard Geis, uno de los pioneros en el tema de las noticias sensacionalistas en la década de 1960. Geis estaba a punto de publicar el libro de Helen Gurley Brown, *Sex and the Single Girl* [El sexo y las solteras], un libro que en las primeras tres semanas ¡vendería dos millones de ejemplares![37] Era un maestro en presentar figuras y crear controversia para vender más, así que ¿qué querría tener que ver un editor como ese con un predicador como David Wilkerson?

Para decir lo menos, lograr un contrato era una idea descabellada, por lo que Wilkerson le dijo a Sherrill que quería poner un vellón ante el Señor. Sherrill no sabía siquiera lo que era un vellón. Wilkerson hizo exactamente lo que hice yo cuando exploramos el lenguaje de las puertas. Le explicó la forma en que Gedeón pudo discernir la voluntad de Dios al darle condiciones muy específicas y prácticas para que le revelara la voluntad de Él.

Wilkerson presentó dos vellones en oración ante el Señor. El primero era que Geis, un ejecutivo muy ocupado, pudiera reunirse con ellos ese mismo día, que era viernes. Si alguna vez presentaste un manuscrito para publicar, sabes que las juntas editoriales no funcionan de esa manera. Por lo general, hay que esperar mucho más. El segundo vellón era que Geis les ofreciera un adelanto de 5.000 dólares en ese mismo momento. «No suena a mucho dinero, pero en ese entonces alcanzaba para comprar una casa», cuenta Sherrill ahora reflexionando en ese momento.[38]

La primera condición se cumplió cuando Geis les ofreció diez minutos esa misma tarde, pero no pareció impresionado por el pedido de la reunión. ¿Sabes qué fue lo que le llamó la atención? Sinceramente admiró las agallas de Wilkerson, que había arriesgado su vida para llegar a las pandillas de Nueva York. Y aunque Geis no tenía religión, no podía creer que los miembros de las pandillas y los adictos a la heroína estuvieran encontrando la religión. «Escriban una propuesta y si se acepta, les daré cinco mil dólares», les dijo Geis.[39]

Pero la historia no termina aquí.

Escalofríos

En 1968, un actor y cantante de Hollywood llamado Pat Boone leyó el libro que publicó Bernard Geis. Boone dijo: «Me puso la piel de gallina».[40] Ya relaté antes lo que para mí es la prueba de la piel de gallina, pero quiero ir un poco más allá. En términos fisiológicos el escalofrío, o la piel de gallina, es una reacción involuntaria ante una emoción fuerte. En este caso creo que era la evidencia física inicial de una inquietud espiritual. El sentir eso implica que hay una sutil indicación de Dios. Eso llevó a la versión fílmica de *La cruz y el puñal,* protagonizada por Pat Boone en el papel de David Wilkerson. La Asociación de Prensa Extranjera de Hollywood no le dio el Globo de Oro a la película, pero es una de las más vistas en el mundo, ya que la vieron cincuenta millones de personas en 150 países.[41] Y todo comenzó con un escalofrío.

Sé que esos escalofríos no son la prueba de fuego para los del tipo intelectual, por eso no recomiendo tomar decisiones cruciales en la vida basándote en alguna emoción intensa. Pero no des por descontada la intuición. Más bien, presta mucha atención a las cosas que te ponen la piel de gallina.

Linda Kaplan Thaler es la gurú de publicidad responsable del jingle publicitario de Toys R Us: «I don't wanna grow up, I'm a Toys R US kid» [No quiero crecer, soy un chico Toys R Us]. También fue ella la de la idea de los «momentos Kodak».[42] ¿Cómo distingue Linda las buenas ideas de las que no servirán? Sin disculparse por decirlo, explica que «dirigí el tema de Kodak basándome en los escalofríos».[43]

Mi recomendación es que recurras al mercadeo, la estrategia y la planificación. Pero algunas de las mejores ideas en el mundo de los negocios empiezan como escalofríos. Y eso también ocurre con los asuntos del Padre. Los escalofríos no son uno de los siete lenguajes o idiomas de amor que explico en este libro, aunque sí son un dialecto. No ignores esas cosas que te dan escalofríos. Tal vez estés oyendo al mismo Espíritu Santo que «calentó» el corazón de Juan Wesley.

Es imposible calcular el impacto pleno de lo que sea en la vida de una persona, porque nuestra influencia trasciende. Y eso vale para una película, o un libro, y también para una organización. Pero creo que es justo decir que la influencia de David Wilkerson excedió su imaginación más bárbara. Como sucede con tantos otros milagros, todo comenzó con un susurro. Si hubiera hecho caso omiso a esa sutil invitación al leer el artículo de la revista *Life* en 1958, ¿cuántas historias que derivaron de ello habrían quedado en la nada? Lo mismo ocurre con la sutil invitación a Pat Boone, con ese escalofrío. Al final de nuestras vidas todos tendremos cosas que lamentar a causa de los errores que cometimos. Pero apuesto a que lamentaremos mucho más las oportunidades que desaprovechamos. Es así como nos perdemos esos momentos, cuando no estamos a la altura de la gloria de Dios. Así que, ¿cómo asegurarnos de que no nos perderemos esas oportunidades que Dios ordena en sus planes? Tenemos que subir el volumen de esa quieta y callada voz de Dios y ver que sea la suya la voz que más fuerte resuena en nuestras vidas.

LA PALANCA DE MANDO

EL SÉPTIMO LENGUAJE: EL DOLOR

En las ciudades de Judá y en las calles de Jerusalén,
que están desoladas y sin gente ni animales,
se oirá de nuevo el grito de gozo y alegría.

—JEREMÍAS 33:10-11

Martin Pistorius era un niño sano y feliz. Sin embargo, cuando tenía doce años quedó en coma durante tres años a causa de una misteriosa enfermedad. Cuando al fin despertó no podía moverse ni hablar. El síndrome del confinamiento paraliza todos los músculos voluntarios del cuerpo, con una curiosa excepción: el movimiento vertical de los ojos. Martin quedó reducido a un estado vegetativo persistente. Los especialistas les dijeron a sus padres que tenía inteligencia cero y conciencia cero. Estaban equivocados, pero Martin no tenía forma de demostrarlo. Era incapaz de comunicar sus pensamientos o sentimientos al mundo exterior. Estaba preso, atrapado dentro de su propio cuerpo.

Así que dejaron a Martin en un centro médico día tras día, semana tras semana, mes tras mes por trece años y medio. Cuando le daban los alimentos casi hirviendo a la fuerza, no podía decirles lo mucho que le dolía. Cuando necesitaba ayuda en algo no podía siquiera llorar como un bebé. Y como los especialistas pensaban que su nivel de inteligencia era el de un niño de uno o dos años Martin quedaba plantado delante de un televisor viendo cosas como *Barney y sus amigos* o *Los Teletubbies*.

Martin no era más que un testigo silencioso del mundo que le rodeaba, por lo que se sentía completamente solo, totalmente indefenso. Bueno, casi: «Estaba sepultado en una tumba. La única persona que sabía que dentro de ese cascarón inútil había un muchacho era Dios y yo no tenía idea de por qué sentía su presencia con tanta potencia. Él estuvo conmigo mientras mi mente iba tejiéndose nuevamente, y estaba tan presente como el aire, con la misma constancia que la respiración», dice Martin en sus memorias, en el libro *Cuando era invisible*.[1]

Todos actuaban como si Martin no existiera, incluidos su madre y su padre. Nadie pensaba que él estaba allí. Nadie, excepto una enfermera llamada Virna, que creía que Martin tenía más consciencia de lo que todos pensaban. Virna había visto un programa de televisión en que mostraban una nueva tecnología que permitía la comunicación a quienes habían sufrido un accidente cerebro vascular, por medio de un dispositivo electrónico. Y susurraba palabras de esperanzan: «¿Piensas que podrías hacer algo así Martin? Yo estoy segura de que puedes».[2] Gracias a la persistencia de Virna llevaron a Martin al Centro para la Comunicación Alternativa y Aumentativa de la Universidad de Pretoria, en Sudáfrica. Utilizando sensores infrarrojos que rastreaban el movimiento de los ojos, un médico le pedía a Martin que identificara las imágenes que aparecían en la pantalla: un balón, luego un perro, después un televisor. Martin usaba lo único que podía controlar —el movimiento de sus ojos— para identificar cada uno de los objetos.

Más de trece años después de haber contraído la enfermedad que lo dejó preso dentro de su cuerpo, Martin aprendió a comunicarse con una voz computarizada, usando una palanca de mandos múltiples [como las que usan para jugar videojuegos]. Dos años después consiguió su primcr cmplco. Fuc a la univcrsidad. Fundó su propia compañía. Se casó. Y escribió un libro. Y todo lo hizo con una palanca de mando.

Sé que algunos de los que leen este libro se sienten como Martin en muchos aspectos: muy desanimados, muy asustados, muy frustrados, muy incomprendidos. Y solos aunque estén en medio de una multitud. Tienen sus días buenos, pero duran poco. Y nunca sabes cuándo vendrá la depresión a golpear a tu puerta.

Tienes que saber que no es así. Tu soledad no es verdad.

No hay ni uno de nosotros que no sufra porque tiene secretos que le avergüencen, miedos que le debiliten, recuerdos amargos. Si las estadísticas están en lo cierto, el 6,7% de nosotros sufre de depresión; el 8,7% tiene algún tipo de fobia, y el 18% sufre de desorden de ansiedad.[3] Esos retos emocionales son reales. Pero también lo es la esperanza.

El fondo del pozo

La Biblia es un libro sobre personas reales, con problemas reales, que sufrieron dolor de verdad. Todo empieza en el jardín del Edén con una decisión pecaminosa. Las consecuencias iniciales son el dolor de parto, el esfuerzo y el sudor para producir alimentos.[4] El efecto de ello es el dolor en todas sus fases: físico, emocional y espiritual. La buena noticia es que el cielo es zona libre de dolor.[5] Pero entre aquí y allá, el dolor es garantizado.

El libro más antiguo de la Biblia es Job. La vida de Job es el epítome del dolor y el sufrimiento. Job perdió a su familia por una catástrofe. Perdió su riqueza y su salud. Y lo peor de todo es que perdió la esperanza. Era un hombre derrotado que, en su momento, le pidió a Dios que terminara con su vida. Pero incluso en las circunstancias más calamitosas conservaba un muy delgado hilo de gozo: «Aun así me quedaría este consuelo, esta alegría en medio de mi implacable dolor: ¡el no haber negado las palabras del Dios Santo!»[6]

Las diversas traducciones bíblicas lo dicen de manera diferente: La Biblia de las Américas dice: «Mas aún es mi consuelo y me regocijo en el dolor sin tregua».

Dios Habla Hoy dice: «A pesar de la violencia del dolor, eso sería un gran consuelo para mí».

La versión Reina Valera 1960 dice: «Sería aún mi consuelo, si me asaltase con dolor sin dar más tregua».

El término hebreo que se traduce como «gozo» aparece solo una vez en las Escrituras y significa gozo infrecuente y extremo. Es un gozo que no niega la realidad, aunque la desafía. Es el gozo triunfante frente a la pérdida devastadora. La traducción más literal es: «saltar como caballo sacando chispas a las piedras».[7] No es solo saltar de gozo. Es danzar con la desilusión bajo tus pies.

De alguna manera Job sentía algo de placer a pesar del dolor. ¿Habría cambiado las circunstancias si hubiese podido hacerlo? En un abrir y cerrar de ojos. Pero Job hallaba gozo en un único hecho muy simple: no había negado las palabras del Dios Santo.

En medio de los problemas y el sufrimiento tal vez sintamos como que el Todopoderoso nos diera la espalda. Por tanto, ¿qué es lo que queremos hacer, por lo general? Tendemos a darle la espalda nosotros. Pero justamente es en esos momentos que necesitamos apoyarnos en Él, acercarnos más que nunca. Y eso fue lo que hizo Job. No desoyó a Dios ni lo descartó. Nunca dejó de escucharlo.

¿Podré desafiarte a que hagas lo mismo?

Tal vez Dios está diciendo algo que no se puede oír de ninguna otra forma.

Este es el capítulo que más difícil me resulta como escritor y probablemente sea el más difícil de leer. El dolor no es placentero. Sin embargo, C. S. Lewis lo definió de manera genial: «Dios nos habla en susurros en nuestros placeres… pero nos grita en nuestro dolor».[8]

Te pido que me oigas. Todo placer que conozca el ser humano es un regalo de Dios. ¿El sexo? Idea de Dios. ¿La comida? Idea de Dios. ¿La recreación? Idea de Dios. Esos placeres se convierten en dolor cuando hacemos mal uso y abusamos de ellos pero no te equivoques, porque en su forma más pura, todo placer es un regalo de Dios. Sí, nosotros podemos convertirlos en hábitos pecaminosos si tratamos de satisfacer necesidades legítimas de manera ilegítima. Sin embargo, el placer sigue siendo un regalo de Dios. Él nos susurra a través de esos placeres y debiéramos darle las gracias por ellos. Aunque mejor será que también prestemos mucha atención al dolor y al sufrimiento.

El regalo del dolor

Antes de seguir, ¿puedo atreverme a mencionar que el dolor o el sufrimiento pueden ser un regalo? Sin el dolor nos volveríamos a lastimar una y otra vez en las mismas maneras. Sin el dolor simplemente mantendríamos el statu quo. Sin el dolor ignoraríamos o pasaríamos por alto problemas que pueden matarnos.

De hecho, el dolor fue lo que salvó mi vida el 23 de julio del 2000. Ese domingo desperté con un intenso dolor en mi abdomen, pero no le hice caso. Traté de predicar un sermón ese domingo, pero fue el único que no logré terminar. A los cinco minutos de haber comenzado, estaba doblado por el dolor. Terminé en la sala de emergencias del Centro Hospitalario de Washington, donde una resonancia magnética reveló que tenía una ruptura de intestino. Me llevaron de inmediato al quirófano, donde tal vez podría haber muerto. Y, por cierto, habría muerto si no hubiese tenido ese dolor tan intenso que ya no pude ignorar.

Estuve conectado a un respirador por dos días, peleando por mi vida. Perdí unos doce kilos en siete días. ¡Créeme cuando digo que hay mejores formas de adelgazar! Como resultado tengo una cicatriz de treinta y tres centímetros que divide mi abdomen desde arriba hasta abajo.

A veces después del peor dolor llega el gozo más grande, como podrán decírtelo las madres con sus bebés recién nacidos. Pocas personas se infligen a sí mismos tanto dolor como lo hacen los atletas, pero ese dolor queda en el olvido en medio de la emoción de la victoria.

¿Querría yo volver a rozarme con la muerte como en esa oportunidad? ¡Jamás en mi vida! Pero no lo cambiaría por nada en el mundo. No doy por hecho ni un solo día. Y la presencia de Dios en esos días difíciles fue tan real como cualquier otra cosa que haya sentido. Es una presencia que se siente y una voz que se oye con total claridad durante el dolor.

¿Te acuerdas de José en el Antiguo Testamento? En su adolescencia tenía cero inteligencia emocional, lo cual no es poco común en absoluto. Pero trece años de sufrimiento le hicieron graduarse en la universidad de la empatía. Y fue esa única acción de empatía —la de notar la tristeza en el rostro de un compañero de prisión— lo que a fin de cuenta hizo que se salvaran dos naciones.

El dolor puede ser profesor de teología.

El dolor puede ser consejero matrimonial.

El dolor puede ser entrenador de cualquier disciplina.

No hay nada que capte nuestra atención de manera tan absoluta como el dolor. Derriba a los falsos ídolos y purifica los falsos motivos. Revela dónde necesitamos sanar y dónde necesitamos crecer. Hace que reordenemos nuestras prioridades como no lo logra ninguna otra cosa. El dolor forma parte integral del proceso de santificación que Dios obra en nuestras vidas.

Hay muchos protagonistas, hombres y mujeres de las Escrituras, que soportaron oscuras noches del alma. Job lo perdió todo. Sara sufría por su esterilidad. Moisés fue fugitivo durante cuarenta años.

David tuvo un suegro que quería matarlo. María Magdalena estaba poseída por demonios. Pedro sufrió angustia por dudar después de haber negado que conocía siquiera a Jesús. Y Pablo tenía recuerdos de asesinatos grabados a fuego en su alma. Todos tenían una única cosa en común: oyeron el susurro de Dios en sus momentos más oscuros y difíciles. Y todos salieron avante por la gracia de Dios.

Mi oración por ti no es que estés libre de dolor; es que aprendas a discernir la voz amorosa de Dios en medio del sufrimiento. ¿Hay alguna lección que Él esté tratando de enseñarte? ¿Hay alguna parte de tu carácter que no pueda cultivarse de ninguna otra manera?

Por cierto, no estoy sugiriendo que todo el dolor que sufrimos es causado por Dios. El dolor es resultado de la maldición y a menudo suele ser síntoma de pecado. Pero a veces es un regalo de Dios. Es el lenguaje que no podemos dejar de oír, no podemos ignorarlo. Puedes dejar la Biblia en tu mesa de noche sin tocarla. Puedes ignorar los deseos, los sueños, las puertas, las sutiles invitaciones y hasta a la gente. Pero al dolor, al sufrimiento, no puedes ignorarlo, ¿verdad?

Si me sigues en las páginas a continuación, te aseguro que esto que diré tendrá más sentido que ahora: el dolor puede ser un regalo divino que Él usa para su gloria y para nuestro bien. Lo usa para sacarnos de las conductas adictivas. Lo usa para sacarnos de situaciones adversas. Lo usa para sacarnos de relaciones abusivas. Toma nota y sal de eso.

El milagro que Jesús repitió, tal vez más que cualquier otro, fue sanar a los leprosos. ¿Te has tomado un momento para considerar lo que lograba ese milagro? Entre otras cosas, Él les devolvía el sentido del tacto. Una de las maldiciones de la lepra es que se pierde la sensibilidad. Los leprosos no pueden sentir ni dolor ni placer. Quedan adormecidos ante el mundo físico que les rodea y esa es una forma peligrosa de vivir. Así que Jesús les devolvía el sentido del tacto. Y ese regalo incluye el placer, pero también el dolor.

Dolores que van en aumento

La expresión «no hay ganancia sin dolor» es más antigua de lo que puedas imaginar. No se originó en los videos de gimnasia de Jane Fonda en la década de 1980. Proviene de un rabí judío del siglo II, que dijo: «Según el dolor es la ganancia».[9]

Seamos sinceros. Casi todos preferimos esta otra filosofía: sin dolor no hay dolor. Optamos por el camino del menor esfuerzo, pero eso no nos lleva a donde Dios quiere que vayamos. Por cierto, no estoy sugiriendo que tengamos que salir a buscar dolor. El dolor ya nos encontrará, más temprano que tarde. Pero cuando llega no tenemos que tratar de eludirlo. Más bien, tenemos que atravesar el camino que nos marca y aprender a discernir qué es lo que Dios está tratando de decirnos a través del dolor, a través de la pena y a través del sufrimiento.

Si resulta al servicio de un propósito elevado el dolor, en realidad, puede producir cierta medida de placer. Cuando Dios respondió a mi oración más valiente y sanó mi asma, decidí celebrar y validar ese milagro de sanidad preparándome para mi primera maratón. El plan de dieciocho semanas de entrenamiento es una de las cosas más duras y difíciles que haya hecho en mi vida. Básicamente, me causó más y más dolor al correr distancias cada vez más largas. Pero al cruzar la línea de llegada de la maratón de Chicago, el dolor quedó en el pasado. El recuerdo de ese logro, sin embargo, durará por siempre.

Cuando entreno, me gusta usar la pista de sonido de la película *Rocky IV*. Me ayuda a hacer algunas repeticiones más, a dar unos pasos más. La he visto tantas veces que hasta puedo ver a Rocky Balboa subiendo la ladera de una montaña nevada, corriendo. Rocky serrucha leños y parte troncos, hace abdominales con el trineo y caminatas con una viga de madera, marchando en medio de la nieve que le llega a la cintura. En un viejo granero hace sentadillas al estilo silla romana, entrena con un yugo de bueyes y el trabajo de hombros lo hace con un carro tirando como si fuera un caballo. Básicamente es lo mismo que haces en tu rutina en el gimnasio, ¿verdad? O quizá, no. Pero, ¿de qué otro modo vencerías a Ivan Drago? ¿Recuerdas ese mantra de seis palabras que repetía el entrenador de Rocky, Duke, una y otra vez? A veces lo oigo resonar en mi cabeza cuando estoy agotado y sigo entrenando. En el granero lo dice cuatro veces y en el cuadrilátero lo repite dos. Duke dice: «¡Sin dolor, sin dolor, sin dolor!» No creo que sea en negación del terrible dolor que Rocky se inflige a sí mismo, sino más bien es un recordatorio de que detrás del dolor hay un propósito. Que al otro lado está la victoria.

Puedes atravesar casi cualquier cosa si hay una luz al final del túnel. Para el seguidor de Cristo siempre la hay. Aunque tengo una advertencia: *no te concentres tanto en salir de las circunstancias difíciles como para no obtener nada de ellas.* A veces esas circunstancias que estamos tratando de cambiar son justamente las que Dios está usando para cambiarnos. Así que antes de tomar un analgésico, escucha con atención lo que Dios está diciendo durante los tiempos más duros.

Eso nos lleva de regreso a Job y a algunas lecciones de suma importancia.

Primero, *no finjamos que el dolor no existe.* Hagas lo que hagas, no finjas las cosas para salirte de eso. No le harías ningún favor a nadie. ¡Está bien no estar bien! Porque admitirlo es el primer paso en el proceso de sanar. En términos generales, los estadounidenses no son de lo mejor en cuanto a cubrirse de cenizas y vestir arpillera. Sin embargo, hay un tiempo adecuado para rasgarte las vestiduras, afeitarte la cabeza y caer al suelo en adoración.[10] Cuando no nos damos permiso para llorar la herida permanece abierta. Llorar y dolerse forma parte del proceso de sanar. Es un antiséptico emocional que limpia la herida. Y cada uno de nosotros sufre de manera distinta, así que concede a los demás el tiempo, forma y espacio que necesiten.

Segundo, *no busquemos explicaciones al dolor en razones que no conocemos.* Vale la pena notar que los amigos de Job le fueron de gran consuelo hasta que empezaron a abrir la boca. Cuando alguien está sufriendo, doliéndose, nos sentimos forzados a decirle lo correcto. ¿Qué aconsejo yo? Que digamos menos y escuchemos más. Con decir poco podrás estar diciendo mucho.

La noche oscura

La Madre Teresa dedicó su vida a amar a los enfermos, a los pobres, a los moribundos de los lugares más pobres de Calcuta, en la India. En 1979, le dieron el Premio Nobel de la Paz. En 2003, la Iglesia Católica la beatificó. Con esa clase de antecedentes sería fácil pensar que era alguien que conformaba una categoría en sí misma, que no tenía dudas ni sufría desaliento. Pero los diarios privados de la Madre Teresa cuentan una historia distinta. Escribió: «Me dicen que Dios vive en mí y, sin embargo, la realidad de la oscuridad, el frío y el vacío es tan grande que nada llega a tocar mi alma».[11]

Suena un tanto parecido a lo que dice Job, ¿no es así?

Incluso Jesús dijo: «Dios mío, Dios mío, ¿por qué me has desamparado?»[12]

Cuando Jesús estaba en la cruz se sintió muy, muy lejos del Padre celestial y, sin embargo, fue entonces que estaba más cerca de cumplir los propósitos de Dios. No nos engañemos. Cuando parece que Dios nos está abandonando es que, en realidad, está preparándonos para algo que tal vez en ese momento esté más allá de nuestra capacidad de comprensión.

No sé si eso te dará aliento o te desanimará. Tal vez, un poco de cada cosa. Si la Madre Teresa no estaba exenta de pasar oscuras noches del alma, probablemente tampoco lo estaremos nosotros. Si Jesús tuvo momentos en que sintió que el Padre estaba distante, probablemente nos pase también a nosotros eso mismo. ¿Puedo recordarte algo? La fe no implica volar por encima de la tormenta, sino resistirla. Es confiar en el corazón de Dios aun cuando no podamos ver su mano. Es entender que, a veces, el obstáculo es el camino.

Si quieres saber dónde te usará Dios, no hace falta que mires otra cosa más que tu dolor. Ayudamos a los demás en esos aspectos en los que hemos sufrido. Nuestras pruebas se convierten en nuestras tarimas y nuestra debilidad, en realidad, es nuestra fuerza puesto que allí es donde se hace perfecto el poder de Dios.[13] Si Job soportó largas y angustiosas noches y meses de frustración,[14] hay muchas probabilidades de que nosotros también debamos soportar lo mismo. Pero al igual que Job, podemos salir al otro lado más bendecidos que antes.

El Señor bendijo más los últimos años de Job que los primeros.[15]

¿Puedo atreverme a creer que eso también vale para ti y para mí? No puedo asegurar que nuestras vidas no tendrán dolor, ni lo aseguraría si pudiera. Pero sí puedo asegurar que el que comenzó la buena obra la completará.[16] También puedo asegurar que en su presencia hay plenitud de gozo.[17] Sin embargo, nuestros caminos espirituales no son lineales. Están llenos de zigzags, de altibajos. Y a menudo avanzaremos dos pasos para retroceder uno. Sin embargo, Dios jamás deja de amarnos en cada una de las estaciones de la vida.

Dios está obrando su plan lo sepamos o no. Pero nosotros tenemos que llevar a cabo nuestra salvación «con temor y temblor».[18] Y cuando digo llevar a cabo estoy pensando en Rocky Balboa cuando estaba en Rusia. Los dones de Dios son gratis, pero no son fáciles. La tierra prometida era el regalo de Dios para su pueblo escogido, pero ellos igual tenían que luchar contra gigantes para tomar posesión de la tierra. Lo mismo pasa contigo. Y como ellos, acabarás con algunas cicatrices después de la batalla.

El dolor forma parte de la maldición, pero eso no significa que Dios no pueda redimirlo, reciclarlo y hablar a través de él. Sin duda que es un lenguaje difícil de discernir. Pero al igual que todos los otros, se trata de un lenguaje de amor. Ni se nos ocurra olvidar que tenemos un Salvador sufriente que soportó la cruz por el gozo que tenía delante.[19]

Se soporta el dolor cuando el objetivo, la meta, es de Dios; como lo evidencia la cruz. El dolor más terrible no era el que producía el látigo[20] ni las espinas[21], sino todo el peso del pecado sobre sus hombros libres de mancha. Él, que no conocía pecado se volvió pecado por nosotros[22] y solo una cosa lo sostenía: tú. Sí, nuestro pecado fue lo que lo puso allí. Pero su amor por nosotros fue lo que lo mantuvo ahí. Es decir, vales la cruz para Cristo. Y si Él estuvo dispuesto a estar clavado en su cruz, ¡claro que nosotros podemos cargar la nuestra! La Palabra, el Verbo de Dios decidió sufrir la muerte más terrible y dolorosa con el fin de susurrar su amor a nuestros oídos, con toda claridad.

La sombra de la muerte

La congresista Jaime Herrera Beutler y su esposo Dan estaban impacientes por oír los latidos de su bebé. Era un control prenatal de rutina, pero la expresión en el rostro del técnico que operaba el equipo les decía que algo estaba mal, terriblemente mal. Así fue que descubrieron que su bebita tenía secuencia de Potter, una enfermedad rara en la que la falta de líquido amniótico inhibe el desarrollo de los pulmones. La bebé de Jaime tenía el tipo de secuencia más grave: insuficiencia renal bilateral. Le dijeron que si no ponía fin al embarazo iba a sufrir un aborto espontáneo, su bebé nacería muerta o moriría en sus brazos apenas naciera.

No hay nada que te prepare para una noticia como esa.

¿Qué haces cuando tus médicos te dicen que tu bebé tiene cero probabilidades de sobrevivir? ¿Qué, si te dicen que su enfermedad es cien por ciento fatal y que nunca ha habido una excepción a tal pronóstico?

Mientras los médicos le daban esa noticia, Jaime sintió que su bebé se movía. «Fue una señal para mí. No iba a ser yo quien terminara con ese embarazo». A pesar del cien por ciento de probabilidad de mortalidad, Dan y Jaime decidieron darle a Dios el término completo del embarazo para que obrara un milagro. También recibieron una palabra de Dios en su Palabra.

No hay como la enfermedad de un hijo para poner de rodillas a los padres y eso fue precisamente lo que le pasó a David después de su aventura amorosa con Betsabé. Estaba levantando los añicos de su vergüenza cuando se enteró de que su hijo tenía una enfermedad mortal. ¿Qué hizo David? Contendió con Dios por el niño. Esa historia de la Biblia no tiene un final feliz. David vistió un saco y ayunó por siete días. Pero, a pesar de todos sus esfuerzos, el hijo de David murió siete días después.[23]

Jaime y Dan decidieron que contenderían por su bebé. En retrospectiva, llaman a esa época «su temporada de contender». Su inclinación era a llorar, pero lucharon contra todo sentimiento de desesperanza. Si te encuentras en circunstancias similares, te desafío a hacer lo mismo. Es como dice Dan: «No le robes a Dios la oportunidad de hacer un milagro».

No pasó mucho tiempo desde que les anunciaran que su bebé aún no nacida tenía secuencia de Potter, cuando *USA Today* publicó un artículo de primera plana sobre los Beutler y su bebé. Rob Volmer, un profesional de relaciones públicas que por lo general no lee *USA Today,* justamente leyó el artículo en el vestíbulo de un hotel mientras esperaba a un cliente. Lo que leyó le llamó la atención porque él y su esposa tenían un bebé con un síndrome similar, y su vida se había salvado gracias a las amnioinfusiones con suero salino.

Es casualidad, ¿o no? ¡No lo es! Dios es lo suficientemente grande como para hablar por medio de artículos en los periódicos. Es lo suficientemente grande como para relacionar a personas totalmente desconocidas. Y, en esa instancia, Dios hizo las dos cosas.

Rob se contactó con un conocido mutuo y luego con Jaime. Puso en contacto a los Beutler con la doctora Jessica Bienstock, perinatóloga del Hospital Johns Hopkins de Baltimore, Maryland. La doctora Bienstock no fue optimista cuando vio el primer ultrasonido porque las deformidades de la bebé eran aparentes, pero una semana después de las primeras amnioinfusiones, la cabeza deformada, los pies torcidos hacia adentro y el pecho demasiado pequeño se veían normales.

Había un rayito de esperanza. Dan lo dice así: «La diferencia entre cero por ciento de esperanza y .00001 por ciento de esperanza es enorme». Durante lo que restaba del embarazo, Jaime y Dan vivieron en el valle de la sombra de muerte, pero levantaron su tienda en la tierra de la esperanza.[24] Siguieron contendiendo hasta el 11 de julio de 2013, el día en que nació su bebé, dos meses antes de lo debido. Abigail pesaba un kilo y doscientos cincuenta gramos. Pero lanzó un gritito, ¡y uno no puede gritar si los pulmones no funcionan! ¿Qué fue lo primero que pensó Jaime? ¡Allí está nuestro milagro![25]

Temporada de resistencia

Cuando te dan un diagnóstico difícil de digerir, cuando un sueño se convierte en pesadilla, cuando tu matrimonio se deshace y las costuras se descosen, tienes que tomar una decisión entre dos posibilidades: o te dejas derribar o te paras con firmeza en las promesas de Dios. Podrás rendirte y entregarte a la culpa, el miedo o la ira. O podrás resistir orando y creyendo que todo depende completamente de Dios, trabajando como si dependiera completamente de ti.

En el caso de Jaime esa resistencia significaba despertar a las cuatro de la mañana para viajar a Baltimore por las infusiones, luego las largas jornadas en el Congreso. Para Dan significó suspender sus estudios de abogacía para ocuparse de la diálisis nocturna de Abigail, lo que al fin lo llevó a donarle uno de sus riñones.

Es más difícil resistir orando por lo que crees que conceder ante aquello a lo que le tienes miedo. Pero es la única opción si quieres vivir por la fe.

¿En qué te rendiste con respecto a Dios? ¿En dónde quedó la esperanza reducida a la nada? Allí justamente es donde tienes que levantar tu tienda en la tierra de la esperanza. Allí es donde tienes que hacer la oración más valiente.

Es hora de resistir en oración.

Resiste en oración por tu matrimonio.

Resiste en oración por tus hijos.

Resiste en oración por tu salud.

Resiste en oración por tu sueño.

Resiste en oración por tu fe.

Resiste en oración por ese amigo perdido.

Resiste en oración por ese campo misionero.

No es fácil resistir en oración, pero hay una buena noticia: ¡Dios resiste junto a ti! Mucho antes de que despertaras esta mañana, el Espíritu Santo ya estaba intercediendo por ti. Y mucho después de que te duermas esta noche, todavía estará intercediendo por ti. Porque contiende con aquellos que luchan en contra de nosotros.[26] Y si resistes en oración por una causa justa te aseguro que Dios está contendiendo por ti. Por la fe, Él libra nuestras batallas por nosotros.

¿Recuerdas ese escudo sónico al que hice referencia en el primer capítulo? Según el salmista Dios está entonando cánticos de liberación alrededor de nosotros, todo el tiempo.[27] Piensa en esos cánticos que nos rodean como nuestra primera línea de defensa. La intercesión del Espíritu Santo es la segunda línea de defensa. Y está la tercera línea de defensa: Jesús sentado a la diestra del Padre intercediendo por nosotros.[28]

Deja ya de vivir como si Jesús siguiera clavado en la cruz. Lo único que está clavado en la cruz es nuestro pecado.[29]

¿Sabías que Dios nunca nos quita los ojos de encima? ¿Y sabes por qué? ¡Porque somos la niña de sus ojos![30] Y no solo eso, sino que su oído está sintonizado con tu voz, tanto que oye más que palabras.

Atiende, Señor, a mis palabras; toma en cuenta mis gemidos.[31]

Un gemido es como un suspiro, hondo, profundo. Es la respuesta fisiológica a la tristeza. Y se parece mucho a ese suave susurro de la callada y quieta voz. Suspiramos o gemimos cuando no sabemos qué decir. Pero, según el salmista, es más que una señal de angustia de baja frecuencia. Es una oración sin palabras.

La muerte de mi suegro Bob Schmidgall podría definirse como la peor sorpresa, el impacto más grande que he tenido. Con cincuenta y cinco años estaba en la flor de la vida. Hasta sus médicos le habían dicho que gozaba de buena salud dos días antes de que ese ataque cardíaco lo llevara a casa. En esos días de intensa pena y dolor, me encontré suspirando y gimiendo casi todo el tiempo. Fue entonces que se me abrió la Biblia en la página donde lees uno de los pasajes de mayor consuelo: «Toma en cuenta mis gemidos».[32]

Hasta en nuestro dolor más profundo Dios nos oye. Está tan íntimamente sintonizado con nosotros que oye nuestros suspiros y gemidos, sin palabras. Y no solo eso, intercede por nosotros con gemidos que no pueden expresarse con palabras.[33] Y es eso precisamente lo que oiríamos si pudiésemos hacerlo mejor. También oiríamos esos cánticos de liberación que nos rodean. Así como sus misericordias se renuevan cada mañana[34] Sus amorosas intercesiones no cesan jamás.

Sacrificio de alabanza

¿Cómo sobrevivió Job al infierno en vida? «Se dejó caer al suelo en actitud de adoración».[35]

Si quieres salir bien de esos momentos difíciles, tienes que darle a Dios sacrificio de alabanza. Sé que es más fácil decirlo que hacerlo, pero no hay otra forma. La alabanza que más nos cuesta suele ser la más elevada.

Así fue como Job sobrevivió a su oscura noche del alma.

Así fue como David sobrevivió a los años de desierto.

Así fue como Pablo y Silas salieron de la cárcel.

Tengo un mantra que repetimos en nuestra iglesia todo el tiempo: *no permitas que lo que va mal en tu vida te impida adorar lo bueno de Dios*. No permitas que la voz de la condenación te impida adorar a Dios. Canta por sobre lo malo. Si tu adoración se basa en lo bien que te va, en realidad no estás adorando a Dios. Esa clase de adoración es una forma de autoadoración porque se basa más en lo que haces tú que en lo que es Dios.

La única forma de ahogar al dolor es cantar por encima de él. ¿Recuerdas aquello del efecto Tomatis? Para cantar por encima del dolor tienes que oír el susurro de Dios.

En mi larga recuperación después de la ruptura de los intestinos aprendí a adorar a Dios poniendo una canción repetidas veces y cantándola hasta que la creyera. Por ejemplo, esa canción de Darrell Evans que hice sonar cientos de veces. Era mi pista de sonido y al fin se convirtió en mi realidad:

Cambiaré mi enfermedad.

Cambiaré mi dolor.[36]

Permíteme observar algunas cosas respecto de la adoración.

Primero, *la adoración que más te cuesta es la más elevada*. Dios nos ama cuando menos lo esperamos y menos lo merecemos, pero a nosotros nos cuesta devolverle el favor. Si lo adoras solo cuando *sientes* que quieres adorarle, cada vez lo adorarás menos. Si aprender a alabar a Dios en los momentos más difíciles, entonces lo mejor está por venir. No olvides que tú eres su gozo. ¿Es Dios el tuyo?

Segundo, *lo que no conviertas en alabanza se convertirá en dolor*. Si internalizas el dolor, lo único que pasará es que se hará peor. Una pequeña ofensa puede convertirse en una tonelada de amargura con el tiempo y sin que puedas darte cuenta estarás en un mundo de dolor. Si te quejas de ello se convertirá en una fractura compuesta. El enemigo de tu alma quiere mantenerte tan dentro de un frasco como para que te aísles de Dios y de los demás. La mejor forma de lidiar con el dolor es contándoselo al Señor. ¿Cómo? Cantándole por encima. Cantando hasta que lo atravieses.

Permite que vuelva a lo primero, allí donde comenzamos. Si tu vida desafina, tal vez sea porque te ha ensordecido todo lo negativo que te repites; y eso no le deja espacio a Dios para hablar. Quizá escuchaste la voz de la vergüenza tanto tiempo que ya no puedes creer nada más acerca de tu propia persona. O tal vez la voz del enemigo que te condena te está diciendo mentiras acerca de quién eres en realidad.

Resulta difícil oír la voz de Dios si el dolor te grita al oído. La forma de silenciar esas voces es cantándoles por encima.

Por último, *cántalo como que lo crees*. ¿En verdad creemos lo que estamos cantando? Entonces mejor sería que se lo comunicáramos a nuestras caras. Y de paso, también a nuestras manos y nuestros pies. Cuando algo nos entusiasma mucho no resulta fácil estarnos quietos. No estoy diciendo que vayas a danzar en medio del bosque como mi amigo Dick Eastman. Pero si crees eso, no lo cantes y nada más. Decláralo.

Declaración de fe

Nunca olvidaré la canción que cantamos la semana después de que yo hiciera la oración más valiente y Dios sanara mi alma. Es el estribillo de «Grande eres, Señor», de All Sons & Daughters: Es tu aliento en los pulmones así que derramamos nuestra alabanza.[37] Casi me volví loco al cantarla. ¿Sabes por qué? Porque lo creía.

No admitimos la fe.

La profesamos.

Steve Foster, entrenador de lanzamiento de los Colorado Rockies, contó hace poco una historia que me hizo reír a carcajadas. Cuando los Cincinnati Reds lo llamaron para las ligas mayores hace casi tres décadas, estaban jugando contra el Montreal Expos. Steve tenía que reunirse con el equipo en Canadá, pero jamás había salido del país. El agente de la aduana preguntó lo habitual: «¿Por qué está aquí, señor Foster?», dijo Steve. «Vine para jugar contra los Montreal Expos». El agente no pareció convencido porque Steve estaba solo. Luego le dijo: «¿Qué tiene que declarar?» Si pasaste por la aduana alguna vez, contestas lo que corresponda y ya. Pero Steve no tenía idea de lo que le preguntaba, y dijo: «¿Cómo dice?» El agente volvió a preguntarle: «¿Qué tiene que declarar?» Y Steve le dijo: «Estoy orgulloso de ser estadounidense». ¡La peor respuesta! Lo esposaron e interrogaron ¡y llegó tarde a su primer juego de las ligas mayores!

¿Puedo declarar algunas cosas?

No eres los errores que cometiste. No eres las etiquetas que te han puesto. No eres las mentiras que el enemigo ha tratado de venderte.

Eres lo que Dios dice que eres.

Eres hijo de Dios.

Eres la niña de sus ojos.

Eres a quien Dios busca.

Eres más que conquistador.

Eres nueva criatura en Cristo.

Eres la justicia de Cristo.

Y una cosa más: Todo lo puedes en Cristo que te fortalece.[38]

Todos nuestros problemas de identidad surgen fundamentalmente de malos entendidos respecto a lo que somos.

Los problemas de culpa son por malentender la gracia de Dios.

Los problemas de control son por malentender la soberanía de Dios.

Los problemas de ira son por malentender la misericordia de Dios.

Los problemas de orgullo son por malentender la grandeza de Dios.

Los problemas de confianza son por malentender la bondad de Dios.

Si estás en dificultades por alguno de esos problemas, es hora de dejar que Dios sea la voz que más fuerte resuene en tu vida.

Epílogo

LA PRUEBA DEL SUSURRO

Dios es amor

—1 JUAN 4:16

El 1 de noviembre de 1937 se dio comienzo a un estudio en la Universidad de Harvard gracias a una donación de 60.000 dólares. Ese estudio sigue activo después de ochenta años. Se seleccionaron doscientos sesenta y ocho alumnos del primer año para ese estudio, entre ellos un joven de veinte años llamado John F. Kennedy. A los participantes se les hicieron revisiones médicas, pruebas psicológicas y entrevistas personales cada dos años desde que comenzó el estudio, por eso los archivos de cada caso son tan gruesos como un diccionario. Esos archivos están en un edificio de oficinas que está detrás del parque Fenway en Boston. Se trata del estudio longitudinal de mayor duración sobre el desarrollo humano en toda la historia, y constituye el santo grial para los investigadores de esa disciplina.

Durante casi cuatro décadas el guardián del grial fue el doctor George Vaillant. En su libro *Triumphs of Experience* [Triunfos de la experiencia] abre la bóveda y revela algunos de sus secretos. Por ejemplo, lo que mejor predice que la persona será feliz más adelante en su vida son las «relaciones cálidas» en la infancia.[1] También, los que tuvieron relaciones de afecto y calidez en su infancia ganaban en promedio 141.000 dólares más por año que aquellos a los que les faltó afecto en la niñez.[2] Pero vamos al grano.

Lo que me resulta más impactante es el resumen del estudio que hace Vaillant. Son unas pocas palabras. Él reduce este estudio de veinte millones de dólares, que data de hace ochenta años a lo siguiente: «La felicidad es el amor. Punto final».[3] En realidad, son solo cinco palabras entonces. Según Vaillant: «La felicidad es nada más que la carreta. El amor es el caballo».[4]

Recuerda eso.

La Biblia es un libro gordo y largo. En realidad son sesenta y seis libros. Y como ya he observado, se escribió a lo largo de quince siglos. Simplificando: es un estudio longitudinal sin igual con incomparables principios de la naturaleza humana y la naturaleza de Dios. Y aunque no quiero caer en la exageración de la simplificación de un libro muy grande, creo que podría resumir el argumento de las Escrituras en cinco palabras: *Dios es amor. Punto final.*

La verdad más verdadera

En las Escrituras hay más de cuatrocientos nombres de Dios. Él es el Consejero admirable, Dios de dioses, Príncipe de paz. Es el Padre, el Hijo y el Espíritu Santo. Él es el camino, la verdad y la vida.[5] Dios es todo eso y más de lo que la mente humana puede comprender. Pero si me preguntaras qué es lo que yo creo que es la verdad más verdadera acerca de Dios, respondería con las tres palabras que usó el apóstol Juan para resumir al Todopoderoso: «Dios es amor».[6]

Sí, Dios es poderoso. Sí, Dios es bueno. Sí, Dios es luz. Pero por sobre todo, Dios es amor. Esa es la verdad más verdadera.

Lo que más me acerco en cuanto a explicar el amor del Padre celestial por nosotros es cuando lo comparo con el amor que tengo por mis tres hijos. Tengo un dicho que he susurrado en el oído de mi hija desde que era pequeñita: «Si hicieran una fila con todas las niñas del mundo y yo pudiera elegir a una sola para que fuera mi hija, te elegiría a ti». ¿Es perfecta Summer? Tan perfecta como su padre o casi. Pero aun cuando tenga un mal día, daría mi vida por ella. ¿Por qué? Porque soy su padre y ella es mi hija. Y lo mismo ocurre con mis dos hijos. Eso es lo que siento como un padre terrenal con amor finito, pero no es siquiera una comparación justa porque el Padre celestial nos ama infinitamente. ¡Es una diferencia abismal!

En el capítulo sobre el lenguaje de las personas dije que el eneagrama es una buena forma de llegar a conocer un poco mejor nuestros tipos de personalidad. Quiero que sepas que yo soy tipo 3 de imagen. Como sucede con todos los números del eneagrama, hay algo a favor y algo en contra. Lo que tengo en contra es que me cuesta comprender que el amor de Dios no se verá determinado por mi rendimiento. Por supuesto que si lo determinara mi rendimiento eso haría que todo tuviera que ver conmigo, ¿no es así?

Dios no nos ama por lo que somos. Dios nos ama por lo que es Él.

Cuando logramos algo, Dios dice: «Te amo».

Cuando fracasamos, Dios dice: «Te amo».

Cuando tenemos fe, Dios dice: «Te amo».

Cuando dudamos, Dios dice: «Te amo».

El amor es su respuesta a todo. ¿Por qué? Porque Él *es* amor. No hay nada que puedas hacer para que te ame más o menos de lo que te ama. Dios te ama de manera perfecta. Y te ama eternamente.

A. W. Tozer afirmó: «Lo que se nos ocurre cuando pensamos en Dios es aquello que más destaca en nosotros».[7] Si el amor no es lo primero que se nos ocurre, es porque tenemos una impresión errada de lo que es Dios. Escucha con más atención. Sí, claro que su amor incluye ese amor duro de la disciplina. Tal vez no resulte agradable en el momento. Pero Dios siempre vela por nuestro bien, buscando lo mejor para nosotros.

¿Recuerdas esa conferencia en el Reino Unido donde hablé justo después de Justin Welby, arzobispo de Canterbury? Cuando terminó de hablar, le preguntaron a Welby qué creía él que constituía el mayor desafío que enfrentamos como seguidores de Cristo. Sin dudarlo ni un momento el arzobispo dijo: «Cada cristiano que conozco... no puede creer del todo que Dios le ama».[8]

Aunque no lo creas, Dios te ama.

En realidad, le gustas.

En verdad, tiene debilidad por ti.

Y por eso Dios susurra.

¿Por qué me esfuerzo tanto por convencerte de eso? Porque nos cuesta mucho creerlo. Parte del problema está en que mucha gente ha representado a Dios de maneras que desdicen lo que es Dios en verdad. A los que han estado en el lado equivocado de esa situación les digo: Lo siento mucho. Te lo repito: estos siete lenguajes o idiomas ¡son lenguajes e idiomas de *amor*!

Dios quiere que oigamos lo que está diciendo y tenemos que hacer caso a su voz. Pero además, y mucho más, quiere que oigamos su corazón. Por eso susurra más y más suave, para que tengamos que acercarnos cada vez más. Y cuando al fin nos acercamos lo suficiente, Dios nos abraza, envolviéndonos en sus brazos y nos dice que nos ama.

Cuatro palabras

Mary Ann Bird nació en Brooklyn, Nueva York, en agosto de 1928. Nació con el paladar hendido, por lo que debió pasar por diecisiete operaciones; pero el dolor psicológico que eso le causó fue mucho peor. Mary Ann no podía hacer cosas tan simples como inflar un globo o beber agua del bebedero. Lo peor era que sus compañeros de clase se burlaban de ella sin piedad.[9]

Mary Ann también era sorda de un oído, así que el día de la prueba de audición de cada año era el que menos le gustaba. Sin embargo, fue uno de esos días que menos le gustaba el que se convirtió en el más definitorio de su vida. La prueba del susurro ya no se hace en las escuelas, así que voy a explicar en qué consistía. La maestra iba llamando a los niños, uno por uno, a su escritorio y les pedía que se cubrieran un oído. Luego la maestra susurraba algo como: «El cielo es azul» o «Tienes zapatos nuevos». El alumno que repetía la frase bien, pasaba la prueba.

Para evitar la humillación de no pasar esa prueba, Mary Ann trataba de hacer trampa, usando la mano con la palma ahuecada detrás del oído sano de modo que podía oír de todos modos lo que dijera la maestra. Pero el año en que la prueba la hacía la señorita Leonard, la que más querían todos en la escuela, eso no le hizo falta.

«Esperaba esas palabras que Dios debe haber puesto en sus labios, esas pocas palabras que cambiaron mi vida», dijo Mary Ann.[10] La señorita Leonard no escogió una frase al azar. Al contrario, se inclinó hacia la niña, apoyándose en el escritorio para llegar lo más cerca posible del oído sano de Mary Ann, y susurró: «Ojalá fueras mi pequeña».[11]

El Padre celestial está susurrando a tu oído esas mismas palabras en este momento.

Ha estado susurrándolas desde antes de que nacieras.

La impronta

En 1973, un biólogo austríaco llamado Konrad Lorenz ganó el Premio Nobel por su estudio de los gansos. En los primeros días de su vida, los polluelos de ganso pasan por un fenómeno conocido como la impronta. Durante ese proceso, se «imprime» en su cerebro a quién han de seguir. Si no se forma el vínculo, el polluelo no sabría a quién seguir. O peor aún, una impronta anormal puede hacer que siga a la voz equivocada.

Más o menos algo parecido sucede con los bebés y la impronta de la voz de su madre. El oído interno es el primer sistema sensorial en desarrollarse y, dentro del útero, ya al quinto mes es completamente funcional. Para el séptimo mes, el bebé reconoce la voz de su madre y responde con movimientos musculares específicos. Lo sorprendente es que no hay demora de tiempo en la comunicación de la voz de la madre y la respuesta motora del bebé. Las neuroimágenes muestran que la voz de la madre ejerce una influencia única, por encima de lo que causará la voz de un desconocido, activando los circuitos de recompensa en el cerebro y en las amígdalas que son las que regulan las emociones.[12] Es decir, la impronta de la voz de la madre deja una huella digital neural como impresión en el cerebro de su bebé.

En el principio de este libro efectué una declaración arriesgada: lo que percibimos como problemas emocionales, espirituales o relacionales de hecho son problemas de audición. Son improntas anormales. Nos ha derrotado la voz del conformismo, la voz de la crítica, la voz de la condenación y los efectos colaterales incluyen la soledad, la vergüenza y la ansiedad.

¿Cuál es la buena noticia? Que llevas la impronta de Dios. No solo te creó a su imagen, sino que conoces su voz. Es su voz la que te tejió en el vientre de tu madre. Es su voz la que ordenó todos tus días antes de que uno de ellos amaneciera. Es su voz la que comenzó una buena obra y es su voz la que la irá perfeccionando.[13]

Lo reconozcas o no, Dios fue la primera voz en tu vida.

¿Es su voz la que más fuerte resuena en tu vida?

Esa es la cuestión.

¡La respuesta será lo que determine tu destino!

Notas

Prólogo
1. Alfred A. Tomatis, *The Conscious Ear* (Barrytown, NY: Station Hill Press, 1991), 42.
2. The Mozart Effect, 18
3. 1 Samuel 3:9.

Capítulo 1
1. Tabla de equivalencias de decibeles: http://www.decibelcar.com/menugeneric/87.html
2. Koerth-Baker, «Loudest Sound».
3. Tabla de equivalencias de decibeles: http://www.decibelcar.com/menugeneric/87.html
4. «Noise Sources and Their Effects», www.chem.purdue.edu/chemsafety /Training/PPETrain/dblevels.htm.
5. Dr. Pete R. Jones, «What's the Quietest Sound a Human Can Hear?» University College London, 2014.
6. 1 Reyes 19:11-12.
7. «1827. demamah», Bible Hub, http://biblehub.com/hebrew/1827.htm.
8. Salmos 107:29.
9. Marcos 4:39.
10. Ver 1 Reyes 19:11-13.
11. Oswald Chambers, *En pos de lo Supremo,* Ed. Clie, 2009, ISBN 9788482675244
12. Oswald Chambers, *En pos de lo Supremo,* Ed. Clie, 2009, ISBN 9788482675244
13. Efesios 3:20.
14. Ibid.
15. Hempton, «The Last Quiet Places».
16. Blas Pascal, *Pensamientos,* versión en línea disponible en: http://www.biblioteca.org.ar/libros/89354.pdf.
17. Salmos 46:10.
18. «Audio Noise,[Ruido de audio]» WhatIs.com, http://whatis.techtarget.com/definition /audio-noise.
19. Diane Ackerman, *A Natural History of the Senses* (NY: Vintage Books, 1990), 187.
20. John Donne, «De un sermón predicado el 12 de diciembre de 1626» en *John Donne: The major Works,* ed. John Carey (NY: Oxford University Press, 1990), 373.
21. Henri J. Nouwen, *Tú eres el amado, la vida espiritual en el mundo secular,* PPC, 2003, ISBN 9788428811804.
22. Ella Morton, «How Long Could You Endure the World's Quietest Place?» *Slate,* y «The Quietest Place on Earth»
23. Hechos 17:28.
24. Ver Salmos 91:2; 46:1; 91:1.
25. Salmos 32:7 (LBLA)
26. Ver Isaías 54:17.
27. Matthew Guerrieri, *The First four Notes: Beethoven's Fifth and the Human Imagination* (NY: Vintage, 2012).
28. Salmos 84:10.
29. Halvor Gregusson, «The Science Behind Task Interruption and Time Management» *Yast Blog,* www.yast.com
30. Mark Batterson, *El Hacedor de círculos* [Ed. Vida, 2012, ISBN-13 9780829762136].

Capítulo 2
1. Génesis 1:3.
2. Nola Taylor Redd, «How Fast Does Light Travel? The Speed of Light» www.space.com/15830- light- speed.html.
3. Ver 1 Juan 1:5.
4. Francesca E. Duncan et al., «The Zinc Spark Is an Inorganic Signature of Human Egg Activation», Nature.com, 16 de abril de 2016, www.nature.com/articles/srep24737.
5. Corey S. Powell, «January 1, 1925: The Day We Discovered the Universe», *Discover,* 2 de enero de 2017, www.blogs.discovermagazine.com/outthere/2017/01/01/the-day-we-discovered-the-universe/#.WNpS1BCwRTE.
6. «Hubble Reveals Observable Universe Contains 10 Times More Galaxies Than Previously Thought», NASA, 13 de octubre de 2016, www.nasa.gov
7. «Universo observable», *Wikipedia,* https://es.wikipedia.org/wiki/Universo_observable.
8. Ver Éxodo 14; Josué 10; Mateo 12:9-13; Maeo 21:18-19; Juan 2:1-11; Lucas 18:35-43; Juan 11:38-44.
9. Ver Éxodo 14; Números 22:21-31; Mateo 2:1-11; Daniel 5; Daniel 6; Daniel 3; Marcos 4:35-41.
10. 1 Juan 4:16.
11. Cantar de cantares 5:16.
12. La tradición rabínica no se equipara con las Escrituras, pero para mí es un bello telón de fondo, una forma de poder entender mejor la Biblia.
13. Hayim Nahman Bialik and Yehoshua Hana Ravnitzky, ed. *The Book of Legends: Legends from the Talmud and Midrash,* trans. William G. Braude (NY: Schocken Books, 1992), 80.
14. Ver Romanos 2:4.
15. Mateo 3:17.
16. Leonard Bernstein, cita en Leonard Sweet, *Summoned to Lead* (Grand Rapids: Zondervan, 2004), 64–65.

17. Cornelius W. May, *Shh … Listening for God: Hearing the Sacred in the Silent* (Macedonia, OH: Xulon Press, 2011).
18. Lewis Thomas, cita en Marilyn Berger, «Lewis Thomas, Whose Essays Clarified the Mysteries of Biology, Is Dead at 80» *New York Times*, 4 de diciembre de 1993, www.nytimes.com
19. Apocalipsis 5:13.
20. Alfred A. Tomatis, *The Ear and the Voice* (Lanham, MD: Scarecrow, 2005), 13.
21. Ver Isaías 55:12.
22. «Hearing Range» *Wikipedia,* https://en.wikipedia.org/wiki/Hearing _range.
23. 2 Pedro 3:8.
24. G. K. Chesterton, *Orthodoxy* (Scotts Valley, CA: CreateSpace, 2015), 12.
25. Salmos 36:5-6 (traducción libre de la versión bíblica inglesa The Message).
26. Ver Apocalipsis 2:17.
27. Salmos 29:4.
28. Bialik and Ravnitzky, *The Book of Legends,* 80.
29. Ed Visvanathan, *Am I a Hindu? The Hinduism Primer* (New Delhi, India: Rupa, 1993).
30. Diane Ackerman, *A Natural History of the Senses* (NY: Vintage Books, 1990), 186.
31. Alfred A. Tomatis, *The Conscious Ear: My Life of Transformation Through Listening* (Barrytown, NY, 1991).
32. Brandon Hatmaker, *A Mile Wide: Trading a Shallow Religion for a Deeper Faith* (Nashville: Thomas Nelson, 2016).
33. Brandon Hatmaker, *A Mile Wide.*
34. Decidí poner mi fe en Cristo después de ver esta película un domingo por la noche en una iglesia de Mineápolis.
35. Ver Génesis 1:2.
36. A. W. Tozer, *Los atributos de Dios, Vol. 1* (Ed. Casa Creación, 2013, ISBN-13: 978-1621361688).
37. Marcos 7:34.
38. Tomatis, *The Conscious Ear.*
39. Walker Meade, «Every Breath You Take», www.heraldtribune.com/news/20100112/every- breath-you-take.
40. «Bidden or Not, God Is Present», *Redondo Writer's Sacred Ordinary,* 2008, www.redondowriter.typepad.com.
41. Christopher Forbes, «Images of Christ in the Nineteenth- Century», *Magazine Antiques* 160, (Diciembre de 2001).
42. Veni Creator Spiritus, *Wikipedia,* https://es.wikipedia.org/wiki/Veni_Creator.

Capítulo 3

1. «Dr. William Thornton», Architect of the Capitol, www.aoc.gov/architect-of-the-capitol/dr-william-thornton.
2. «The First Cornerstone», Architect of the Capitol, www.aoc.gov/first-cornerstone.
3. «Baltimore- Washington Telegraph Line», https://en.wikipedia.org/wiki/Baltimore-Washington_telegraph_line.
4. «Abraham Lincoln and the U.S. Capitol», www.abrahamlincolnonline.org/lincoln/sites/uscapitol.htm.
5. History Matters, http://historymatters.gmu.edu/d/5166/.
6. Entiendo perfectamente que a muchos historiadores les intriga la motivación que tuvo Cristóbal Colón con su épico viaje y resulta difícil discernir cuál fue su verdadera intención tras quinientos años. ¿Era perfecto Colón? Lejos estaba de serlo. Pero eso no cambia el hecho de que se arrodilló y oró en acción de consagración al descubrir el Nuevo Mundo.
7. «Car of History Clock», Architect of the Capitol, www.aoc.gov/art/other/car-history-clock.
8. Ver Génesis 13:18.
9. Ver Génesis 24.
10. Ver Génesis 28:10-22.
11. Ver Éxodo 3:2.
12. Ver Josué 5:2-9.
13. Ver Jueces 6:11.
14. Ver 1 Samuel 3.
15. Ver 1 Samuel 22:1.
16. Ver 1 Kings 18.
17. Ver Esther 2.
18. Ver Ezequiel 1:1.
19. Ver Daniel 6:10.
20. Ver Jonás 2.
21. Conferencia Hillsong de la Ciudad de Nueva York, el 3 de agosto de 2016. En la cubierta interior del folleto de la conferencia aparecía la siguiente cita: «Según lo relata el Rev. Dr. Gordon Noyes A. C. – Wesley Mission».
22. Dan Graves, «John Wesley's Heart Strangely Warmed», Christianity.com, www.christianity.com.
23. Lucas 24:17.
24. Lucas 24:32.
25. Ver Colosenses 3.15.
26. Ver Filipenses 4:7 y 1 Pedro 1:8.
27. Mateo 11:15.
28. Ver Éxodo 21:2.
29. Éxodo 21:6.
30. Online Etymology Dictionary, s.v. «obey», www.etymonline.com/index.php?term=obey.
31. José Ortega y Gasset, en http://www.ortegaygasset.edu/publicaciones/obras-completas/novedades-de-esta-edicion.
32. Diane Ackerman, *Una historia natural de los sentidos* (Ed. Anagrama, ISBN 978-84-339-1355-5).
33. Ackerman, *Una historia natural.*

34. Ley de la inversa del cuadrado o del cuadrado inverso: https://es.wikipedia.org/wiki/Ley_de_la_inversa_del.
35. Isaías 55:11.
36. Éxodo 33:11 (LBLA).
37. Ver Números 13.
38. Sigurd Olson, cita de David Hendy, *Noise: A Human History of Sound and Listening* (NY: Harper Collins, 2013).
39. Marina Slayton and Gregory W. Slayton, *Be the Best Mom You Can Be* (Nashville: Thomas Nelson, 2015).
40. Thomas Edison», World- Wide-Matel, http://johnsonmatel.com/blog1/2011/05/post_80.html.
41. Bell Homestead, www.bellhomestead.ca/Pages/default.aspx.
42. Mason Currey, «Rise and Shine: The Daily Routines of History's Most Creative Minds», *Guardian,* 5 de octubre de 2013, www.theguardian.com/science/2013/oct/05/daily-rituals-creative-minds-mason-currey.
43. Mason Currey, *Daily Rituals: How Artists Work* (NY: Knopf, 2016), 17.
44. 23 de marzo de 2014.
45. Ver Hechos 16:16-40.
46. Ver 2 Samuel 6:14-15.
47. Oswald Chambers, *En pos de lo supremo* [Ed. Clie, 2009. ISBN 978-8482675244).

Capítulo 4

1. Charlotte Gray, *Reluctant Genius: The Passionate Life and Inventive ... Graham Bell* (NY: HarperCollins, 2006).
2. Gray, *Reluctant Genius,* 124.
3. «The 20 Most Influential Americans of All Time», *Time,* 24 de julio de 2012, www.newsfeed.time.com.
4. Gray, *Reluctant Genius,*137– 38.
5. Gray, *Reluctant Genius,* 138.
6. Gray, *Reluctant Genius,* 159.
7. Hebreos 1:1
8. Ver Daniel 5:25.
9. Ver Números 22.
10. Juan 14:6.
11. Ver Filipenses 2:10-11.
12. Howard Gardner, *Frames of Mind: The Theory of Multiple Intelligences* (NY: Basic Books, 2011). En español: http://educreate.iacat.com/Maestros/Howard_Gardner_-_Estructuras_de_la_mente.pdf. Acceso 21-9-17.
13. Thomas Armstrong, *Seven Kinds of Smart: Identifying and Developing Your Multiple Intelligences* (NY: Plume, 1993).
14. «Zacharias Dase», *Wikipedia,* https://en.wikipedia.org/wiki/Zacharias _Dase.
15. Ken Robinson, *The Element: How Finding Your Passion Changes Everything* (NY: Penguin Books, 2009).
16. Ver Hebreos 12:5-11.
17. Diane Ackerman, *Una historia natural de los sentidos* (Ed. Anagrama, ISBN 978-84-339-1355-5).
18. Ackerman, *Una historia natural.*
19. Philip Yaffe, «The 7% Rule: Fact, Fiction, or Misunderstanding», *Ubiquity* 2011, (Octubre de 2011).
20. 2 Timoteo 3:16.
21. 1 Corintios 2:14.
22. Ver Mateo 27:19.
23. Ver Efesios 2:10.
24. Ver Proverbios 16:9.
25. Ver Romanos 8:28.
26. Ver Génesis 39.
27. Alfred A. Tomatis, *The Conscious Ear: My Life of Transformation Through Listening* (Barrytown, NY, 1991).
28. «Language Acquisition— The Basic Components of Human Language, Methods for Studying Language Acquisition, Phases in Language Development», StateUniversity.com, www.education.stateuniversity.com.
29. «Language Acquisition», Encyclopedia.com, www.encyclopedia.com/literature-and-arts/language-linguistics-and-literary-terms/language-and-linguistics/language.
30. «Language Acquisition», Encyclopedia.com.
31. Queen, «We Will Rock You», *News of the World,* copyright © 1977, Sony/ATV Music Publishing.

Capítulo 5

1. «Carta de George Washington a John Augustine Washington (18 de julio de 1755)» *Encyclopedia Viriginia,* www.encyclopediavirginia.org/Letter_from_George_Washington_to_John_Augustine_Washington_July_18_1755#.
2. Ver Juan 1:14.
3. Ronald W. Clark, *Einstein: The Life and Times* (NY: Avon Books, 1971).
4. Clark, *Einstein,* 755.
5. Hebreos 4:12.
6. 2 Timoteo 3:16.
7. Lawrence Kushner, *Eyes Remade for Wonder* (Woodstock, VT: Jewish Lights, 1998), 50.
8. Reconozco que es una afirmación para debatir. Hay aparentes contradicciones en las Escrituras pero en mi opinión hay diversas formas de resolverlas. En este libro el alcance no me permite entrar en la apologética más profunda, aunque espero que el lector escéptico siga leyendo incluso si está en desacuerdo con lo que digo.
9. «Charles Haddon Spurgeon», Goodreads, www.goodreads.com/quotes/397346-a-bible-that-s-falling-apart-usually-belongs-to-someone-who?page=3.

10. J. I. Packer, cita en «Time with God: An Interview with J. I. Packer», *Knowing & Doing*, C. S. Lewis Institute, 26 de septiembre de 2008, www.cslewisinstitute.org/webfm_send/351.
11. 1 Corintios 8:11.
12. Mateo 4:3. [Lucas 4:3]
13. Mateo 4:4. [Deuteronomio 8:3]
14. 2 Timoteo 2:15.
15. Romanos 8:11.
16. Josué 1:3.
17. Salmos 119:25.
18. Mateo 27:5.
19. Lucas 10:37.
20. C. S. Lewis, *Una pena en observación* (Ed. Anagrama, ISBN 978-84-339-0653-3).
21. Ver Juan 3:16.
22. «Cristo me ama, bien lo sé» de Anna B. Warner (1820-1915) y William Batchelder Bradbury, 1860.
23. Hebreos 4:12.
24. Salmos 119:11.
25. C. S. Lewis, *La travesía del viajero del alba* (Ed. Planeta, ISBN 9788408059295).
26. Filipenses 4:13.
27. 1 Corintios 2:9-10.
28. Juan 1:12.
29. Génesis 1:3.
30. Ver Isaías 55:11.
31. Ver Jeremías 1:12.
32. Juan 15:7.
33. *The Physics Factbook: An Encyclopedia of Scientific*, www.hypertextbook.com/facts/2004/SamanthaCharles.shtml.
34. Ondas Alfa, Wikipedia, https://es.wikipedia.org/wiki/Ondas_alfa. Acceso 22 de septiembre de 2017.
35. G. K. Chesterton, citado por Dallas Willard, *The Spirit of the Disciplines* (NY: HarperOne, 1999), 1.
36. Peter Marshall, *Mr. Jones, Meet the Master: Sermons and Prayers of Peter Marshall* (GR: Revell, 1982).

Capítulo 6

1. Ken Robinson, «Do Schools Kill Creativity?», filmación de febrero de 2006, TED video, 19:24, www.ted.com/talks/ken_robinson_says_schools_kill_creativity.
2. Robinson, «Do Schools Kill Creativity?»
3. Robinson, «Do Schools Kill Creativity?»
4. Abraham Maslow, citado por Jim Cathcart, *The Acorn Principle: Know Yourself, Grow Yourself* (New York, 1999).
5. Salmo 37:4.
6. C. S. Lewis, *El peso de la gloria* (Ed. Harper Collins español, ISBN: 9780829702408)
7. Lewis, *Peso de la gloria*.
8. Ver Génesis 1:4, 10, 12, 18, 21, 25, 31.
9. Walter A. Elwell, *Evangelical Dictionary of Biblical Theology* (Grand Rapids: Baker, 1996).
10. Catecismo menor de Westminster, disponible en línea en español: www.iglesiareformada.com, 2017.
11. Mateo 6:33.
12. Filipenses 3:8.
13. «Eric Liddell—Olympic Athlete and Missionary to China».
14. «A Short Biography of Eric H. Liddell» Eric Liddell Centre, www.ericliddell.org/about-us/eric-liddell/biography/.
15. *Carrozas de Fuego*, https://www.filmaffinity.com/ar/film129212.html.
16. Salmos 16:11.
17. John Piper, *Deseando a Dios*.
18. John Piper, *Deseando a Dios*.
19. Ver Romanos 12:2.
20. Frederick Buechner, *Wishful Thinking: A Seeker's ABC* (NY: HarperOne, 1993), 118.
21. «Passion Is More Important for Professional Success Than Talent», NoCamels, *Israeli Innovation News*, 4 de noviembre de 2015, http://nocamels.com/2015/11/passion-important-for-career/.
22. Romanos 12:6-8.
23. Bible Study Tools, s.v. «haplotes», www.biblestudytools.com/lexicons/greek/nas/haplotes.html.
24. Bible Study Tools, s.v. «hilarotes», www.biblestudytools.com/lexicons /greek/kjv/hilarotes.html.
25. Bible Study Tools, s.v. «spoude», www.biblestudytools.com/lexicons /greek /kjv/spoude.html.
26. Citas de Martín Lutero en español: https://cristianismoescristo.wordpress.com/tag/martin-lutero/.
27. Dorothy Sayers, *Letters to a Dimiinished Church* (Nashville: W Publishing, 2004).
28. Los iraelitas no lograron entrar en la Tierra Prometida en su primer intento debido al informe negativo de diez de los doce espías enviados a explorar la tierra.
29. «Robert Plutchik's Wheel of Emotions», www.study.com.
30. «Emotion Annotation and Representation Language», https://socialselves.files.wordpress.com/2013/03/earl.pdf.
31. Dea Birkett, «I Know Just How You Feel», www.theguardian.com/education/2002/sep/03/science.highereducation.
32. 1 Samuel 18:7.
33. Filipenses 2:3.

34. Citas de Miguel Ángel Buonarotti: http://www.frasesypensamientos.com.ar/autor/miguel-angel.html.
35. Santiago 4:6.
36. Ver Gálatas 5:22-23.
37. Maria Konnikova, «The Lost Art of the Unsent Angry Letter», *New York Times,* 22 de marzo de 2014.
38. Daniel Goleman, *Emotional Intelligence,* (NY: Bantam Books, 2005).
39. Daniel Goleman, *Emotional Intelligence,* Learning Theories, www.learning-theories.com.
40. Romanos 12:2.
41. Caitlin Johnson, «Cutting Through Advertising Clutter», Sunday Morning, *CBS News,* September 17, 2006, www.cbsnews.com/news/cutting-through-advertising-clutter/.
42. Blue Letter Bible, s.v. «syschematizo», www.blueletterbible.org/lang/lexicon/lexicon.cfm?t=kjv&strongs=g4964.
43. Kamran Abbasi, «A Riot of Divergent Thinking», *Journal of the Royal Society of Medicine* 104, (Octubre de 2011).
44. El periodista Malcolm Gladwell *Outliers: The Story of Success* (NY: Little, Brown, 2008), 69–90.
45. John Putzier, *Get Weird! 101 Innovative Ways to Make Your Company a Great Place to Work* (NY: AMACOM, 2001).
46. Marcos 10:51; Lucas 18:41.
47. Gordon MacKenzie, *Orbiting the Giant Hairball* (NY: Viking, 1996).
48. MacKenzie, *Giant Hairball,* 9.
49. Ver Lucas 4:18.
50. Ver 1 Corintios 1:27.
51. 1 Pedro 2:9.

Capítulo 7
1. «Twenty Largest Earthquakes in the World», [Los veinte terremotos más grandes del mundo] United States Geological Survey,https://earthquake.usgs.gov/earthquakes/browse/largest- world.php.
2. «The Deadliest Tsunami in History?», *National Geographic,* http://news.nationalgeographic.com.
3. «Indian Ocean Tsunami: Facts and Figures», ITV Report, 26 de diciembre de 2014, www.itv.com/news/2014-12-26/indian-ocean-tsunami-facts-and- figures/; «Timeline of the 2004 Indian Ocean Earthquake», *Wikipedia,* https://en.wikipedia.org/wiki/Timeline_of_the_2004_Indian_Ocean_earthquake.
4. «December 26, 2004, Sumatra Indonesia Earthquake and Tsunami»,National Geophysical Data Center, www.ngdc.noaa.gov/hazardimages/event/show/51.
5. Pueblo Moken, https://es.wikipedia.org/wiki/Pueblo_moken
6. Rebecca Leung, «Sea Gypsies Saw Signs in the Waves: How Moken People in Asia Saved Themselves from Deadly Tsunami», *CBS News,* 18 de marzo de 2005,1,www.cbsnews.com/news/sea- gypsies-saw-signs-in-the-waves/.
7. Leung, «Sea Gypsies», 2.
8. Leung, «Sea Gypsies», 2.
9. Leung, «Sea Gypsies», 2.
10. «No Word for Worry», ProjectMoken.com, http://projectmoken.com/no-word-for-worry-2/.
11. Ver Juan 4:48.
12. Marcos 16:20.
13. «What Does It Mean ...?», [¿Qué significa?], www.thisischurch.com/christian_teaching/celticchristianity.htm.
14. Colosenses 3:15.
15. Ver Filipenses 4:7.
16. Ver Proverbios 15:22.
17. «Peter Marshall: A Man Called Peter», www.kamglobal.org/Biographical Sketches/petermarshall.html.
18. Apocalipsis 3:7.
19. Carol M. Highsmith and Ted Landphair, *Union Station: A History of Washington's Grand Terminal* (Washington, DC: Archetype, 1998).
20. Hechos 16:6.
21. Hechos 16:9.
22. Ver Hechos 16:11-15.
23. Ver Hechos 27.
24. Ver Hechos 28:7-8.
25. Ver Jueces 6:36-40.
26. Números 22:28.
27. Números 22:29.
28. Números 22:30.
29. Números 22:32.
30. Bible Study Tools, s.v. «yarat», www.biblestudytools.com/lexicons/hebrew/nas/yarat.html.
31. Ver 1 Corintios 1:27.
32. Jack Deere, Sorprendidos por la voz de Dios (GR: Ed. Vida, 1996).
33. Lucas 22:10-12.
34. Mateo 17:27.
35. Ver Hebreos 13:8.
36. Ver Juan 14:12-14.

Capítulo 8
1. «IcedreamCone»,Chick-fil- A,www.chick-fil- a.com/Menu-Items/Icedream—Cone.

2. «Orchidaceae», Wikipedia, https://es.wikipedia.org/wiki/Orchidaceae.
3. Kevin Ashton, *Cómo volar un caballo*. (Ed. Océano, ISBN: 9786077358862).
4. Robert Krulwich, «The Little Boy Who Should've Vanished, but Didn't», *National Geographic*, 16 de junio de 2015, http://phenomena.nationalgeographic.com/2015/06/16/the-little-boy-who-shouldve-vanished-but-didnt/.
5. Ashton, *Cómo volar un caballo*.
6. Ashton, *Cómo volar un caballo*.
7. Krulwich, «The Little Boy».
8. Génesis 1:3.
9. Ver 1 Reyes 3:9.
10. Mateo 22:37.
11. Ver Proverbios 17:22.
12. Francis Collins dio su discurso en la reunión de mitad de año de la junta de directorio de la Asociación Nacional de Evangélicos el 9 de marzo de 2017.
13. Ver 2 Corintios 10:5.
14. «YWAM History», YWAM, www.ywam.org/wp/about- us/history/.
15. Loren Cunningham with Janice Rogers, *Is That Really You, God? Hearing the Voice of God* (Seattle: YWAM, 1984).
16. «About Us», YWAM, www.ywam.org/wp/about- us/.
17. Hechos 2:17.
18. «Toymaker's Dream Tours USSR», The Forerunner [El sueño del juguetero, gira en la URRS, el precursor] 1 de diciembre de 1988, www.forerunner.com/forerunner/X0704_Toymaker_in_USSR.html.
19. Joel Houston, «Salvation Is Here», *The I Heart Revolution: With Hearts as One*, copyright © 2004, Hillsong.
20. Ver Santiago 4:2.
21. Hechos 10:9-14.
22. Hechos 26:19.
23. Ver Santiago 5:14.
24. Bill Johnson with Jennifer Miskov, *Defining Moments: God- Encounters with ...* (PA: Whitaker, 2016).
25. Johnson y Miskov, *Momentos de definición*.
26. Andrew Strom and Robert Holmes, «The Life and Times of John G. Lake», Storm Harvest, 30 de julio de 2007, www.stormharvest.com.au/the- life-and-times-of-john-g-lake/.

Capítulo 9

1. «Godspeed, John Glenn», www.usatoday.com/story/news/2016/12/08/short-list-thursday/95136358/.
2. «Mercury- Atlas 6», NASA, www.nasa.gov/mission_pages/mercury/missions/friendship7.html.
3. Margot Lee Shetterly, *Hidden Figures: The American Dream and the Untold Story of the Black Women Mathematicians Who Helped Win the Space Race* (NY: William Morrow, 2016), 217.
4. «Katherine Johnson Receives Presidential Medal of Freedom», NASA, 24 de noviembre de 2015, www.nasa.gov/image- feature/langley/katherine-johnson-receives-presidential-medal-of-freedom.
5. John Donne, Meditation XVII, en parte disponible en español, en http://luigidante.blogspot.com.ar/2010/05/no-man-is-island-john-donne-medita-y.html. Acceso 2 de octubre de 2017.
6. C. S. Lewis, *Dios en el banquillo* (Ed. Rialp, ISBN: 978-84-321-3098-4).
7. Lewis, *Dios en el banquillo*.
8. Catherine Thimmesh, *Team Moon: How 400,000 People Landed Apollo 11 on the Moon* (New York, 2015).
9. Hebreos 12:1 (RVR60).
10. 2 Timoteo 1:7.
11. 2 Timoteo 1:4.
12. 1 Corintios 16:10.
13. Bible Study Tools, s.v. «deilia», www.bibletools.org/index.cfm/fuseaction/Lexicon.show/ID/G1167/deilia.htm.
14. Timoteo, *Wikipedia*, https://es.wikipedia.org/wiki/Timoteo_(santo)
15. Jeremías 1:6.
16. Jeremías 1:7.
17. Santiago 5:16.
18. «Henry Wadsworth Longfellow», www.goodreads.com /quotes/24180-if-we-could-read-the-secret-history-of-our-enemies.
19. Juan Calvino, cita de Ian Cron y Suzanne Stabile en *The Road Back to You* (Downers Grove, IL:InterVarsity, 2016).
20. Marcus Buckingham y Donald O. Clifton, *Now, Discover Your Strengths* (NY: Free Press, 2001) o Tom Rath, *StrengthsFinder2.0* (NY: Gallup, 2001).
21. Cron and Stabile, *The Road Back to You*, 31.
22. 1 Corintios 14:29.
23. Ver 1 Corintios 12:8-10.
24. Mateo 7:6.
25. Juan 16:12.
26. Ver 1 Corintios 14:3.
27. Ver Gálatas 6:1.
28. Números 11:29.
29. Gracias a Lori Frost por esta maravillosa frase y potente principio.
30. Ver Efesios 2:10.

31. Tom Kelley y David Kelley: *Creative Confidence* (NY: Crown Business, 2013), 56.
32. Lucas 7:39.
33. Johan Wolfgang von Goethe, citas en español https://www.brainyquote.com/es/autores/johann-wolfgang-von-goethe.
34. Ver 1 Corintios 14:3.
35. Erwin McManus, «The Artisan Soul», YouTube video, 16:40, charla TED del 14 de noviembre de 2014, posteada el 14 de abril de 2015, www.youtube.com/watch?v=XsJBGxmFQkU.
36. Efesios 4:15.
37. Ver Lucas 8:2.
38. «Mary Magdalene», The Nazarene Way, www.thenazareneway.com/mary _magdalene.htm.
39. Carlos Whittaker, *Moment Maker: You Can Live Your Life or It Will Live You* (Grand Rapids: Zondervan, 2013).
40. Whittaker, *Moment Maker,* 10.
41. Whittaker, *Moment Maker,* 10.
42. Timoteo era mitad judío y mitad griego.
43. Fue el pastor Erwin McManus quien me presentó esta idea.
44. Amit Amin, «The Power of Positivity, in Moderation: The Losada Ratio», Happier Human.

Capítulo 10

1. «History Lesson 1908», Barefoot's World, www.barefootsworld.net/history_lesson_1908.html
2. «List of Largest Peaceful Gatherings in History», *Wikipedia,* https://en.wikipedia.org/wiki/List_of_largest_peaceful_gatherings_in_history.
3. «How Much Time Does It Take for a 95 M.P.H. Fastball to Reach Home Plate?», Phoenix Bats, www.phoenixbats.com/baseball-bat-infographic.html.
4. David Epstein, *The Sports Gene: Inside the Science of Extraordinary Athletic Performance* (NY: Penguin Group, 2014).
5. William Harris, «How the Physics of Baseball Works», www.entertainment.howstuffworks.com
6. Sarah Kaplan, «The Surprising Science of Why a Curveball Curves», www.washingtonpost.com/news/speaking-of-science/wp/2016/07/12/the-surprising-science-of-why-a-curveball-curves/?utm_term=.f40dd50097be.
7. Eclesiastés 3:1-8.
8. Isaías 30:21.
9. Calvin Miller, *Into the Depths of God: Where Eyes See the Invisible...* (Bloomington, MN: Bethany, 2000).
10. Ester 4:14.
11. Kairós, Wikipedia, https://es.wikipedia.org/wiki/Kair%C3%B3s.
12. Salmo 90:12.
13. Ver Efesios 15:16.
14. Efesios 5:16.
15. 1 Corintios 9:22.
16. Ver 2 Pedro 3:8.
17. Ver 1 Reyes 11:12, 32; 15:4.
18. 2 Reyes 8:19.
19. Ester 6:1.
20. Eleven Most Impressive Libraries from the Ancient World», www.onlinecollege.org.
21. «Congressional Record», Minutas del Congreso del 3 de enero de 2017, vol. 163, no. 1, www.congress.gov/crec/2017/01/03/CREC-2017-01-03.pdf.
22. Gary Wilkerson, *David Wilkerson: The Cross, the Switchblade, and the Man Who Believed* (GR: Zondervan, 2014).
23. Ver Nehemías 1:11-2:5; Hechos 8:26-40; 9:10-19; 10:1-44.
24. Wilkerson, *David Wilkerson,* 35.
25. Wilkerson, *David Wilkerson,* 76.
26. Mateo 18:22.
27. Jeffry Pilcher, «Say It Again: Messages Are More Effective When Repeated», The Financial Brand, 23 de septiembre de, 2014, https://thefinancialbrand.com/42323/advertising-marketing-messages-effective-frequency/.
28. Ver 1 Samuel 3:2-10; Marcos 14:72; Hechos 9:1-12.
29. Hechos 9:11-12.
30. Hageo 1:14.
31. William Samuelson and Richard Zeckhauser, «Status Quo Bias in Decision Making», *Journal of Risk and Uncertainty* 1 (1988): 7–59, www.hks.harvard.edu/fs/rzeckhau/SQBDM.pdf.
32. David Halpern, *Inside the Nudge Unit: How Small Changes Can Make a Big Difference* (London: WH Allen, 2015).
33. Richard H. Thaler and Cass R. Sunstein, *Nudge: Improving Decisions About Health...* (NY: Penguin Books, 2009).
34. Thaler and Sunstein, *Nudge,* 38–39.
35. Thaler and Sunstein, *Nudge,* 39.
36. Thaler and Sunstein, *Nudge,* 3.
37. «Sex and the Single Girl», *Wikipedia,* https://en.wikipedia.org/wiki/Sex_and_the_Single_Girl.
38. Wilkerson, *David Wilkerson,* 114.
39. Wilkerson, *David Wilkerson,* 114–15.
40. Wilkerson, *David Wilkerson,* 132.
41. La cruz y el puñal, Wikipedia, https://es.wikipedia.org/wiki/La_Cruz_y_el_Pu%C3%B1al.
42. «Linda Kaplan Thaler», *Wikipedia,* https://en.wikipedia.org/wiki/Linda_Kaplan_Thaler.
43. Linda Kaplan Thaler and Robin Koval, *The Power of Small.* (NY: Broadway Books, 2009), 78.

Capítulo 11
1. Martin Pistorius, *Cuando era invisible* (Ed. Urano, ISBN 9788415732143).
2. Pistorius, *Cuando era invisible.*
3. «Facts and Statistics», Anxiety and Depression Association of America, www.adaa.org..
4. Ver Génesis 3:16-17.
5. Ver Apocalipsis 21:4.
6. Job 6:10.
7. Logos Bible Software, Job 6:10, Gesenius's Hebrew and Chaldee Lexicon to the Old Testament Scriptures.
8. C. S. Lewis, *El problema del dolor* (Ed. Rialp, ISBN 978-84-321-3053-3).
9. «No Pain, No Gain», *Wikipedia,* https://en.wikipedia.org/wiki/No _pain,_no_gain#cite_note-5.
10. Ver Job 1:20.
11. David Scott, «Mother Teresa's Long Dark Night», Catholic Education Resource, www.catholiceducation.org.
12. Mateo 27:46.
13. Ver 2 Corintios 12:7-10.
14. Job 7:3.
15. Job 42:12.
16. Ver Filipenses 1:6.
17. Salmos 16:11.
18. Filipenses 2:12.
19. Ver Hebreos 12:2.
20. Ver Mateo 27:26.
21. «Jesus' Nails», All About Jesus Christ, www.allaboutjesuschrist.org/jesus-nails-faq.htm.
22. Ver 2 Corintios 5:21.
23. Ver 2 Samuel 12:16-18.
24. Ver Hechos 2:26.
25. Esto se lo contaron al escritor Dan Beutler, y se ha usado con permiso de los Beutler.
26. Ver Salmos 35:1.
27. Ver Salmos 32:7.
28. Ver Romanos 8:34.
29. Ver Colosenses 2:14.
30. Ver Salmos 17:8.
31. Salmos 5:1.
32. Salmos 5:1.
33. Romanos 8:26.
34. Ver Lamentaciones 3:22-23.
35. Job 1:20.
36. Darrell Evans, «Trading My Sorrows», Integrity's Hosanna! Music, 1998.
37. Jason Ingram, David Leonard y Leslie Jordan, «Great Are You, Lord», Integrity's Alleluia! Music, 2012. En español: http://www.josafat.com.ar/all-sons-and-daughters-great-are-you-lord-grande-eres-senor/
38. Ver Juan 1:12; Salmos 17:8; Lucas 19:10; Romanos 8:37; 2 Corintios 5:17; Filipenses 3:8-9; 4:13.

Epílogo
1. George Vaillant, *Triumphs of Experience: The Men of the Harvard Grant Study* (Cambridge, MA: Belknap Press of Harvard University Press, 2012), 43.
2. Vaillant, *Triumphs of Experience,* 42.
3. Vaillant, *Triumphs of Experience,* 52.
4. Vaillant, *Triumphs of Experience,* 50.
5. Ver Isaías 9:6; Mateo 28:19; Juan 14:6.
6. 1 Juan 4:16.
7. A. W. Tozer, *Conocimiento del Dios santo* (Ed. Vida, ISBN-13: 978-0829704662).
8. Justin Welby, «"The Only Certainty in the World Is Jesus Christ" Archbishop Speaks at New Wine Conference», Archbishop of Canterbury, 7 de marzo de 2016, www.archbishopofcanterbury.org/articles. php/5680/the-only-certainty-in-the-world-is-jesus-christ-rchbishop-speaks-at-new-wine-conference.
9. Esta es una historia que se ha citado muchas veces. A veces bien, a veces mal. Pero creo que es una historia real, basándome en la confirmación de las hijas de Bird por correo electrónico. Esos mensajes están en Brian: «On Compassion: The Whisper Test, Leader Helps, February 6, 2017, http://leaderhelps.com/2017/02/06/on-compassion-the-whisper-test/.
10. Mary Ann Bird, cita en el escrito de Brian, «On compassion».
11. Bird, cita en «On compassion» de Brian.
12. «How a Mother's Voice Shapes Her Baby's Developing Brain», [Voz de la madre modela el cerebro en desarrollo del bebé] Aeon, https://aeon.co/ideas/how-a-mother-s-voice-shapes-her-baby-s-developing-brain.
13. Ver Salmos 139:13, 16; Filipenses 1:6.

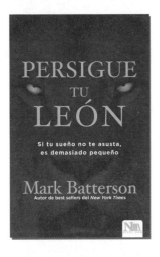

Te invitamos a que visites nuestra página
web donde podrás apreciar la pasión por
la publicación de libros y Biblias:

www.casacreacion.com
www.editorialniveluno.com

 @CASACREACION

@CASACREACION

@CASACREACION

Para vivir la Palabra